COMPETITION
FOR THE REORGANIZATION
OF HISTORICAL SPACE 2021

歴史的空間再編コンペティション2021

第10回「学生のまち・金沢」設計グランプリ アーカイブ
The 10th "Student's City / Kanazawa" Design Grand Prix Archive

学生団体SNOU 編

JN055248

本コンペは、
歴史的空間のストックを活かした新たな価値を創造するとともに、
多くの学生が集い、交流を深めて行く中で、
学生のまち・金沢の魅力を
全国に発信することを目的としています。

委員長挨拶

　歴史的空間再編コンペティションも、今年で遂に10回目を迎えました。それを記念してさまざまな連動企画が行われ、第10回記念大会が盛大に開催できましたことを心より嬉しく思っています。本コンペが始まった10年前に比べ、大学や高等教育機関の卒業制作などでも歴史的空間再編をテーマとした作品が非常に多くなってきたように感じます。また応募数も年々増えており、今年はパネルによる提出としては過去最大となりました。このようなことからも、現代の社会において我々が有している歴史的空間を現代的な価値として捉え直し、新たな地域や都市の活力としていくことの重要性が増している様子が伺えます。

　また、10年間「歴史的空間再編」という同一のテーマで開催される学生コンペはあまりないと思いますが、毎年全国各地の新しい歴史的空間をテーマとした魅力的な提案が数多く応募されていることにも感動を覚えます。それと同時に、この10年間で「歴史的空間」の捉え方も大きな広がりを見せていることにも新しい可能性を感じています。

　第10回記念大会では、通常のプログラムに加え、妹島和世さんをはじめとする歴代の審査員や山野之義金沢市長（当時）と「木の文化都市」について議論する円卓会議、歴代入賞者やSNOUのOBと歴代審査員で語り合う座談会など、記念大会にふさわしいさまざまな企画が行われました。作品の審査のみならず、さまざまな企画を通じて歴史的空間の価値を考え語り合うことで、学生同士の新しい関係を生み出す場となったことに大きな喜びを感じています。また、今回の第10回記念大会を経て、本コンペが新しい10年に向かって自ら再編していく機会となればと考えています。そしてこのアーカイブにより本コンペの歴史をデータとして記録し蓄積していくことで、歴史的空間のより魅力的な再編の一助となればと願っています。

　最後になりましたが、本コンペ開催に際し、ご協力、ご協賛いただいた関係各位、企画・運営に携わって下さった学生団体SNOUの皆様に心から感謝を申し上げるとともに、今後とも一層のご支援をいただきますようお願いいたします。

歴史的空間再編学生コンペ実行委員会 委員長
金沢工業大学 教授

宮下 智裕

学生団体SNOU代表挨拶

　歴史的空間再編コンペティション～「学生のまち・金沢」設計グランプリ～は、第10回を迎えました。"金沢の歴コン"として根付いてきたことで、全国から洗練された作品の出展が増え、今年度も白熱した大会となりました。

　歴コンは10周年を迎えて、これまでの歴代審査員を交え"木の文化都市を語る"をテーマに、多方面から都市の可能性を考える「歴コン円卓会議」を開催しました。また、"歴コンを語る ～ 10年間の振り返りと今後のビジョン～ "をテーマに、「歴コン座談会」も開催しました。10年間変わらず追求してきた「歴史的空間再編」の意味とは何か。与えてきた社会への影響や10年の間に移り変わってきた価値など、過去の審査員や歴代入賞者、主催者たちと振り返るとともに、今後の歴コンの可能性や目指す未来を語り合いました。

　今年度はSNOU企画として、"継承される金沢の木造建築"をテーマに、「建築ツアー」を実施しました。歴史的建造物や近代建築が多く残る金沢において、金澤町家の特色を知るとともに、継承される金沢の木造建築について学びました。また、"環境・暮らしの歴史とデザイン"をテーマに展開された「記念講演&トークセッション」は、"歴史的空間再編"に直結する貴重な意見交流の場となりました。さらに、今年度もプレゼン部門・模型部門・パース部門のSNOU賞3部門ならびに最優秀SNOU賞を選出しました。本コンペの運営を行ってきた立場として学生の視点から作品を評価するもので、私たちにとっては作品への理解が深まるとともに、改めてコンペのテーマ・意義について考える機会となりました。受賞者の方々へは、記念品として北陸の作家による作品を贈呈させていただきました。全国の学生の皆様が石川の伝統工芸の良さを知り、石川の芸術・文化が広まるきっかけとなることを期待しています。

　最後になりましたが、本コンペの開催に当たり、ご協力、ご協賛いただいた関係各位に深く感謝申し上げます。歴史的空間再編コンペティションがより良い議論の場、交流の場となるべく、一層の努力を続けて参りますので、今後ともご支援を賜りますようよろしくお願いいたします。

2021年度 学生団体SNOU代表

上野 想朔

目　次

Rekicom.

開 催 理 念

金沢市は学術文化都市として発展してきました。学生がまちなかに集い、

市民と交流する姿は、「学生のまち・金沢」のにぎわいと活力の象徴となっています。

学都金沢としての伝統と誇りを継承発展させるために、

平成22年に全国に先駆けて、「金沢市における学生のまちの推進に関する条例」を制定し、

「学生のまち・金沢」を全国に発信しています。

金沢のまちは、時代の重層した歴史的空間をその都市構造とともによく残しています。

その個性的な空間を舞台に、固有の文化・芸術が育まれてきました。

歴史的なまちなみと人々の暮らしや文化が積極的にまちづくりに生かされています。

本コンペティションは、「学生のまち・金沢」「歴史都市・金沢」に全国の学生が集い、

歴史的な空間との対話を通して、学び合い競い合うことで、

新しい価値が生まれる学びの場をつくろうとするものです。

[テーマ]　**歴史的空間の再編**
※金沢だけにとどまらず全国を対象とします

[キーワード]　「歴史文化遺産（建築、まちなみ、景観）」、「無形文化遺産（祭り、芸能、人）」、「近代産業遺産」、「農業遺産（里山、里海）」、「ものづくり」、「民芸・工芸」、「エコロジー」、「サステナビリティ」、「リージョナリズム」、「リノベーション」、「コンバージョン」、「ノスタルジー」、「系譜学」など

[主　催]　歴史的空間再編学生コンペ実行委員会／金沢市

[日　時]　一次審査：2021年10月14日（木）
本 審 査：2021年11月20日（土）〜 21日（日）

[会　場]　金沢学生のまち市民交流館

[賞　金]　**グランプリ** ……………　30万円
準グランプリ …………　15万円
第3位 ………………　5万円

大会プログラム

Day 1　11月20日（土）

10:25〜12:15

記念講演＆トークセッション

金沢学生のまち市民交流館
交流ホール
「－環境・暮らしの歴史とデザイン
－」をテーマに、講演者に石上純也
氏、須崎文代氏、竹本吉輝氏、モデ
レーターに松田達氏、コメンテー
ターに塚本由晴氏、宮下智裕氏を迎
え議論する。

▶

13:00〜16:30

二次審査

金沢学生のまち市民交流館
学生の家
作品一つひとつを審査員が回る巡
回審査を行い、議論と投票により、
Day2のファイナルプレゼンテーショ
ンに進出する10作品と、11位から
20位までの順位が決まる。

▶

15:00〜16:30

建築ツアー

金澤町家情報館・鞍月舎・
八百屋 松田久直商店
「－継承される金沢の木造建築－」
をテーマに3つの建築を訪れ、金澤
町家の特色を知るとともに、小津誠
一氏の解説と併せて、継承される金
沢の木造建築について学ぶ。

▶

審査方式

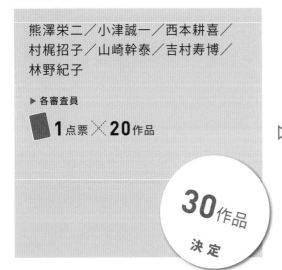

一次審査
（審査員7名）

熊澤栄二／小津誠一／西本耕喜／
村梶招子／山崎幹泰／吉村寿博／
林野紀子

▶各審査員

1点票 ✕ **20**作品

30作品 決定

▷

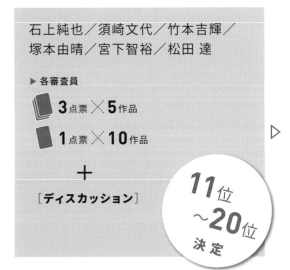

二次審査
（審査員6名）

石上純也／須崎文代／竹本吉輝／
塚本由晴／宮下智裕／松田 達

▶各審査員

3点票 ✕ **5**作品

1点票 ✕ **10**作品

＋

［ディスカッション］

11位〜**20**位 決定

▷

Day 2　11月21日（日）

17:00〜19:00

座談会

金沢学生のまち市民交流館
交流ホール

過去の審査員や歴代入賞者、主催者たちが集い、歴コンが社会に与えてきた社会への影響や10年の間に移り変わってきた価値などを振り返り、今後の歴コンの可能性や目指す未来を語り合う。

10:00〜12:00

円卓会議

金沢21世紀美術館
シアター21

歴コンの第10回開催を記念した円卓会議。歴代の審査員と金沢市長を交え、「ー木の文化都市を語るー」をテーマに、多方面から都市の可能性を考える。

13:00〜17:50

ファイナル
プレゼンテーション

金沢学生のまち市民交流館
交流ホール

上位10作品の出展者によるプレゼンテーション、質疑応答を経て、グランプリを決める最終審査の議論を行う。

ファイナルプレゼンテーション＆ディスカッション
（審査員6名）

石上純也／須崎文代／竹本吉輝／
塚本由晴／宮下智裕／松田 達

▶ 10選出展者
　［ **プレゼンテーション**（2分30秒）＋ **質疑応答**（7分）］

▶ 各審査員
　5点票 ✕ **2**作品　**4**点票 ✕ **2**作品
　3点票 ✕ **2**作品　**2**点票 ✕ **2**作品
　1点票 ✕ **2**作品

＋

　［ **ディスカッション** ］

グランプリ〜10位 決定

歴コン公式 YouTubeチャンネル
「歴コンch」
大会の映像を公開中!
視聴はコチラから!

歴コンアーカイブ展

日時: 11月9日（火）〜11月22日（月）
場所: 金沢駅地下広場ライトコート
主催: 歴史的空間再編学生コンペ
　　　　実行委員会／金沢市

過去の歴コン上位作品を紹介するパネルを展示。2020年度のファイナリストたちの作品を通じて、「歴史的空間の再編」をたどる。併せて、歴コンや学生団体SNOUの紹介、石川県ゆかりの作品も展示し、コンペだけでなく地域の魅力も発信する。

歴コン
10周年
記念企画 ①

円卓会議
「木の文化都市を語る」

○日時
2021年11月21日（日）
10:00〜12:00

○会場
金沢21世紀美術館 シアター21

ン 2021 10周年記念企画
化都市を語る」

日本は古くから木と密接に関わり、木とともに歩んできた。金沢市も市域の約6割を森林が占めており、また非戦災都市であることから、現在も多くの「木」による歴史文化遺産がまちの中に残り、長年人々の暮らしとの共生が図られてきた。この円卓会議では、全国の建築学生が金沢に集い学び合う「歴史的空間再編コンペティション」の第10回開催を記念し、これまでの歴代審査員を交え、「木の文化都市」をキーワードに多方面から都市の可能性を考える。

金沢市が目指す「木の文化都市」

山野：皆さんおはようございます。ご存じの通り、金沢市は400年以上にわたり一度も戦災に遭ったことがなく、街並みが壊れる大きな自然災害に遭ったこともありません。また、古い街並みが多く残っており、その街並みに根付いた文化が今に伝わるまちです。また、金沢市やその近郊には、多くの高等教育機関があります。学生さんの数は3万3千人から3万5千人とも言われています。その2つを組み合わせるように、全国の学生さんから若い感性で歴史的空間を再編する建築コンペ「歴コン」を開催し、今年で10年になりました。審査員の先生方に毎年ご指導していただきながら、学生さんも真摯にそれに応える姿を拝見し、とても厳しい世界だと感じています。

　先ほど控室で先生方と話していたところ、これまで当コンペに参加してきた学生さんたちの中には、今では新進気鋭の建築家として活躍している方もいらっしゃると聞きました。また、当コンペに参加した後に、他のコンペで優秀な成績を残す方が多いとも聞いています。この金沢で行われるコンペから、優秀なまちづくりの人材が輩出されていることは大変嬉しく誇りに思いますし、金沢というまちのブランドを高めることにつながっていると思います。今日は錚々たる先生方のお話を聞き、皆さんと一緒に勉強させていただきます。

塚本：まだ朝なので少しエンジンがかからないところもありますが、頑張っていきたいと思います。よろしくお願いします。それでは、金沢市が「木の文化都市」を目指す理由や取り組みについて、まずは山野市長からご紹介いただきます。

山野：「木の文化都市金沢を目指して」ということで、まずは都市構想ですが、金沢は戦災に遭っていない都市で、藩政時代、明治、大正、昭和といろいろな街並みが残っています。それを大切にしていかなければなりませんが、後生大事にしていくだけでは、都市の新たな発展は見られません。開発すべきところはしっかり開発する、そのバランスを先輩方は常に意識しながらまちをつくってきました。木の文化都市に取り組む意義ですが、金沢は中心街だけ見ると都会ですけれど、実は市域の約6割が森林です。石川県全体で言えば約7割です。これをしっかりと生かしていくことが大切だと思っています。

　金沢市は昭和25年以前に建てられた建物を「金澤町家」と名付けて、さまざまな補助体制をつくり大切に守ってきています。その情報を一元化するための情報交換の場、「町家情報館」というものもつくりました。ひと昔前までは、金沢の観光写真と言えば兼六園の雪吊りが多かったのですが、最近は金沢駅の鼓門が多く、木の建築物として代表的なものだと思います。今、木の文化都市などと金沢は言っていますけれども、それに先駆けて、木質化に挑戦した民間の建物が金沢駅の西側にあります。すでに民間でもさまざまな取り組みが行われている一つの象徴かと思います。実はこのタイミングで森林環境譲与税という新たな税金が導入されたので、これらを金沢のまちづくりのために有効活用していくことが必要で、それが金沢の未来につながっていくので、よりその評価をしていければと考えています。そのためにも、やはり専門家の方にいろいろなご意見をいただきたいということで、「木の文化都市を継承・創出する金沢会議」という委員会をつく

[登壇者]

妹島 和世
（SANAA／横浜国立大学大学院Y-GSA 教授）

陣内 秀信
（法政大学 特任教授）

腰原 幹雄
（東京大学 教授）

竹本 吉輝
（トビムシ 代表）

宮下 智裕
（金沢工業大学 教授）

山野 之義
（金沢市長 ※当時）

モデレーター 塚本 由晴
（アトリエ・ワン／東京工業大学大学院 教授）

りました。水野一郎先生をはじめ腰原先生、宮下先生にも参加していただき、SDGsの視点からもご意見をいただきたいということで永井三岐子さんにも参加してもらい、さまざまな視点から議論して大きな方向性を示していただきました。建物もそうですが、日常の生活の中で木というものを感じられる、総合的な取り組みができないかとも思っています。金沢は景観に力を入れてきたまちですが、「木」という視点を今一度、認識していくことが必要です。

次に循環型社会です。SDGsと申し上げましたが、使って伐採して、それをしっ放しではなくて、植樹も考えなければいけません。産業の創出、経済の活性化にもつなげていきたいと考え、そういったご提案もいただきました。そのために取り組むべき6つの柱があって、まずは意識を持ってもらうことが大切です。この会議もその一つですが、市民シンポジウムや、業界向けのシンポジウムも、金沢市の考え方を知っていただくということも含めて行っています。今日も若い方がたくさんいらっしゃいますが、将来のまちを考えていく中で、木の文化都市をつくっていきたいと思い、こういったシンポジウムを積極的に行ってきました。具体的な政策に移していくためには、公共の建物もそうですが、民間でもあるエリアをモデル地区として決めて、その地区で修繕などをする際に、補助制度をつくって誘導しながらまちをつくっていくことが必要であります。武蔵ヶ辻から橋場町にかかる尾張町をモデル地区として事業を推進していきたいと考えています。

公共施設では、金沢市役所の第二本庁舎と森山町小学校があります。そして田上地区にも新しい小学校ができます。田上地区には都会的なところもあれば、森林が豊富なところもあり、地元の木をできるだけ使い、木を使ったら子どもたちにまた新たに植えてもらう植樹をやっていきます。そうすることで子どもたちに木に対する想いを持ってもらう。その子どもたちが数十年後、結婚して子どもができたらその子どもたちと一緒に、「この木はお父さんが、お母さんが」と言える、そんなことができればと思っています。また、木を使ったベンチなども計画的に増やしたいと考えています。田上地区は人口が増えていますが、まちなかでは残念ながら人口が減少していまして、野町小学校が少子化のため弥生小学校と統合しました。校舎はすでに耐震補強工事がなされていましたのでこれを有効に使い、木をふんだんに使った金沢未来のまち創造館が2021年8月にオープンしました。また、2020年5月にオープンした第二本庁舎では、エントランスホールでミニコンサートやミニ講演会を開催したり、表彰式なども行っています。吹き抜けで2階天井もあり、通気性も良く、コロナ禍においても安心していろいろな行事ができます。また、2019年7月

「木の文化都市」を継承・創出する金沢会議

■位置づけ
今後の進むべき方向性や実現に向けた方策を検討し、提案することを目的に設置（令和2年）

■委員（7名）

座長	水野　一郎	谷口吉郎・吉生記念金沢建築館館長（地域計画）
委員	腰原　幹雄	東京大学教授（建築構造）
	永井　三岐子	UNU-IAS OUIK事務局長（SDGs）
	西村　幸夫	國學院大學教授（都市計画）
	長谷見　雄二	早稲田大学名誉教授（建築防災）
	福光　松太郎	金沢経済同友会　代表幹事（経済界）
	宮下　智裕	金沢工業大学准教授（建築構法）

木を感じられる総合的な取り組みを目指す「木の文化都市を継承・創出する金沢会議」

には、谷口吉郎・吉生記念金沢建築館がオープンしています。こちらは、谷口吉郎先生が幼少期にお過ごしになったところ、また、吉生先生も戦争中に疎開していた場所をご寄付いただきまして、建築文化の発信拠点となっています。

先般、コンペを実施して、学生さんから木の文化都市のアイデアを募りました。審査の結果、宮下先生がご指導する金沢工業大学Bチームによる、尾張町に対する「尾張らん町（おわらんちょう）」というご提案が最優秀賞となりました。少しセットバックしたところで木をふんだんに使った空間を設えイベントを行ってもらい、賑わいにつながればと思っています。木に親しむ場面を子どもたちにもつくっていくためには、木を切りっ放し、使いっ放しではなく、常に子どもたちの将来を見越した形で循環を考えなければいけません。常にいろいろな方のご意見を聞きながら、産学官連携して進めていくことが大切です。

塚本：金沢市の取り組みを伺って大変心強く思います。市長と建築関係者が意見を交わし合う場があまりないので、もっと増えるといいなと思っているのですが、そういったさまざまな取り組みをすでにされているということです。その取り組みの母体になっている金沢会議のメンバーでもあります腰原さんから順番に、テーマ1「木を取り入れたまちづくり」についてお話をしていただきます。その前に一つ市長に伺いたいのですが、森林環境譲与税を金沢市はどう利用するのですか？

山野：もちろん市が責任を持って使っていきますが、どのように使うべきかを議論していただく審議会をつくりました。先月、提案・提言をいただきましたので、来年度から有効に使っていきたいと思っています。

塚本：これからの日本の森林資源をどう維持管理していくか、その財源を確保するという税ですので、上手く利用していただきたいと思います。

意識を共有することが重要

塚本：それでは腰原先生、よろしくお願いします。

腰原：私は東京大学でも教えているのですが、NPOでチームティンバライズという活動もしています。その活動が木の文化都市というか、都市部で使う木、木造建築をテーマにしています。10年ほど前に、東京のまちが木造でできたらどうなるかというCGをつくり、表参道の風景に木造ビルを並べてみました。まだCGの技術が未熟な頃ですので、「どこが木造なんだ」と海外の方には言われました。2010年頃だとこういった絵を出しても、皆さんの反応は「いいね楽しそうで、夢物語をやるの」という感じだったわけですが、それが今や実現できそうになってきています。なぜCGをつくるかというと、建築やまちは想像力だけでは一般の方には伝わらないので、どんなまちを目指したいのかという目標を共有してもらい、「木造のまちはこういうまちで、自分たちはどう参加できるのか」を考えてもらいます。東京でやろうと思うと建築需要を賄うほどの森はありません。東京は東京都の森だけではなくて、全国の森林資源の恩恵を受けているわけですから、そういった意味では東京は消費側としてどうあるべきかを考えなければいけない。金沢の場合は6割が森林という話でしたので、木材供給側と消費側の両方だと思います。それから日本には、「1000年以上の木造建築の歴史がある」とよく枕詞に言われるように、伝統技術、文化としての木造があります。でも一方でそれだけではなくて、時代とともに技術が進み、現代技術を使った木造建築も出てきています。ですからこれまでつくり続けてきたものだけが木造建築ではなくて、今の時代に合わせた木造建築も考えていいのではないかと思います。それが今、地球環境問題の観点から森林を活性化していくということ、あるいは循環型の社会をつくっていくことがテーマになり、都市の中で木造建築の持つ役割は何なのかをこういうCGをつくりながら考えてきました。

　一方でまちづくりと言いますと、都市部だけではなくてさまざまな地域があります。福島県の矢吹町は東日本大震災で振動被害に遭いました。津波被害ではなくて地震の被害ですので、商店街が歯抜けになってしまう。無事だった建物もあれば壊れた建物もある、あるいは元々過疎的に空き地だっ

街並み形成は自律分散的に、皆さんで意識を共有することが重要（腰原）

たところもあるため、商店街を活性化する震災復興をしようとなりました。そのスタートが酒蔵で、昔の酒屋さんですから伝統工法でつくられていて、震災復興が木になったわけです。それとともに、ちょうど酒屋の向かいに洋館があるのですが、近代に入って洋風建築が木造でつくられました。ですから伝統工法と言っても、近代も含まれてくると文化財としてその辺まで入ってきます。震災復興という意味では、3カ所の地域で復興公営住宅をつくろうとなりました。この際に町長さんと話をして、元々ここは宿場町の街道沿いなので、昔の古い街並みを復元できないかという議論もあったのですが、金沢も含めて、伝建地区みたいに本物が残ってまだ守られている地域がある中で、昔の街並みを復元することがいいのだろうかと議論しました。100年後に「伝統的な街並み」と言われるような現代の街並みをつくれないかといった提案をさせていただくと、町長さんも理解してくださって、伝統的な宿場町の間に現代的な木造建築、準耐火構造という防耐火でも少しランクの上の建築をつくるということで進めました。また「みんなの家」ということで、震災復興のシンボルとして、活動している人たちも呼び込んでつくっていきました。こういう街並みをつくる時に、一つの考え方でつくっていくのはなかなか難しいので、いろいろな団体からいろいろな支援を受けながら進めていく。その際に、全体としての統一をどうするかだと思います。5年ほどここに関わったのですが、大体役目を果たしたかなということで一度離れました。僕らとは関係なく、地元で新しい図書館をつくるということで、その下と同じようなトーンの建物をつくっていただけることになった。ですから街並みというものを少しずつ意識して、バラバラではなく共通化して、街並み形成を強制的にやるのではなくて、自律分散的にやっていくことが重要なのではないか、皆さんで意識を共有することが重要ではないかということです。

　最近は何をやっているかというと、先ほどの都市木造という技術です。金沢もそうだと思いますが、都市部の土地の値段は高いので、2階建ての建物というわけにはいかない。すると、やはり中高層の建物を経済的につくらざるを得ない。鉄骨造とかRC造でつくるのが今までは標準だったわけですが、2005年の金沢のエムビルをスタートに、今では10階建て程度の木造のビルができるようになった。一方で各地域において、たとえば高知県の「はりまや橋」がある観光地で木造のビルが立ち並ぶとどうなるか、地元の建築家の方々とともに絵を描いて、こういうまちを実現するための技術開発をしようとか、一般の方がこれにどのように参加できるかを考えました。また九州では、九州の豊かな森林資源を使うに当たって、建築需要はやはり福岡の博多が一番大きくなるわけですね。ですから、九州のさまざまな県の森林資源を博多で上手く使っていくことができないかと、九州の建築家の方々が絵を

金沢のまちが今後どうあるべきか、文化、建築、芸術と多角的な観点で見た「金沢診断」

描くということになります。皆さんでどういうまちをつくっていくのかを共有するためには、こういう絵を描いて、そのための技術開発を進めていくと良いのではないかということで私の話を終わりにしたいと思います。

塚本：金沢会議では、腰原さんはどのようなことをされていますか？

腰原：僕は一応エンジニアなので、技術的にできるできないという話と、全国でこうした活動がある中で、金沢の技術・材料で、他の地域とは異なる独特のものをつくるためにはどうしたらいいのかをアドバイスできればと思っています。

塚本：木造のビルと新しいエンジニアリングとして、専門家がまずはきっかけをつくらなければいけませんが、そこにどう一般の人が参加する形ができるかということもおっしゃっていました。この部分は木造ではとても大事だと私も思っています。

腰原：金沢は工芸もあるので、建物だけではなくて、そういったものも合わせて上手くできればいいのではないでしょうか。

金沢だからこそできる街並みを

塚本：続きまして宮下先生から、文化・歴史的背景を踏まえた金沢の木質化の変遷、金沢診断についてお話をお願いします。

宮下：市長から金沢の木の文化都市というお話がございましたが、私からはその成り立ちになるような、バックグラウンドも含めて話をさせていただきます。金沢は加賀藩の頃から「百工比照」と言って、全国各地の工芸などの素晴らしいものを集めて記録し、そこから学ぶことで金沢の工芸の可能性を考えていくような素養を持った地域だったと言えます。また、藩政期から現代に至るまで大きな災害や戦災にも遭わず、金沢のまちが残っているという事も非常に大きなポイントとなっています。江戸、明治、大正、昭和とさまざまな建築が残っていく中で、1960年頃から高度経済成長により、金沢でも中心市街地を中心として近代化が進みました。近代化の大きな流れとしてまちを火から守るという、都市の不燃化が進

んでいきます。そうすると、まちの中に藩政期からずっと残っていた素晴らしい木造建築がどんどんと取り壊されて、コンクリートと鉄とガラスの建物に変わっていく時期がありました。全国的にこぞって近代化を推し進めている時代に、それが本当に金沢のまちとしていいのかという疑問を呈した人々がいました。金沢の経済同友会を中心とした経済人たちです。経済的発展を望む経済人がこういうことを言い出すこと自体、非常に大きな意義があると思うのですが、そこから保存と開発を同時に考える機運が生まれてくる訳です。金沢の建築、街並みなど建築文化というところを離れ、無作為に開発されていく状況に強い危機感を持たれるようになっていきます。その様な中で、金沢市からの依頼を受け、谷口吉郎さん、東山魁夷さんなど学識経験者、文化人、行政などの方々で「金沢診断」というものを1967年に行いました。歴史文化、建築、芸術といった多角的な観点から、金沢のまちが今後どうあるべきかを考えるきっかけとなったという点で金沢のまちづくりにおける大きなターニングポイントとなったと考えます。その診断結果をまとめた「保存と都市開発診断」という報告書が出され、これをベースに伝統環境保存委員会が立ち上がることとなります。その結果、全国に先駆けて1968年に金沢市伝統環境保存条例が生まれました。その哲学のようなもの、すなわち「保存と開発」という相反するもののバランスを取ることを、金沢では現在に至るまで行ってきていると言えると思います。金沢が今後、木の文化都市として発展していくためには何が必要かを考えていく「木の文化都市を創出する金沢会議」にも参加させていただき、現在いろいろな活動をしています。

金沢市中心市街地は現在でも木造の建物が大変多いのですが、金沢駅から武蔵ヶ辻、香林坊、片町と幹線道路沿いにはコンクリートや鉄骨造の建物が集まっていることがわかると思います。このエリアは都市計画上、不燃化した建物を建てなければならない地域となっています。そのため、どんどんと木造が減っている状況です。ただ、そこから一本道を入ると、その裏はほとんど木造の建築が建っているというのもわ

かると思います。駅前から武蔵ヶ辻では多くの大型再開発の
ビルが建っています。南町では中高層のビルが建ち並び、ビ
ルのファサードが揃っているエリアです。そして香林坊から
片町の辺りはいわゆる防災街区と言って、火災の際に延焼
を止めるためにRC造を連続して建てていく方式で、都市の
近代化の一つの象徴とも言えます。その結果、今お話しした
都心軸沿線のエリアには木造建築物はほとんど残っていませ
ん。

　一方、都心軸沿線エリアの中で尾張町界隈は特徴的なエ
リアとなっています。ここはその名の通り藩政期に尾張の方
から商人を招いてつくられたまちで、大店が並ぶ当時の目抜
き通りだった場所です。ところが戦後、香林坊の方に商業の
中心が移ったことによって大規模開発が進まず、現在でも多
くの木造の歴史的な建物が道路沿いに多く残っています。こ
の意味で木の文化が残っている非常に奇有な大通りとなっ
ています。それを受けて木の文化都市金沢のモデル地区に
選ばれました。8年ほど前になりますが、私の研究室で調査
をしたところ、防火地域にも関わらず主要幹線道路沿いで
44%が木造であることがわかりました。先ほど防火地域の話
をしましたが、この地域には一般的な在来木造は法律上建
てることができません。きちんと耐火になったものでないと建
てられないということです。すると、どうしても建て替えるなら
一般的に鉄骨造やRC造となってしまいこの地域から木造が
どんどん減ってしまう訳です。都市部の幹線道路沿いであり
ながら魅力的な木造建築を残すエリアだからこそ今後の可
能性を考えてみたくなります。ヒューマンスケールの街並みが
あったりします。腰原先生のお話にあったように木造の耐火
技術がいろいろと研究されてきて新たな木造が建つ。その周
囲には歴史的な木造建築物がたくさん残っていて、それらが
ミックスした非常に魅力的な街並みができるのではと期待し
ています。保存と開発という受け継がれているテーマが木造
建築を介して表現できたらとても素敵だと思います。

塚本：幹線道路沿いは、地震や火事の際に緊急の避難経
路を確保するために、通り沿いの建物を木造ではなく耐火
建築にするんですよね。その後ろ側にある木造住宅部分が
延焼しやすいので、隣町へと移っていかないような延焼防止
帯にもなる。20世紀はそういう考え方でやってきたのですが、
尾張町も都市計画的には防火地域に指定されている。けれ
ども建て替えがあまり進んでいなかったため、まだコンクリー
トや鉄の建築になっていない。つまり少し遅れてきた分、今
トップランナーに踊り出ようとしています。時代が変わって、
木造でも耐火の建築がつくれるようになってきたので、今度
は金沢駅から武蔵ヶ辻の間の建築みたいなつくり方ではなく
て、新しい耐火木造で同じだけの機能が果たせる街並みを
つくっていこうということですね。

地域が街並みを残すことの背景がどうあるのか、追求していきたい（竹本）

全体として残しながらつなげていく

塚本：続きまして竹本さん。トビムシという非常に面白い活動
をされている会社で、何の会社だろうと皆さんは思うかもしれ
ませんが、木材の流通活用についてお話いただきます。

竹本：トビムシが会社として何なのか、あるいは生き物として
どういうものか、どちらの説明をしたらいいかと考えたのです
が、Googleで検索してもらうことでご容赦ください。トビムシ
は森の土を両手で掬うと数十匹いて、森林の素敵な空間の
物質循環を土の下で、縁の下の力持ちとして支えています。
綺麗な森があると、「あそこにはトビムシがいるらしいよ」とい
う話になる、そんな会社になれたらいいなということで名付け
ました。我々は森林商社と言っていますが、全国の地域の皆
さまと一緒に、その地域の属性に合わせて林業・木材業を
持続可能に運営していく会社をつくり、提案するだけでなく
出資して経営にも参画します。決して一社だけでやるのでは
なく、地域の皆さんと研鑽しながら、林業・木材業あるいは
それに関連するサービス産業を、地域に足りない機能をどう
補完していけばそのバリューチェーンがスムーズに流れていく
のかを想定してやっています。

　森林譲与税の話がありましたけれど、林業は人工林が対
象という前提がありますが、たとえば岐阜県飛騨市は広葉
樹林の天然林の比率が70%を超えています。北海道以外で
は本州でも一部しかそういう地域はないのですが、広葉樹の
まちづくりを市として掲げていて、「譲与税は広葉樹のまちづ
くりにしか使わない」と言っています。一方でこの3年間、ほ
とんどの地域が森林譲与税を基金として積んで、実際には
使っていないという状況にありますが、愛知県岡崎市では基
金にはしません。毎年フローでしっかり森づくりに使ってい
て、レーダー観測で地籍調査を行いながら、既存の森林法
では対応できない林業を譲与税をフルに使って進めている
地域です。また、北海道のニセコ町では小さな町役場で、こ
れから譲与税を含めて地方自治体がその責務を負いながら
林業を回していこうとしています。県庁所在地や政令市であ

れば専門家がいて組織的ノウハウがあるのですが、2～3年で人事異動があるのが常である役場で、専門的な林業を責任を持って、譲与税を丁寧に使っていくことはなかなか難しいので、我々がつくる森林商社に法定義務以外の全てを移管しようとしています。民間が長期にわたって最適に譲与税を使って、森づくりをしていくのです。地域ごとに事情が違うので、地域の皆さんと一緒に活動しているのがトビムシです。我々は決して原理主義的に「域内で完結する」と言っているわけではなくて、とにかく長期・最適に、都市部との連携や広域行政をどのようにやっていくのかも含めて、系を閉じることなく活動しています。そして経済活動に限定されることなく、地域の持続可能性を高めることを目的とします。

　森づくりをやっているとボトルネックになるのは人です。地域の林業関係者は高齢の方が多くて若い人が少なく、せっかくバリューチェーンを再構築して、新しい技術を取り入れてここからだといった時に「人がいません」という話によくなります。そのため、極めて公共関与型と言いますか、地域の人材をどう育成していくかということにも関わらせていただく。そうして地域の価値を高めていくのです。森づくりを基点に10数年間やって参りましたが、その結果、各地域で一定の事業ができて20人、30人と雇用させていただきながら、林業・木材業を回していくと「ひとづくり」というところに突き当たります。そのひとづくりに関わっていく拠点をどうするのか、あるいはまちの中で木をどう取り入れていくのかという意味において、都市計画に関わるというよりも、最終的に景観をどうつくっていくのか、木をどう活用し、そのためにどんな木を切っ

たらいいのかを考えます。原木市場では現在、3～4mの直材で24cm径という規格に合った木材が一番いい値段で流通するので、そればかりが出てくるという状況にあるため、たとえば5m材や6m材が欲しければ、原木市場で調達するととても値段が上がってしまいます。そこで自分たちが林業にも関わっていれば、当然木を切る段階でどうやってその木を調達し、どれぐらいの量、どれぐらいの形で加工したらいいのかを知っているので無駄がなく森づくりも最適化できます。森づくりを量的に、スケール的に最適化すると、実はまちづくりでの汎用性を著しく損なうという可能性もあるので、その塩梅を地域ごとに整えています。

　地域の有り様としていろいろ考えているのですが、我々の共同体や自治という観念は、あくまでもその地域の自然素材と背景とする自然がつながって初めて、人間の共同体というものがあり得るという前提で考えています。愛媛県の肱川水系中流域・上流域に当たる内子町にも伝建地区があるのですが、その素晴らしい街並みを形成する一つひとつの家が、どのような素材と技術で、最終的にどのような部品になって使われているのかという連関図があります。風景や街並みは常にその山並みとつながっている。これは宮本常一先生の「山並みなき街並みはない」という言葉に象徴されますけれども、山並みには木を出すだけではなくてその素材、あるいはそういったものを生かしていく技術があって、山並みが整っていない地域で街並みを残し続けることはできないということです。それを改めて連関図で書いていただいて、塚本先生が発表された時に町長が、「昔はみんなこういうことがあるこ

「木の文化都市」をキーワードに、各登壇者から貴重な話が語られる

とは知っとった。けれども今は誰も知らん」とおっしゃる状況なわけです。我々はなくなったら郷愁の念があるけれど、そもそもあることを知らなければなくなったこともわからないし、郷愁の念を持つこともないということです。「なぜこの街並みを保存しない、もっときちんとやれ」といったことを言いながら外材を輸入するのでは本末転倒です。だから地域が街並みを残すことの背景がどうあるのかを、やはり追求していきたいと常に考えています。

最後に養老孟司さんの言葉で、「一つが残るためには全体が残らないといけない」という名言を紹介します。いつも我々には、漆がどうだとか、畳がどうだとか、「瓦がなくなってしまうので補助政策を霞ヶ関と調整して欲しい」といったさまざまな相談が来るのですが、「畳のために畳を残す」ことはできません。どんなに補助金を突っ込んで技術的支援を行ったとしても、畳だけを残すことは無理です。やはり街並みや日本家屋、あるいはそういった全体がつくる風景に対する価値認識が残らない限り、一つひとつの技術やそれを支えている素材、森林資源は残らないということです。全体として残しながら、つなげていきながらということに多くの地域で関わっていきたいと思っています。金沢も街並みと山並みが揃っている場所ですので、自らできる範囲でしっかりと丁寧に、周辺・広域とつながりながら、宮下先生がおっしゃっていた金沢でしかできないことを具現化してもらえたらとても嬉しいです。

塚本：山並みを良くするためには出口が必要ですよね。木を循環させていかないといけないので、その出口はまちになっていくわけです。つまり森の良い出口としてのまちづくりがとても大事だと改めて思いました。譲与税のいろいろな使い方をお話いただきましたが、金沢市では森林の土地台帳の再整備をまずはしなければいけません。やはり台帳の整備が計画的に森を使っていくこと、あるいは運営していくためにとても大事になります。竹本さんはその辺りで何かやっていることはありますか？

竹本：森林法と実態の森、あるいは境界線というのは大方、正しく合っていないのが実情です。それを今、法改正も含めて、レーダーで観測してそれを簡易に設定することができるようになりました。デジタル庁との流れも含めて、デジタルで確認して一定の合意が得られれば、それをデータとして活用していきます。職人の世界みたいになってしまうとそういう方向に進みませんが、それをしっかりと整えていくという方向性はあります。今、我々は岡山県西粟倉村で、三井住友信託銀行と一緒に「森林信託」を進めています。森を物理的に管理するのは大変ですから、それを証券化します。我々はこの地域にこれぐらいの森を持っていて、それに対する請求がこれぐらいできるという権利を持つことで、物権から債権へというところも整えていけると、森の流動性が少しずつ高まると思っ

ています。これは決して昔からの山が奪われるといったことではなくて、当然、所有権を持つ本人の合意がなければ進まないことですから、まずはその本人が自分が持っているものがどこにあり、どのような状態であるかを確認できる仕組みづくりが今、インフラとしてかなり整ってきたという認識です。そこに譲与税が使えると、さらに整備が進んでいくと思います。

塚本：森が上流でまちが下流だとすると、上流から下流まで何をやっているのかが一気通貫につながって見えてくるというのはとても大事だと思いました。

建築が都市に何をできるか

塚本：続きまして妹島さんにお話いただきます。妹島さんは皆さんもご存知のように、この21世紀美術館を設計された建築家で、とても素晴らしいギフトを金沢、あるいは全国の皆さんにもたらしていると思います。

妹島：いただきました「建築が都市にもたらすもの」というテーマについて考えてみました。都市は多くの人が集まって住むところだと思いますが、そこで建築は一体何ができるだろうかと。先ほど循環といった話がありました。木には植えて切って、それを使ってという循環があり、その循環の中にさまざまなことが成り立っているということでした。その循環の中には当然私たち人間も入っていなければならなくて、建築を通してそれを感じてもらうことができるのではないかと思います。「自分たちもその循環の中で生きているのだ」ということを認識できることが、建築のまちの中での役割の一つではないかと思います。

木の文化都市ということですので、木についての、私の経験からお話を始めさせていただきます。10数年前にある島で建築を建て直そうとした時に、天井を剥がして分解してみて、これからつくり直そうと考えていたその建物もすでにそれ以前のものを使いながら組み立ててつくられていたことがわかりました。その時まで私は今まであったものを使うと思っていたわけですが、その家はその時すでにもっと以前からあったものを組み合わせてつくられ、使われていたことに気付か

木は循環ということに対してとてもしなやかに入っていける材料（妹島）

されました。私もそれにさらに手を加えてまた組み立て直したのですが、これが初めて循環というものを実感した時でした。今後20年30年経てば、誰かがまた私が手を入れたものを、使えるところを使いながら新しいものにしていくのだなと。つまりリノベーションや新築といった分け方はおかしな考え方で、そうなってくると具体的な材料だけではなく、時間が流れてその場所が持っているもの、そこにあるものなど、そういったものが全部つながっていると実感しました。たまたま今回は私がつくったわけですが、その後もまた違った次の状態につくり続けられていき、それがその場所のあり方をその時、その時つくっていくのかなと思ったのです。木材はなかなか自然のまま都市の中で使えるものではないので、都市では私はあまり使ったことがないのですが、「これが終わりでここが始まり」みたいなことではない、木のしなやかさというか、材料としての可能性を感じました。

次に、ニューヨークから1時間半ぐらい車でいった自然の中につくった建築を紹介します。柱はスチールで梁より上が全部木造です。非常に地形が複雑で、それに沿った形の屋根をつくろうとして、緩く3次元的にカーブする形となりました。初めは全部スチールでつくろうとしたのですが、スチールではジョイントが全て違うといったことが起きて、柔らかい形をつくるのにギブスみたいなものをつくる感じになってしまって、これは気持ちが悪いなと思いました。そこで、この場所が集成材の盛んな地域でもあったので、木の集成材を使ってみることにして、まっすぐな集成材をただ柱の上にポンポンと掛けていきました。地盤の高さに沿った梁をつないでいきますと、ほんの少ししなりながら、まっすぐな材なのに、何となく緩やかな3次元の形が出来上がって、その方がよほどさらっとできたのです。木造のおおらかさというか柔らかさというか、きっちり罫線通りにこの形をつくるのではなく、組み立てながらつくり上げていけるような余地があり、木は循環ということに対してとてもしなやかに入っていける材料だと思いました。

次は全然木とは関係ないのですが、まちの中での循環というものにつながると思い、2021年、2020年に出来上がった

SANAAの設計により、2004年に竣工・開館した金沢21世紀美術館

2つの建物を紹介します。まずはパリのど真ん中で、リノベーションと一部新築を組み合わせたものです。パリ独特の窓のリズムでつくられているエリアなのですが、だからといって新しくつくる建物のファサードを古いものと同じようにつくっても仕方ないと思ったので、波型カーブのガラスのファサードを考え、その波のピッチを真向かいの窓のピッチにそろえて、正面の建物の立面を映して、場所の雰囲気に連続するような建物を考えました。もう一つは、ミラノの旧市街地の一番端にある大学のキャンパスとしてつくった建築です。ミラノのまちは一街区が一建築になってつながってできているので、私たちも街区をそのまま建築にするということを考えました。ただ敷地がとても大きかったので、まわりの街区ぐらいの大きさのブロックに分けて、その一つひとつが少しカーブしてつながって全体をつくり上げるものとしました。まちのつくり方と同じ方法を少し歪めながら建築化していき、その先に広がる公園に連続する空間にしようとしました。通常は境界線上に建物の壁面が立ち上がるわけですが、ここでは歪んだところが境界線より凹んで、そこはランニングコースになって、この街区というかとても広い場所が3つか4つつながって全体が公園のような場所になりました。

建築が都市に何をできるかということを考えた時、私としては都市にあるものに何とか連続した建築をつくろうとしたと言えると思います。これまで木造は都市の中で使うのが難しかったように思いますが、やっと新しい技術が使えるようになってきたように思います。日本にはとても森林が多いのでその材料を使って循環させることは大切かもしれません。そうすると、建築や都市がその土地固有のものと一体になってできてくるという意味でも、木を使うことに意義があると思います。他方、今のところまだ私は木だけに特化するのではなく、いろいろな形のあり方があるとも考えます。この近くにギャラリーがあったので昨日訪ねたのですが、美術館ができてから金沢のまちにそういう文化的な流れが出来上がってきたと感じます。駅には鼓門があり、まちを歩いていると水の流れが復活していて、木だけではなくいろいろな形で新しいものと歴史的なものが交じり合ってきている。木という材料が持つしなやかさやおおらかさという性質を、木だけでなくいろいろな観点からまちに持ち込めるのではないかと思います。

塚本：「循環と言っているばかりで人はどこに行ってしまったんだ」といった議論が多くある中、人が循環の中に入っていることを建築によって実感できるというのは、非常にいいご意見をいただけたと思いました。

文化がつながるテリトーリオ

塚本：続きまして、陣内先生お願いします。

陣内：私は建築の歴史が専門で、都市史の分野を選びまし

た。都市史というのは1970年代から出てきた領域です。今はかなり研究が広がって、東京も含めて日本各地の都市の成り立ちが歴史的にわかってきました。私はイタリアに留学してイタリアの方法を学んで日本と比較しているのですが、視野を広げ、上流の森林と下流のまちのつながりといったことに目を向けていく必要があると感じています。80年代にイタリアで、「都市と周辺の田園」という考え方が出てきたのですが、そこには農村があり山林も入っていて、そういうものを「テリトーリオ」と言います。竹本さんから地域共同体という話が出ましたが、共通のアイデンティティを持つ広がりをイタリアではテリトーリオと言って、その研究が非常に面白く、これからの日本にとっても重要だと思います。金沢の近代化について「歴史と保存」と宮下さんがおっしゃいましたけれども、近代化とは都市化であり工業化で、「都市化をするのはいいことだ」と田園、農村、山林は全て見捨てられてしまいました。グローバリゼーションだから、木材も含めてみんな外から入ってきて、本来、都市の文化、経済を支えていた周辺とのつながりが全くなくなってしまったのです。そうではなくて、もう一度本来の姿を取り戻して現代のテクノロジーやセンス、いろいろな文化でつくり上げていこうという動きです。

先ほど竹本さんが内子町をご紹介してくださり非常に感銘を受けたのですが、私が今日ご紹介するのは愛媛県の肱川流域です。スペインから日本に留学してきたある男性がこの辺の調査をしていて、その良さを発見して私に伝えてくれたのですが、その後彼は大洲市のまちづくり会社に就職したので、私とのつながりも非常に今深まっていまして、木造の文化的なものを生かした大洲のまちづくりのお手伝いも始めました。ここは失われてしまった日本でのテリトーリオをもう一度思い起こすのにいい材料だと思います。大洲の近くには内子があり、大江健三郎さんの生家や原広司さんが設計した中学校など、建築に関わる人には以前からよく知られていると思います。蝋燭と和紙で大きな財を成したまちですが、なぜこんな内陸に重要な文化が栄えたのか本当にずっと謎でした。それが実は肱川と小田川流域の舟運、筏流しと、この

本来の姿を取り戻して現代のテクノロジーやセンスでつくり上げていく（陣内）

辺の山林が木材の供給地として非常に重要だったのです。大洲の周辺にたくさん山林があって、またそれを活かそうという動きですね。全て筏に組まれて、大洲で休息を取って、ずっと進んで長浜から瀬戸内海を通じて関西や全国に行くという流通です。蝋燭と和紙も同様で、川の舟運を活用し、この大洲、長浜、内子が栄えました。しかもここは城下町です。大洲藩は殿様の文化的・経済的な施策で、政治都市だけど文化・経済もあり、港町があって、内子は産業流通経済都市としてつながっていたのですが、水の時代が終わって陸の時代になり、みんな忘れられてしまいました。

今これを取り戻そうとしていますが、現在の内子と大洲の関係は行政的にも経済的にもあまりつながりがありません。しかしもう一度つながりを取り戻せたら、ここはポテンシャルのある地域になると考えています。大洲は川沿いの小さな城下町ですが景観がとても見事で、船が行き来したら相当素晴らしいと思います。旧市街の南側の外れに臥龍山荘という木造の重要文化財があって、京都から学んだ河内寅次郎によって別荘としてつくられました。これが明治の後半で、当時は筏で材を運んできたと思います。重要文化財と同時に国の史跡にもなったので、今、これを活かしたまちづくりを展開しようとしています。臥龍山荘には不老庵という茶室があり、これはいわゆる懸造りです。日本の木造文化のピークの一つで、清水寺がまさにそうですが、立地を活かしながら建築の技術の高さを誇らしげに示す懸造りの建築をつくって、船で入ってきた人たちをもてなしました。

そういった文化がこの地域に継承されて、昭和に入ってからも木造の建築がつくられました。「山並みなき街並み…」という話がありましたが、内子では「村並み」という概念も20年ほど前から打ち出しています。町並みだけでなくて周辺とのつながり、田園とのつながり、農業ゾーン、棚田、そして木造文化の屋根付きの橋、また古民家をリノベーションして民宿にして、水車小屋を復活させる。そういったまさにテリトーリオは食文化にもつながるし、和紙や蝋燭といった伝統工芸も材料は周辺の農村で採れました。そして町家をつくる建築の材料も全て周辺のもので、現代の新しいセンスと流通でつくり直す。そういったものが地域のポテンシャルを上げて、広い意味での文化観光につながります。金沢はいい素材を周辺にたくさん持っていらっしゃって、山林がたくさんあるので、外材に頼るのではなくもう一度地場の材を使うことで、金沢の工芸にも周辺の森林の木材が役に立つでしょう。

歴コンというのは本当に素晴らしいものだと思います。今までは伝統的なものというと、歴史や都市計画の専門家がやっていたけれど、それをクリエイティブな建築家の人たちが中心になって引っ張る。過去と現在と未来がつながる素晴らしいプロジェクトです。また、耐火性を持った木造建築が使える

というのは、金沢の旧市外、古いまちが現代につながり未来につながっていくことの証だと思います。

塚本：臥龍山荘は素晴らしいですね。今は船でしか行けないのですか？

陣内：実は建てたオーナーがすぐに亡くなってしまい、どうやって使っていたのかが資料に残っていません。それを想像しながら、当時の使い方を想定し、現在であればどう使うといいのかをみんなで考えようというプロジェクトが動いています。当時は船で入っていただろうと考えていますが、蓬莱山という島が前面にあってどうもそこを使っていたらしい。そこで一度休んで、船で川からフロアにアクセスしてそこでお茶でもてなされ、もう一つ大きな座敷がある。トータルでその風景を見ながら川と庭園という、まさにテリトーリオ全体を活かしたイメージをもう一度再考しようということになっています。

塚本：そういうのはやはり振る舞いも含めて考えないといけなくて、臥龍山荘は建物だけで考えても素晴らしいけれど、同時にそれがどのような使われ方、振る舞いを伴っていたか、そこにどういう趣味が充満していたのかといったことが、実は一番想像しにくいところでもあります。そこが想像できるようになると、現代であればどうしたらいいのかということを考えやすくなると思います。

上流から下流まで一気通貫につながって見えてくることがとても大事（塚本）

Theme 2
これからの
まちづくりの
可能性

顔が見えない原木市場

塚本：ここからはテーマ2「これからのまちづくりの可能性」について話していきます。都市は今までコンクリートや鉄で、近代化の中でつくられてきたのですが、今は高層の木造も耐火性を持たせてつくれるようになってきた。地震にも耐えられる

ような技術ができてきたので都市を木質化していこうという話があり、そして開発では少し遅れを取っていた尾張町で、幹線道路の街並みをもう一度木造でつくろうという尾張町モデルの話がありました。それから次は、森林をどう管理して森をまちの出口まで届けていくかという流通について、いろいろな形で考え直さなければいけないということを竹本さんにお話いただいて、そこでは土地台帳の話も出てきましたが、これもとても大事なことですよね。

私も復興支援で2011年頃から石巻市で活動したのですが、高台移転をするに当たって、港に一番近い山の上の場所を探して新しい居住地とする提案を考えました。ところが、眺めが良くて日当たりが良くて風が弱くて、港が近くによく見えるという場所を選んで土地台帳を調べてみると、持ち主が250人もいる。そうするとその全員から判子をもらわなければいけなくなり、ほとんど無理なんです。復興予算がある5年間で、新しい住宅地の土地の区画整理をするというタイトなスケジュールの中で動いていくと、そういう台帳としては塩付けになってしまったところにはどうしても手が出せない。これは明治時代に共有林だったところをみんなで区分所有に変えたからで、最初は10人ぐらいだったのが相続していくうちに250人になってしまったという、日本の近代化のプロセスで図らずも起こってしまったことが、復興の足かせになっていました。これは森林管理についても同じことが言えると思っていて、金沢市が今、土地台帳の再整備をしているのは、まずは足元を固めようという動きで非常にいいなと思いました。

木のまちづくりということで言えばまちから山までつながる、大きな風景が見えてきます。その中でも足りない、まだ着手していないこと、関わりしろになれるところがあると思います。それを考えていくのがまちづくりにつながると思います。まず私が口火を切ると、たとえば原木市場は金沢市にありますか？ 60％もあると森林を使うにはまちとの間に市場が必要で、木を切る人がいなくてはいけなくて、それが見える場所に欲しい。市場をもう少しまちに近い、見えるところに持ってこれないかと思うのですが、竹本さんいかがですか？

竹本：確証は持っていませんが、金沢にもあるのではないかと思っています。林業として産業上認められているのは人工林で、スギ、ヒノキ系のヒバと言われるものです。そういったものが、陣内先生がおっしゃっていたように筏も含めた水系でずっと集まってきたので、どちらかというとまちに近い方にあるんですよ。中流域で、山から出てきて沢が重なった中州みたいなところに市場があって、そこで製材します。乾燥させてから製材するので、軽くなって重ねやすくなり、輸送しやすくなるため都市に入ってくる。そういう順番なんです。

高級な木材は北前船で遠くから運ばれてきて、また川を登ってどこかで使われるという逆流するパターンもあります

が、基本的には上流から中流で加工して軽く運びやすくなって、下流域の都市部で使われるという流れですので、原木市場が今、金沢にどれぐらいの規模でどこにあるかわかりませんが、市場は山の中にあるのではなく、大体は内側にあるという状況です。ただ一方で、これがまた近代産業資本主義に完全に組み込まれていますので、長さと太さが規格化された木が大量に原木市場に来ます。逆に言えば、それ以外の木は市場ではなかなか売れないので、山の中で切って放置されて一部の方々に重宝して使われる。でもその時点でスケールが出ないのでコスト的には高く付く。そういうデメリット、負のスパイラルがあって、ユニークな木をユニークな形で使うのは「コストが合わない」の一言で片付けられています。「だったら大量に集まってくる集成材を何とか流通すればいい」と、今はそういう流れにあると思います。

塚本：1960年代の造林政策の時に植えたスギやヒノキが60年経って、非常に立派な木になりつつありますが、これを大径木と言って、建築の方で合理化を進めてきた製材のシステムに乗りにくいため売れないんですよね。腰原さんはそれについて稲山正弘さんと議論されていましたね？

腰原：「細い木しか使わない」と稲山さんは怒っていました。今の生産システムは戸建ての木造住宅を対象として整備されました。年間100万戸も戸建住宅をつくっているのだから、それは市場の原理としては正しいのですが、それだけになってしまった。逆に言うと今がチャンスで、都市木造を含めて、戸建ての木造住宅ではない木造建築の世界をつくれるわけですよね。そうすると、今言ったような一回り大きい部材規格をみんなで共有して使っていく、整備していくことや、少し規格から外れたものにも価値があることを盛り込もうと思うと、今までの木造住宅の価値観では駄目だと思います。だから僕は、「どこを目指しますか」という投げかけと同じように、金沢のまちの中に新しい木造建築をつくるとしたらどのような規模の、どのような用途のものをつくりたいのかを投げかけて、そこにはどのような部材が必要なのか、それは金沢や石川県で出せるのかとなり、新しい仕組みが全部できていくと思います。出口側から「こんなまち、建築をつくろうよ」と投げかけた時に、「皆さんどうしますか」というのは消費者である皆さんに対してもそうですが、山の人たちに対して「こんな建築をつくるための生産システムはできないのか」や、逆に山で使っていない木が何なのか、それを建築側が上手く組み合わせて新しい木造建築をつくりましょうといった方法もあります。金沢のまちがこれからどちらを目指すのかということもあります。

原木市場だけでなく材木屋というものも、東京の都市の中にはたくさんあります。なぜかと言うと、昔は建物が少し傷んだ際に、その辺の材木屋で木を買ってきて、地元の大工さんがいて、加工場も材木屋にあるのでメンテナンスができた。金沢を歩いていて少し気になるのは、材木屋や大工さんがどこにいたのかわからないことです。本当はそういう人たちが

多様な視点から「これからのまちづくりの可能性」を見出していく

伝建地区のようなところの修繕を扱ってきたと思うのですが、「原木市場の顔が見えない」のと同じように、材木屋の顔が見えないのが少しもったいなく、見直したほうがいいという気がしました。

塚本：大工町という町名があるので、おそらく大工さんがたくさん住んでいたのでしょうね。なので尾張町のプロジェクトの中に材木屋を入れたらいいのではないですか？

腰原：少し傷んだら気軽にDIYっぽく、大工さんでなくても素人でも交換できるといったことがあれば、みんながまちに興味を持ったり建物に愛着を持ってくれるのではないかと思います。

文化としての木造が見えてくる

塚本：2007年に、21世紀美術館のアーティストインレジデンスに呼んでいただいた際、仲間の若い人たちに金沢に住んでもらっていろいろな研究をしました。そこで痛感したのは、金沢は趣味が壊れていないこと。戦災に遭わずまちが焼かれなかったのは、趣味が壊れなかったということだと思います。これが実はまちづくりにとってとても大事で、「お前の趣味で話をするな」とか、割と建築の議論では趣味は嫌われるのですが、とても包括的な物事を判断するものとして趣味というものがあって、これを維持できているまちは日本では少なく、金沢はその一つです。そこでのティンバライズの活動は、今までの木造の趣味ではできない感じですよね。木造趣味と言うとおかしいですが、たとえば金沢の町家と京都の町家では何が違うかと言うと、格子の細さなどです。圧倒的に格子が細くて繊細で、全体に華奢な印象を与えるのが金沢の町家で、そういうことと耐火木造をつくっていくことが上手く噛み合ってくると面白いと思うのですが、腰原さんいかがですか？

腰原：「縄文なのか弥生なのか」とよく言うのですが、現代木造は細く薄く繊細に、住宅系で段々と数寄屋造りみたいな進化をしています。一方で農家型民家に分かれた後の木造建築というのは途切れています。繊細さを目指していった木造建築の流れは現在までたどり着いているけれど、骨太の建築というのは農家型民家で止まっているのです。その現代版が何かと考えると、今の都市木造の太い側が埋まってくるのかなと期待しています。建築家にこの話をしても「細くしたい」と言われて、「腰原はすぐ太くする」と怒られるんですけどね。

塚本：妹島さんはいかがですか？

妹島：スチールで細くしたのと木の太いのとでは対面した時に感じ方が全然違うから、細いか太いかというだけの話ではないかと思います。もちろん細さが繊細さにつながったり、太さにはおおらかさがあったり。それぞれの良さがあると思いま

す。材木屋の話でふと思い出したのは、以前ファッション関係の人が、「江戸時代にはまちの至るところに着物の直し屋さんがあった」と言っていたことです。着物を日常着として使いながら何度も直して、駄目になったら雑巾にして、それを今度は燃やして、灰になったら肥料にする。そしてまた布がつくられるというサイクルが着物にはあったということでした。木造もそういうところがあると思います。まちの中に直す人がいて、上流から下流まで材料とまちがつながってくる。それが見えたらとてもいい風景になると思います。まちの中にもう少し気軽に直すところがあると、直してもらうだけでなく自分でつくるといった木造の良さにつながってくると思いました。

細い太いというよりも、「木でつくる建物やまち」を考えられるのではないかと思います。木でつくられるまちは、何か暖かなものになるように思います。そして、自分たちの手を加えることができる柔らかな、新しいまちになる。山からずっと流れてくるつながりで生活も変わりますよね。そういうことが、まちと山の距離や、歴史が残っているということでも、金沢の規模くらいがやりやすいのだと思います。最初に金沢で仕事をさせていただいた時に、役所に打ち合わせに行くと半紙に和菓子が乗って出てきました。他のまちではそういうところはありません。そして和菓子が美味しくて。これがやはり文化なのだなと思ったことをよく覚えています。金沢のまちを歩いていても、いろいろな文化に自然に触れることができます。新しい木造都市は、まちの中のいろいろなシステムを段々と変えていくだろうし、そうなったら素晴らしいと思います。

宮下：お菓子が打ち合わせに出てくる理由は、金沢にはお茶をやられている方がとても多いからです。そうすると茶会に出るために着物を着る方や、その際に身につけるもの、お茶に関わる多くのものがいろいろと必要となる。それで日常的にそれらを扱うお店も残る。竹本さんのおっしゃった「一部を残すには全体を残していないと絶対に無理だ」というお話の事例ですよね。本当にその通りだと思ったのですが、金沢にはそういったものが非常に多く残っています。また、金沢には、伝統建築を修復する技術を学ぶ職人大学校という機関があって、その人たちが仕事をしていく場やシステムが、まちの中にかなり残っています。必ずしもまちの中の全てを木にする必要はないですが、もう一度木にまつわる多様な循環を考え直すといったことが生まれるととてもいいと思います。

原木市場の話もありましたが、昔は銘木店というものもあって、茶室や数寄屋などの作り手が木を見て、「これが何に使えるのか」や「どう人をもてなすのに使えるか」を想像する、とても知的な遊びがありました。つくる側も使う側も一つの木に対する意識を持つことができると、それが結果として形になってくると思います。木の技術が太い細いというだけではなくて、そういうことに工芸などさまざまなものが重なり合い、単

純に構造としての木ではなく、単純に材料としての木でもない。そういうものが重なった時に文化としての木造が見えてきて、金沢のまちがとても面白くなると思います。

塚本：「縄文と弥生」というのは、都市構想の木造ビルはどうしても柱や梁が太くなっていくから縄文だということですが、むしろ都市計画のゾーニングも縄文ゾーンと弥生ゾーンに分けて、「ここでは太いものを建てなさい」と、繊細さなど関係なくやるのも逆に面白いと思いました。都市の歴史の中で、近代になると機能性といったものがまずはゾーニングとして出てくると思います。でもヨーロッパだともう少し文化的価値によるゾーニングと言いますか、そういう都市へのアプローチの仕方があると思います。金沢でも「金沢診断」をやって、その後にいち早く伝統環境保存条例ができましたが、陣内さんから、価値というものに基づいた都市のゾーニング、網のかけ方みたいなものがあればお話いただけますか？

陣内：ヨーロッパには「ヒストリックセンター」というものがあります。イタリア語では「チェントロ・ストリコ」と言って「歴史的な中心」の意味です。大抵は城壁の内側で、イタリアではそれに網をかけて建て替えを不自由にして、リノベーションして再生していくと、そこで価値がとても上がっていきます。だからイタリアでは1980年代以降、中規模のまちや小さなまちも全て魅力を回復してきて、そこにステータスシンボルも生まれました。パリでも高層ビルはやはりその外につくります。内側は中層の歴史的なものをリノベーションして、新しいものも入っているけれど、ボリュームや高さなどは全部抑えていく。そこで日本でのヒストリックセンターはどうかと考えると、京都にもそれがあると思っていたのですが、最近の京都は真ん中にどんどん高層のビルが建ってきて怪しくなってきました。それと比べて金沢は、400年戦災に遭っていないので歴史的なものがかなり残っていて、しかも木造がたくさんある。そうやって見ると、金沢はチェントロ・ストリコが日本で受け

継がれている唯一のまちだと思うし、その多くが木造だというのが素晴らしい。そこに耐火性を持った木造の技術が発展してくると、チェントロ・ストリコの中に新しい木造として置き換えてつくっていってもいいわけです。

ただ少しショックを受けたのは、東京の丸の内に前川國男さんの「東京海上日動ビル」がありますが、景観問題を引き起こして少し高さを抑えてつくったこの名作が今度壊されて、木造の建築になるそうです。面白いチャレンジかなとも思いますが、そういうものをヒストリックセンターにつくるのはおかしいので、妹島さんがおっしゃった通り、かなり高い木質のオフィスビルを金沢の中心部につくる必要は全くありません。低層だけ、あるいは数階建てで、ステータスシンボルを持つ新しい技術でつくる木造でも、金沢らしい繊細さは十分演出できるだろうし、そうやっていくと世界で唯一の木造のヒストリックセンターが、金沢にまた蘇ってさらに育ちます。お茶文化などを継承しているのも素晴らしく、それに相応しい舞台になるのではないかと思います。

f分の1ゆらぎ都市

竹本：今日は腰原さんがヒールにならず、建設的な意見が多くてとてもいいなと思っています。どのようなまちをつくるかによって木の流通も変わり得るというお話がありましたが、これは僕は引っ張り合う関係だと思っています。というのは、相互にあり続けるものだと思っているのですが、金沢市の人工林の比率は4分の1ぐらいなのです。残りの4分の3はほぼ天然林なので紅葉もするし、新緑もあるし、季節が綺麗に表現される。天然林ということはいわゆる雑木林なので、これはおそらく薪とか炭といったエネルギーに使われています。さまざまな部位を合わせた木が雑木というのは逆に言えば多様性ということなので、僕は4分の3近くが天然林ではないかと想像します。仮にいきなり縄文区域をつくって大径木の木を出したとしても、金沢には短期的にそこに向き合う人工林も太い木もないわけです。その時に、金沢の今までの歴史的な流れも含めてまちとしてどうあるのかということと、森側が今こういう状況にある中で、その木をどうまちづくりに、あるいは木の文化に取り入れていけばいいのかというところの、両方があると思います。森というのは、「ミニトマトの方が売れるから来年からミニトマトをつくろう」というわけにはいかなくて、かなり長期的な目線になりますから、そこは双方の事情を鑑みて引っ張り合って、両方があり続けるという状況を考えてデザインしてもらえたらと思います。

新しい木造都市を巡る議論は尽きない

塚本：では次回は、どのようなまちをつくりたいかというのと、どのような木を出せるのかという、その綱引きができるシンポジウムをやらないといけないですね。

妹島：製材された結果残ったものが捨てられるということは木材だけの話ではなく、多分、いろいろなもの、あるいはことがそうなってきているように思います。陣内先生のお話のような木のまちは、いろいろな合理性や物事の組み立て方をもう一度考え直すきっかけになると思いますし、まちがそういう風につくられたら面白いと思いました。さらに、全部が木でなくても、今まで残ってきた木を大切にしながら、木でもつくるけれど違うものもある、それらが多様に混ざり合うようなまちが、循環している時間を感じられるまちと言えるのではないかと思いました。住んでいる人がまちとともにあると感じられ、自分がまちの未来をつくり、未来のまちにつながっていると感じられるようなまちになるのではないかと思います。

塚本：後始末とかそういったものは外部化して見えないところで処理してきたことが20世紀の経済を拡張させました。都市がその典型で、食事はどこから来るのかやエネルギーがどこから来るのか、ゴミはどこに行くのかなど考えずに、無意識に生活ができていて、生産の現場あるいは廃棄の現場は外部化されてしまうのです。これをもう一度自分たちで意識してつなげていこうというのが、サーキュラーエコノミーですが、木の文化都市というのはイコールおそらくサーキュラーエコノミー、循環型経済都市になっていかないといけないのではないかと思いました。最後に市長からお願いします。

山野：個人的な思いも含めて3つ話します。冒頭で400年以上にわたって戦災に遭っていない、それが金沢の個性だと申し上げました。和菓子のお話などもありましたけれども、要は文化というものは生活と常に接点を持っていなければいけないと思います。生活との接点がなくなればどこかで雲散霧消してなくなってしまいます。そういう意味ではやはり戦災に遭わず街並みが残っていて、それに根付いたお茶や生け花など、そういうものがあるからこそ木を大切にしていこうという発想につながっていくのだと思います。戦災に遭っていないというのは、歴代の市長がつくったわけではなく、我々為政者が謙虚にまちづくりをしていかなければいけないということだと思っています。

2つ目は「f分の1ゆらぎ」という言葉です。建築家の皆さんならご存知かと思いますが、火がボウボウと燃えている様子や、波が不定期にザブーン、ザブーンと寄せては返す様子をぼーっと見ていたら何となく落ち着く、また木の年輪や木目は等間隔で綺麗に揃っているわけではなく、揺らいだり太くなったりしているけれど、それを見ているだけで何となく落ち着いてくる、それを表すf分の1ゆらぎという物理学の言葉があるそうです。「木の温もり」などと言いますが、木が落ち着

文化は生活と常に接点を持っていなければいけない（山野）

くとかホッとする、温かみを感じるというのは、物理学で言うところのf分の1ゆらぎなのかと最近思うようになりました。このf分の1ゆらぎは金沢のまちづくりととても親和性が高いと思っているのですが、先輩方はそれを意識せずに、金沢のまちを大切にしようと思ってやってこられたのだと思います。f分の1ゆらぎが親和性が高いからこそ木の温かみが感じられて、「木の文化都市」という言葉になっていく、そんなことを意識しながら何か具体的なことを考えていければと思っています。

3つ目は、五木寛之先生のエッセイ集が発刊され、五木先生からその本を送っていただき読ませていただきました。一度も戦災に遭ったことがないというのは、いわゆる前田利家公が金沢に入ってきた頃からということですが、五木先生は昔、金沢にお住まいになっていた時に、金沢のまちのあちこちに一向一揆の跡地の石碑みたいなものが建っていたと書かれています。ところが、最近はそういった石碑や案内板のようなものが見当たらず、これは金沢のまちがもしかしたら意識してその時代のことを忘れようとしているのではないか、やはりそういったことを取り戻していくのも金沢の魅力になるではないかと書かれていました。五木先生がおっしゃるように一向一揆の時代、もしくはもう少し前の富樫政親の時代といった金沢の魅力も実はまだ多分残っているので、その跡地などを今一度掘り起こしてスポットライトを当てていくことも、金沢のまちにとっては必要なことだと五木先生の書籍を読んで思いました。そういったことを意識しながらまちをつくっていければと思っています。

塚本：話は尽きないのですが、時間になりましたので終わりにしたいと思います。木の文化は循環型経済都市であり、f分の1ゆらぎ都市でもある。最後はそこまでたどり着きましたので、金沢はやはりとても温もりがあり優しい、落ち着くまちということだと思います。本日はどうもありがとうございました。

審 査 員 紹 介

建築家と住宅史・建築史、環境法政策の専門家の6名が二次審査、
ファイナルプレゼンテーションにて、さまざまな角度から出展作品を鋭く批評する。

審 査 員

©CHIKASHI SUZUKI

石上 純也
—

Junya Ishigami
—

石上純也建築設計事務所
代表

1974年	神奈川県生まれ
2000年	東京藝術大学大学院美術研究科 建築専攻修士課程修了
2000〜04年	妹島和世建築設計事務所勤務
2004年	石上純也建築設計事務所設立
2009〜11年	東京理科大学非常勤講師
2010〜12年	東北大学大学院特任准教授
2014年	ハーバード大学デザイン大学院 客員教授
2015年	プリンストン大学大学院客員教授
2016年	メンドリジオ建築アカデミー 客員教授
2017年	オスロ大学大学院客員教授
2017年	コロンビア大学大学院客員教授

主な作品

「神奈川工科大学KAIT広場」(2020)、
「Serpentine Pavillion」(2019)、ボタニカル
ガーデンアートビオトープ／水庭 (2018)、Park
Groot Vijversburg Visitor Center (2017)、
Cloud Garden,アミューあつぎ8階 屋内広場・
託児室・子育て支援センター (2014)、House
with Plants (2012)

受賞歴

第12回ヴェネチア・ビエンナーレ国際建築展 金
獅子賞(2010)、毎日デザイン賞(2010)、文化
庁長官表彰 国際芸術部門 (2012)、BSI
Swiss Architectural Award (2016)、芸術
選奨文部科学大臣新人賞［美術部門］
(2019)、OBEL AWARD by the Henrik
Frode Obel Foundation (2019)

主な著書

『建築のあたらしい大きさ』(LIXIL出版)、『ちい
さな図版のまとまりから建築について考えたこと』
(LIXIL出版)、『FREEING ARCHITECTURE
(自由な建築)』(LIXIL出版)

須崎 文代
—
Fumiyo Suzaki
—
神奈川大学 准教授

1977年生まれ。博士（工学）。日欧政府AUSMIP国費留学(フランス、ポルトガル)、千葉大学大学院博士前期課程修士（工学）、日本学術振興会特別研究員（DC1）、神奈川大学米田吉盛教育奨学金大学院給費生、非文字資料研究センター×フランス国立高等研究院（CRCAO/EPHE+College de France）派遣研究員、神奈川大学工学部建築学科特別助教を経て、2022年4月、建築学部開設より現職。専門は住宅史・建築史。特に生活空間の歴史、生活共同体の歴史、身体論について人類学的観点を含めて研究している。日本生活学会第I回博士論文賞。

主な活動
旧渡辺甚吉邸サポーターズ（歴史的建造物の解体保管・移築復元の監修）、日本常民文化研究所基幹共同研究「便所の歴史・民俗に関する総合的研究」研究代表、科研基盤研究（B）「近代日本のセツルメントハウスと公営住宅に関する史的研究－英・米の動向を参考として」（研究代表、2021 ～ 23年度）など。

主な著書
『住まいの百科事典』（共著、2021）、『奇跡の住宅－旧渡辺甚吉邸の室内意匠』（共著、2020）、『日本の建築文化事典』（共著、2020）、『台所見聞録 人と暮らしの万華鏡』（共著、2019）、『用具選びからはじまる製図のキホン－ル・コルビュジエに学ぶ建築表現』（共著、2016）

最近の主な論考等
巻頭特別記事「セイナルベンジョ」新建築住宅特集2021年7月号、巻頭特別記事（対談）「風呂の歓びを取り戻せるか」新建築住宅特集2021年4月号、特集論考「生活の≪解体≫考―暮らしと住まいを見つめる学問の軌跡」『歴史と民俗』37号、2021年3月

展覧会
『奇跡の住宅－旧渡辺甚吉邸と室内意匠』（監修・協力、LIXILギャラリー大阪/東京、2020）、『台所見聞録－人と暮らしの万華鏡』（監修・協力、LIXILギャラリー大阪/東京、2019）

竹本 吉輝
—
Yoshiteru Takemoto
—
株式会社トビムシ 代表

1971年生まれ。地域社会のコモンそのものである「森林」に着目、その地の森林業を再興しながら、素材やエネルギーや食料を域内循環できる仕組みを整え（ることを通じコロニーの動的平衡を担保す）ることを企画し、2009年株式会社トビムシを設立。以降、全国各地で森林及び地域の有機的関係性の再編集に資する（ような）事業をトータルにデザインしている。専門は環境法。国内環境政策立案に多数関与。武蔵野美術大学／大学院 非常勤講師(社会造形論)。

創設に関与した主な会社
株式会社トビムシ(2009)、株式会社西粟倉・森の学校(2009)、株式会社東京・森と市庭(2013)、株式会社飛騨の森でクマは踊る(2015)、株式会社内子・森と町並みの設計社(2018)、八女里山賃貸株式会社(2017)、株式会社八女流(2019)、株式会社eumo(2018)、株式会社一冊(2020)、株式会社萩・森倫館(2021)、株式会社飯南・緑の森(2021)、株式会社もりまち(2022)、株式会社あしがら森の会議(2022)

塚本 由晴
—
Yoshiharu Tsukamoto
—
東京工業大学大学院 教授
アトリエ・ワン

1965年	神奈川県生まれ
1987年	東京工業大学建築学科卒業
1987〜88年	パリ建築大学ベルビル校 (U.P.8)
1992年	貝島桃代とアトリエ・ワン設立
1994年	東京工業大学大学院博士課程修了
2022年	ウルフ賞

Harvard GSD、UCLA、Royal Danish Academy of Arts、Barcelona Institute of Architecture、Cornell University、Columbia University、TUDelftなどで客員教授を歴任。

主な作品
「ハウス&アトリエ・ワン」(2006)、「みやしたこうえん」(2011)、「BMW Guggenheim Lab」(2011)、「Logements Sociaux Rue Ribiere, Paris」(2012)、「恋する豚研究」(2012)、「尾道駅」(2019)

主な展覧会
「いきいきとした空間の実践」(ギャラリー間 2007)、「Tokyo Metabolizing」(ベニスビエンナーレ日本館 2010)

主な著書
『メイド・イン・トーキョー』(鹿島出版会)、『ペットアーキテクチャー・ガイドブック』(ワールドフォトプレス)、『図解アトリエ・ワン』(TOTO出版)、『Behaviorology』(Rizzoli New York)、『WindowScape』(フィルムアート社)、『コモナリティーズ ふるまいの生産』(LIXIL出版)、他

宮下 智裕
—
Tomohiro Miyashita
—
金沢工業大学 教授

1968年	静岡県生まれ
1991年	芝浦工業大学建築学科卒業
1993年	芝浦工業大学大学院工学研究科修士課程(建設工学専攻)修了
1997年	南カリフォルニア建築大学(SCI-Arc)大学院修士課程修了
1999年	芝浦工業大学大学院博士課程工学研究科修了
2002年	金沢工業大学環境・建築学部建築学科講師
2022年〜	金沢工業大学建築学部建築学科教授

受賞歴
金沢市都市美文化賞
(「アルミハウスプロジェクト」、2009)

Low Carbon Life-design Award 2009
「環境大臣賞」(「ATATA−KAYA」、2009)

北米照明学会
IES ILLUMINATION AWARD 2010(2009)

(社)アルミニウム協会賞「開発賞」
(「アルミハウスプロジェクト」、2010)

日本建築家協会環境建築賞(「A-ring」、2011)

第11回JIA環境建築賞 入賞
(「A-ring」、2011)

第4回サスティナブル住宅賞 優秀賞
(「A-ring」、2011)、他

主な著書
『金沢らしさとは何か?』(北國新聞社 2015)、『境界線から考える都市と建築』(鹿島出版会 2017)

審 査 員

松田 達
—
Tatsu Matsuda
—
静岡文化芸術大学 准教授
松田達建築設計事務所

1975年	石川県生まれ
1997年	東京大学工学部都市工学科卒業
1999年	東京大学大学院工学系研究科 建築学専攻修士課程修了
2001年	隈研吾建築都市設計事務所勤務
2002年	文化庁派遣芸術家在外研修員 としてパリにて研修
2005年	パリ第12大学大学院 パリ都市計画研究所DEA課程修了
2007年	松田達建築設計事務所設立
2015〜20年	武蔵野大学専任講師
2020年〜	静岡文化芸術大学准教授

主な作品

「リスボン建築トリエンナーレ日本帰国展」
会場構成

「フラックスタウン・熱海」
（今村創平、大西正紀、田中元子と協働）

「JAISTギャラリー」
（林野紀子との共同設計）、他

受賞歴

第16回木材活用コンクール 木質デザイン特別賞
（「JAISTギャラリー」）

第42回いしかわインテリアデザイン賞2013
石川県知事賞（「JAISTギャラリー」）

日本商環境デザイン協会 JCDデザインアワード
2013 BEST100入選

日本空間デザイン協会 DSA Design Award
2013 空間デザイン賞、他

主な共著書

『記号の海に浮かぶ〈しま〉（磯崎新建築論集2）』
（岩波書店 2013）、『ようこそ建築学科へ! 建築
的・学生生活のススメ』（学芸出版社 2014）、
『建築系で生きよう。 若い人に聴いて欲しい本音
トーク』（総合資格 2015）、他

ファイナルプレゼンテーション 司会

林野 紀子
—
Noriko Rinno
—
金沢大学、金沢美術工芸大学
非常勤講師
りんの設計一級建築士事務所
歴史的建造物修復士

1997年	東京大学文学部美術史学科卒業
2000年	東京大学工学部建築学科卒業
2000〜03年	阿部仁史アトリエ勤務
2005年	東京大学大学院修士課程修了
2005年	林野紀子建築設計事務所設立 （金沢市・甲府市）
2009年	ベルギーゲント市滞在のため 事務所休止 ※Gent univ.及びA+の協力を得てフランドル地方の現代建築調査を行う
2012年	事務所名変更 （りんの設計一級建築士事務所）

主な作品

「JAISTギャラリー」
（松田達建築設計事務所との共同設計 2012）

「哲学者の家」（2012）

金澤町家保存改修事業

受賞歴

第16回木材活用コンクール・木質デザイン特別賞
（「JAISTギャラリー」）

第42回いしかわインテリアデザイン賞2013
石川県知事賞（「JAISTギャラリー」）、他

主な共著書

『ようこそ建築学科へ! 建築的・学生生活のススメ』
（学芸出版社 2014）

建築ツアー

『継承される金沢の木造建築』

日時： 2021年11月20日（土）
　　　15：00〜16：30

場所： 金澤町家情報館・鞍月舎・
　　　八百屋 松田久直商店

金沢にはひがし茶屋街や尾張町など伝統的な木造建築群が現代でも姿を残している。しかし、毎年100棟ほどの町家が取り壊されるなど年々減少傾向にあり、伝統的な街並みを守るために町家の魅力的な利活用が必要となっている。今回の建築ツアーでは、「金澤町家情報館」「鞍月舎」「八百屋 松田久直商店」を訪れ、金澤町家の特色を知るとともに、現代に活かす手法を多くの町家リノベーションに携わる小津誠一氏に解説していただきながら、継承される金沢の木造建築について学んだ。

小津 誠一
E.N.N.／金沢R不動産 代表

金沢市出身。武蔵野美術大学建築学科卒業。東京の設計事務所に勤務後、京都の大学で建築教育に携わる。1998年に京都で「studio KOZ.」を設立、2003年には金沢で「E.N.N.」を設立。2012年に東京から金沢にUターンし、建築設計や飲食店、独自の視点で魅力ある物件を紹介する不動産サイト「金沢R不動産」を運営。金沢暮らしの魅力をPRするサイト「Real Local」の運営や、住民が普段使いする飲食店等を掲載した「金沢試し住みのための地図」の作成・配布、移住をテーマにしたトークイベントの開催にも取り組む。

スケジュール 🕐

15：05
金沢学生のまち
市民交流館

徒歩
10分

15：15
金澤町家情報館
（20分）

徒歩
1分

金澤町家情報館

金澤町家条例の制定により、その理念の具現化を図るための総合情報発信拠点として、「旧川縁米穀店」を金澤町家情報館として整備し、2016（平成28）年11月6日に開館した。金澤町家の保全活用に関する総合窓口や金澤町家の情報発信、空間体験機能を担っている。

15:35
鞍月舎
（20分）

徒歩
5分

16:00
八百屋 松田久直商店
（20分）

徒歩
10分

16:30
金沢学生のまち
市民交流館

鞍月舎

1960年代中頃（昭和40年代初頭）、近くの新竪町小学校の木造校舎の廃材を利用して建てられた店舗付き木賃共同住宅。最後の住人が退去した後、2011年にリノベーションを実施。敷地横に流れる鞍月用水、元木造校舎建材の再利用などから鞍月舎と命名された。

八百屋 松田久直商店

1936（昭和11）年に商家として建てられた金澤町家。八百屋商店主の交代をきっかけに、洋風看板建築から、オリジナルを尊重した町家への修復と同時に、八百屋という業態から平台が店内を貫くデザインとしている。

記念講演 & トークセッション

環境・暮らしの歴史とデザイン

日時 2021年11月20日（土）　10:25～11:15 記念講演／11:20～12:15 トークセッション

場所 金沢学生のまち市民交流館 交流ホール

概要 歴史的空間再編コンペティションでは、審査会に先駆けて、審査員たちによる記念講演とトークセッションが行われた。今年度の講演者は石上純也氏、須崎文代氏、竹本吉輝氏の3名。石上氏からは近年手掛けた作品の事例として「水庭」とロシアの科学技術博物館の2つのプロジェクトをご紹介いただき、須崎氏からは住宅の台所と便所を取り上げ、衛生観念の変化に伴う生活と暮らしの変化とデザインについて、そして竹本氏からは、自身の活動に基づく事物連関と地域の価値の循環について、「環境・暮らしの歴史とデザイン」をテーマに語っていただいた。

[講演]

新しい解釈・関係性で
生まれる新しいデザイン

石上 純也

元々あった要素を再構成して、
関係性をつくり直す

　歴史がテーマですので、僕の作品の中でそういうところに関するプロジェクトを2つ紹介したいと思います。プロジェクトの中で、歴史や既存の環境といったものが豊かにある時に、どのようにつくるかをいろいろ考えるのですが、何かそこに付け足すとか、新しく要素を取り入れるのではなくて、元々あるものの新しい解釈や新しい関係性を考えます。そうすることで、要素としては変わっていないけれど、元々そこにあった環境とは全く違う何かが出来上がるといいなと思ってやっているところがあります。

　最初に紹介するのは「水庭」という、建築というよりはランドスケープのプロジェクトで、那須高原の二期倶楽部というホテルの裏に、16,000平米くらいの敷地の庭をつくるというものです。これと同時に、既存が森だった敷地にホテルを建てる計画もあって、森を切り崩してホテルをつくるのですが、庭をつくる敷地は元々牧草地だったので、一見、敷地が逆ではないかと思うようなプロジェクトです。プロジェクト全体として新しい環境をつくっていくことができないかと考えました。

　敷地は牧草地ですが、50年くらい前は水田で、周辺に小川が流れていて今も水門が残っています。多分それよ

り以前は周辺と同じように森だったと思うのですが、今までの環境をもう一度読み直して、それを重ね合わせるように新しい環境をつくっていけないかと考えました。具体的には、何も生えていない敷地が庭をつくる敷地で、森がホテルをつくる敷地なのですけれど、ホテルをつくる敷地の樹木を全て隣のエリアに移して、ただ移すだけではなくて、樹木の配置ももう一度考え直しました。380本くらいある木を全て移植して新しい環境をつくるのと同時に、残っていた水門を使って敷地内に水を取り込んでいって、水田のような水の形式をつくり出すということをやろうと思いました。水田の水の景色と、森の樹木の景色をかなり近づけて、環境として混ぜ合わせるような形でプロジェクトを考えてみたのです。16,000平米くらいの庭を普通につくろうと思うと、草や花や木は、基本的にはこの敷地とは離れた遠くの場所で育ったものを持ってくるという方法でやります。その場合、樹木を移植する時に「根巻」ということをやって、1年〜1年半、場合によっては2年くらい寝かせてからここに持ってくることになります。根巻というのは、樹木の根の方を切って、そこにバラみたいなものを巻いて、元々あった生態系から根の部分を切り離して、元々周辺とつながっていたものを単独でも生きられる状態にして別の場所に持ってくるというのが一般的なやり方です。そうすると、そこにある植物や自然生態系とは全然違うものを新しく持ってくることになるので、元々の環境の関係性を崩してしまうのではないかと思い、隣の樹木を移すことにしました。エリアは変わっていますが、その場所の大きな環境という意味ではそれほど変わらないので、根巻をする必要もなく、重機で根を切って数時間以内に隣の敷地に移動させることができました。根巻をすると切った根の周りの生態系が一度死に絶えてしまうわけですが、数時間以内に移すことができたので、生態系が生きながらえたまま隣の

水庭（[右]画像提供:株式会社ニキシモ）

敷地に引っ越しをするという感じです。移植した直後から虫が出てくるなど、ある程度隣にあった元の状態のまま新しい環境が出来上がるということになります。

掘られた穴の部分に水が入ってくるのですが、この辺りにパイプが見えていて、全体としては一つにつながっていて、水門から入った水が全体を巡って元の川に戻っていくという、水田と同じような原理で水を流して水の環境をつくりました。当然、水生の樹木ではなかったので、池の底には防水をして、水との関係性はある程度隔離しながら近づけていくという方法を取るのですが、そうすることで新しい環境をつくっていきます。この辺りに並んでいる石も、元々あったこの敷地から出てきた石を使って飛び石をつくっていきました。最終的に隣の樹木が400本近く移されて、池の数としてつながってはいるのですが、分けて考えると160個くらいの池が全体に広がっていって、新しい景色が生まれるという感じになっています。そのため、水が流れた直後からオタマジャクシや蛇などいろいろな生き物が出てきました。季節によって水の高さが変わって、夏はかなり水位が高くて冬は低いです。秋になると紅葉してきて、葉が下に落ちて水に溜まる景色が見られ、冬になると、この水は流れているのであまり寒くなければ凍らずに雪が積もり、白と黒の景色に変わります。そういった元々あった景色とは全然異なる環境ができたのですが、元々このエリアにあった要素をもう一度再構成して、新しく関係性をつくり直すことによって、新しい自然みたいなものができれば良いのではないかと考えて取り組んだプロジェクトでした。

建物の様態は変えず、
印象とスケール感を大きく変える

次に紹介するプロジェクトはロシアの科学技術博物館

> **何も足さずにただ見つけるだけで、**
> **新しい建築をつくることができないか。**

で、「足さない」という点は同じです。それと同時に、元々あるものの中に何か新しい発見をすることで、何も足さずにただ見つけるだけで、何か新しい建築をつくれないかと考えました。日本では科学技術博物館というと子どもの施設という印象があると思いますが、ロシアでは政治利用されることが多くて、かつてはウラジーミル・レーニンが演説をするなど、割と権威の象徴というような建物です。建物の面積は40,000平米くらいで、モスクワの中心地にあるのですが、一方通行で大きな道路になっていて、隣の敷地に移動するには道路を渡らずに地下道を歩かなければなりません。モスクワの中心地は大きな道路でできていて、地下道を通って隣に移っていくので、自転車に乗る人はほとんどいなくて、みんな徒歩か車か電車で移動しています。

建物は地表から上階が4層くらいで、場所によっては3階や4階になっていて、地下に1層です。調査すると地上から上の部分は結構状態がいいけれど、地下の部分はあまり良くないので、地上から上の部分はなるべくオリジナルの状態を復元するような感じにしました。地下の部分は元々川が流れていて、水がかなり浸食して、レンガ造のレンガが溶けていたので、地下は大々的にやり直すことにしました。具体的には建物を増築しなければいけないのですが、増築する時は普通、屋根を掛けるなど、上に何かを載せるといったことをやると思います。なぜかというと、重要文化財に当たるような歴史的に重要な建物は、改築する際に政府に許可を取らないといけないのですが、その時に、オリジナルの状態に戻せるようなものでないとなかなか交渉しづらいということがあります。普通は足したり、増築したりということをやるのですが、ここでは元の状態のままで何かできないかと考えました。地下の部分は新しくやり直すと言いましたが、元々ほ

（左）「科学技術博物館プロジェクト」地下
（上）「科学技術博物館プロジェクト」外観

ほ使われていなかった部分を新しく発掘していくような感じで、その分を増築面積として考えられないかと思ったのです。具体的には、既存の部分の周辺を掘り込んで、新しい地面を全体につくっていって地下だった部分を新しい地上に変えようと考えました。なぜこうしたかというと、元々この建物に渡ってくる際は、周辺から地下道を通ってもう一度地上に上がってからエントランスに入るので、地下が新しい地上になれば、地下道からそのまま新しい地上に出て建物に入るという、地下の新しい部分が大きなエントランスになることを想定したのです。俯瞰で見ると、周辺に公園が出来上がるようにして建物ができます。少しすり鉢状に掘り込まれているので、新しい地上としての地下の部分に何となく人が流れ込んでいくという感じになっています。

とは言っても、レンガ造の建物なので、地下の部分は基本的には壁構造で、エントランスとして大きなホールをつくれるような構造にはなっていませんでした。ここを地下にするためには、レンガ造の壁面をできるだけ取っていって、大きなワンルーム空間にしなければいけないのですが、付け加えて元に戻すことができるのであればとても簡単なのですけれど、引いていくことは結構難しい。そこで、これを政府の歴史委員会に通すためにいろいろ調査をしていきました。たとえば、過去に壁面を一度取り払われたことがある部分がわかるような古い図面を見て、昔は穴が空いていたけれど今は壁なのではないかと推測し、実際に現地に行くと明らかに新しい壁面が付けられているところもありました。そうした調査を進めていくと、結局ほとんどの壁面が一度は壊されていることがわかったので、これを全部取り払って大きな列柱空間に変えていきました。そして、周辺のすり鉢状の部分にランドスケープをつくっていって、地下を地上に変えていきました。そうすると、建物の様態は何も変えずに、元々あった地下の構造体を新しくファサードとして発掘するような状態になってくるので、建物自体は何も変わっていないけれど、建物の印象とスケール感は大きく変わるのではないかと考えたのです。掘り込んでいって地下の部分が現れてきて、そうすると一層分建物が浮き上がったくらいのスケール感になるので、建物としては何も付け加えていないけれど、元々あった個体が露わになってくることで、建物のスケール感と雰囲気が変わっていきました。

[講演]

セイナルクウカン
─身体と再生産─

須崎 文代

人間の営みと生活空間の変化

神奈川大学の須崎と申します。よろしくお願いいたします。本日は「セイナルクウカン ─身体と再生産─」というテーマで、研究活動の関心事についてお話させていただきたいと思います。「セイ」というのは、いわゆる「ホーリー」の「聖」だけではなくて、「生」や「性」も含めての「セイ」です。近代が目指した均質性あるいはそれを再編する必要性を考える時に、身体としての「セイ性」に立ち戻る必要があるのではないかという関心からこうした研究テーマを掲げています。自己紹介させていただきますと、私は神奈川大学建築学科の助教（当時）で、歴史民俗の研究機関である日本常民文化研究所というところに所属しています。専門は近代の住宅史・建築史、特に生活や衛生、身体、あるいは共同性ということに着目して、建築デザインの歴史の研究を進めています。建築の人類学的研究といった方が適当かもしれません。たとえばこちらは、便所に祀られた祈りのお札です。現代建築では、便所はほぼ裏方に回されて、上手く収めるということを主眼にされる空間ですけれども、実は本来的には「生」と「死」を司る「聖なる空間」だったのです。日本の伝統的な家の場合、便所は最も良い場所、南側の正面入口付近にありました。それは便所が「生」と「死」、あるいは生産に直結する大切なものだったからです。けれどもこのような位置付けは、近代化の過程の中で大きく変化することとなりました。このような人間の営みと生活空間の変化ということに着目して私は研究を行っているのですけれども、たとえばこちらは台所についてLIXILギャラリーで展覧会をさせていただいたものです。台所も非常に面白い空間なんです。ここに挙げているのは皆さんご存知の有名な建築ばかりです。特に学生の皆さんはここに挙げている8つの建築は、誰がつくったどんな建築かわかりますか？ ル・コルビュジエやエルンスト・マイのつくったフランクフルト・アム・マインのジードルンク、シャルロット・ペリアンによるマルセイユのユニテのキッチン、バウハウスのハウス・アム・ホルン……ファンズワース邸や藤井厚二の作品も含まれています。ゴシックやバロック、あるいは法隆寺のように歴史様

式や作家論と違ってほとんど目を向けられない空間なのですが、実はその時代の技術や思想が凝縮されている興味深い空間なんです。こうした観点を中心に研究を進めています。

生活空間から浮かび上がる近代の本質

ところで、こうした空間の変化を促した背景として、近代が目指したものがどういうことかということに目を向けてみたいと思います。たとえば便利さ。機械化が加速する近代において「なるべく動かずに楽をして家事をしたい、生活を営んでいきたい」というのは人々の欲望でした。この絵は面白いでしょう。ヒース・ロビンソンという人が描いた風刺的なイラストです。ベッドに寝たまま、壁の向こうで料理したり、お風呂を沸かしたりとかを単純な操作でやるということですね。あるいは24世紀の家庭生活を描いたアニメーション映画です。これは「宇宙家族ジェットソン」という1962年頃の作品で、メイドロボットが家事をする場面です。人間は楽をしたいという理想、欲望が描かれています。これは同じく、ウィリアム・ヒース・ロビンソンが描いたイラストですね。機械化や衛生を志向する近代生活の理想像が風刺的に描かれています。こういう図像を見ると、近代の都市がいかに緑や日光、あるいは快適さというものを求めていたのか、あるいはそういった問題を抱えていたのかということが読み取れると思います。では生活空間を見ることで浮かび上がってくる近代の本質とは何か？ということなのですが、まず一つには身体性とその動作です。これを効率を目指して形態に落とし込むということが、まず目指されました。能率性を目指すことによって時間に対する観念が変化して、空間や設備の形態のみならず、身体に近代的な時間が組み込まれることになりました。これはハンナ・アーレントという人が指摘していることでもあります。そして2つ目は技術革新による空間の変質です。

ジークフリート・ギーディオンも指摘しているように、機械化はあらゆる営みに及びました。皆さんが送っている生活のほとんどが機械生産やインフラに紐付けられて、かなり便利になっていると思います。その一方で文明的に見るとかなり自律性を失って、非常に他律的なものになっている……という生活の人間の営みの脆弱性も指摘されています。

そして3つ目が衛生です。モダニズムに関しては、機械化や合理化、あるいは装飾の排除に注目されがちなのですけれども、もう一つの目標は衛生思想に基づく生活空間の改善でした。今はコロナ禍で、世界中が新型コロナウイルスと戦っているのでより理解しやすいかと思いますが、生命の危機に直面していたがゆえの細菌やウイルスの発見に基づいて、近代が目指した当然の流れでもありました。たとえば産業革命を先進的に牽引したイギリスの都市問題は深刻なもので、クリスタル・パレスのような華々しい近代化の一方で、都市の劣悪な居住環境、不衛生や病や貧困といった環境の改善に直面することになりました。これが必須のテーマだったのです。ある意味、現代とほとんど変わらない状況かと思います。たとえばこの図のように、テムズ川は今は綺麗な川ですけれども、当時は死神の住むような場所として描かれたりもしました。コレラやチフス、ペスト、ジフテリアといった急性伝染病で何万人と

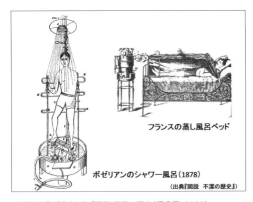

19世紀の発明品（出典：「図説 不潔の歴史」原書房、2008）

ふーる（豚便所）

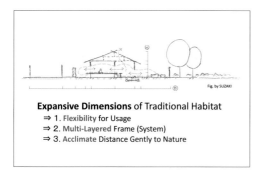

Expansive Dimensions of Traditional Habitat
⇒ 1. Flexibility for Usage
⇒ 2. Multi-Layered Frame (System)
⇒ 3. Acclimate Distance Gently to Nature

循環系の中にあった日本の伝統的な建築

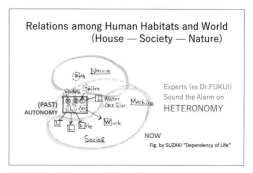

Relations among Human Habitats and World
(House — Society — Nature)

自然・社会との関係において他律的な現状

いう人がこの時代に死んでいて、こうしたところを改善すべく都市問題、あるいは生活環境の改善、暮らしのあり方というものが問われたのですね。ところが、そもそも衛生観念は時代によって大きく変化してきたものです。たとえば、この図は近世のフランスの貴婦人を描いた絵画なのですが、近代以前のフランスではほとんどお風呂に入らなかったと言われています。ではどうしていたのか気になりますよね？ これはまた改めて機会があればお話させていただくことにします。ロンドンでも窓から汚物を投げ捨てるような日常的習慣があったことは割と知られていて、つば付きの帽子やフロックコートはそうしたものから身を守るために発達したとも言われたりしています。こうした衛生観念の変化により、近代になって積極的に清潔さや健康といったことが目指されるようになりました。機械化の過程では足踏み式のシャワー風呂といった面白いものが開発されたりもしました。

知恵の蓄積によって
成立していた循環

　日本では、開国によって新しい文明とともに、海外から急性伝染病も持ち込まれて、衛生改革が急務となりました。こうして日本の人々の暮らしは近代化していくのですけれども、その過程にはさまざまな試行錯誤がありました。たとえば、バックミンスター・フラーの設計したダイマキシオンハウスは、機械化やベンチレーション、水回りについてもより挑戦的な提案がなされています。また、エットレ・ソットサスも面白い、ユニットの展開によるシステムなどを提案していたり、テレビ画像によってリビング空間を新しくデザインするというような提案もありました。このような形で近代化が進んで現代に至るわけですが、近代化の過程で失われたものがあります。それは人間の営みを循環系の中に位置付けるということです。沖縄には豚便所「ふー

る」という、人間の糞を豚の餌にするという循環がありました。あるいは糞ケーキといって、牛糞を干して燃料にするという営みですね。こうした伝統的な知恵によって成立していた循環が世界中でほとんどなくなってきているという現実があります。

　日本の伝統的な建築も、こうした循環系の中に居続けるという住宅の特質があったわけなのですが、そこには、住まいの中の多層性や、あるいは他者や異物を受け入れる寛容さというものがあったのです。労働や汚れだとか、生老病死にまつわる不衛生を伴う営みは、近代以降では社会的な機能として家の中からなくなっていきました。たとえば、葬儀会社や出産のための病院、介護施設、保育園や工場などは、そういう風に社会化されて家の外へ出ていった。結局家に残ったのは食べて寝る、あるいはテレビを見るとかネットをするといったごく限定的なものになってきたということです。過去には使用人や乳母や書生さん、村落の寄合とか、そうしたいろいろな人が出入りするものでした。そうした他者を受け入れるための土壌というか寛容さが日本の固有の伝統的な建築にはあったわけです。改めて考えると、この住まいのあるいは生活の諸要素・機能のあり方というものは、自然との関係性、社会との関係性の中で改めて再構築される必要があるのではないでしょうか。特に、先ほど申し上げた他律的な現状をどう考えるかということが、今後、私たちの課題になっていくのだと思っています。こうした問題に示唆を与えてくれる一つのヒントは「共同性」です。過去の共同体のトライアンドエラー。これはシャルル・フーリエを参照したファミリステールという共同体なのですが、こうした過去の事例、または伝統的な歴史の中で培われた知恵というものが、改めて今後のデザインに知恵を貸してくれるのではないかと思っています。私からは以上とさせていただきます。ありがとうございました。

歴史の中で培われた知恵が、
改めて今後のデザインに知恵を貸してくれる。

地域の眠れる資産を
顕在化させ世の流れを
創造する

竹本 吉輝

地域の眠れる資産を顕在化させ
森への期待を喚起し
人々の連綿たる想いをつなぎ
世の流れを創造する

トビムシの理念

地域の持続性に必要な要素を
地域の価値と捉える

　株式会社トビムシの代表の竹本と申します。日頃は、林業や木材業を中心に、日本のいろいろなところで森を起点とした事業を行い、その中で建築、建築空間にどう関われるか、各地域の建築家や工務店の皆さんと連携しながらやっています。おそらく今日参加している中で最もマイノリティーと言いますか、大いに異なることを日頃やっているのですが、今回、お声がけいただく中で、建築も含めた近代産業において、森側とまち側と言いますか、一般的な建築シーンが森や木と断絶していること自体とても問題だと私自身、日頃、強く認識していますので、本日を契機に、「このような視点もある」ということを認識してもらえると嬉しいです。まずはトビムシの話ですが、森に行って土をすくい上げれば、その手の中でピコピコ飛んでいるのがトビムシという生物で、美しい森で人知れず、その物質循環を支えていることを一つのメタファーに、トビムシのような存在になれたらいいなとこの社名を付けています。現在、北は北海道のニセコから、南は福岡の八女まで、いろいろなところで事業を展開しています。そこで地域の人たちと一緒に、地元の人や組織が主体になって会社をつくるお手伝いをしながら、トビムシ自身もそこに出資をするなり、経営に参画するなりして、森の循環、物質循環を地域で丁寧に行っています。唯一残念なのは琉球というコロニーが入っていないことで、そこまでカバーできると、亜熱帯から亜熱帯までほとんどの樹種、世界中の多くの森や木をカバーでき、生態系的差異はもちろん、気候風土を含めて、その木の使い方がどうあるべきかを事業を通じて検証できると思っています。今のところ、九州南部や沖縄からは声がかかっていませんが、スダジイなどを使っていろいろやりたいと思っていて、それができるとアジア、あるいは世界において、森や木についてのさまざまな推計ができると思い、頑張っています。

　我々がつくっている地域商社などは、最近は森林商社とか言われる事業体で、抽象度を上げざるを得ないので

すが、地域固有の社会構造において地域の価値を長期最適に発現し、系を閉じることなく、地域の持続可能性を高めることを目的とする組織体、あるいは組織的運動体と言っています。森を起点に、森林資源に対しポジティブに向き合い、その地域の文化、技術、あるいは空間といったものを整えていくことをやっている、やろうとしている運動体です。では、地域の価値とは何か。この気候危機のもと、ポスト近代産業資本社会の構造下において、経済活動に限定されることなくやろうとしています。元々、我々は株式会社で運営していますから、当然ビジネスですので、経済活動に規定されるという感覚で始めました。金沢のような人気のある素敵なまちとは異なり、通常我々が伺う中山間地はどんどん人が減っていて、そこで我々が20人、30人の雇用を持つような仕組みや組織をつくったりしているのですが、ボトルネックは自明ですがやはり人です。ビジネス自体はしっかり回る、木材もしっかり回る、だけど人が足りない。そのため、人材育成や移住定住施策など、公共が通常担っているさまざまなことに我々が関わらざるを得ないということもあって、数年前までは「経済活動に規定する範囲で」と言っていたのですが、最近は経済活動に限定されることなく、地域の持続性を保持するのに必要不可欠な要素、それら全体を地域の価値と捉えて活動しています。当初の事業ドメインは、あくまでもりづくりと森を生かしていくためのものづくりのみをやっていました。そうしたことを10年間、いろいろな地域で回して、林業や木材業自体が事業としてサステナブルであることを証明してきたのですが、徐々にひとづくりにも関わるようになり、我々自身は建築の専門性を有していませんが、塚本由晴先生にもお手伝いいただき、地域ごとの歴史や街並み、さまざまな地域固有の建築なども紐解きながら、まちづくりにも関わってきています。これは多くの地域に関わってきた結果なのですが、たとえば我々の関わるところは愛媛県の

内子町や岐阜県飛騨市、山口県萩市、福岡県八女市など、全て歴史的建築物群保存地区を有しています。かつて、民俗学者の宮本常一さんは、「山並みなき街並みというのはあり得ない、愚の骨頂だ」とまで言い切っていますが、頑張って街並み保存を続けているところから我々に声がかかる。山があり続けるようにしたいという要請を受けてお邪魔するのですが、山並みに対する意志が残る地域には、街並み保存をしているという一つの傾向があるように感じます。すなわち、近代化で街並みが消滅していく中、何とか保存してきた人たちが、街並みがあり続けるためには山並みもなくてはならないという発想のもと、トビムシと一緒に何かをやりたいとお声がけをいただくという契機がよくあります。

域内「周辺」価値循環を体現する

我々は決して原理主義的な考えではないので、「全てを域内循環にしろ！」とは思っていません。ただ、たとえば現在ニセコで、北海道内で最もエネルギー効率の高い街区をつくろうとしているのですが、マイナス20℃になるところでエネルギーを循環させながら技術的に深く掘り下げる建築やエネルギーの専門チームがあるのですけれど、私は「外国産材でつくった世界で最も環境に優しい街区、街並みはあり得ません」と言いました。世界標準、特にヨーロッパ標準で考えれば、地域材、地域の資源を使うことが必要条件で、エネルギー効率の最適化は十分条件である、と。世界の誰かが泣いている状況をつくって、世界の誰かが森林資源を失い、その空間の調質性を失いながら、砂漠化や温暖化していきながらという犠牲のもとに、世界で最も環境条件が整う空間をつくるというのはあり得ないと思っています。そのためニセコでも、「きちんとニセコの木を使う仕組みをつくりませんか」と町長に提案しました。ニセコはほとんど林業をやっていない地域なので、地域の木を「使わない」のではなく「使えない」というのが正しい表現です。それを10年かけてしっかり使っていく仕組みをつくりましょう、と提言しています。我々の言う「自然な」というのは「不自然ではない、あくまでもあるものがあり続けられるような状態」のことで、域内「周辺」価値循環ができればいいなと思い、いろいろなところでそれを体現しています。あとは、外に対して閉じないということ。そして最後に、共通感覚and/or共同体感覚。これは自治のことですね。ニセコは日本で初めて自治条例「ニセコ町まちづくり基本条例」をつくった自治体で、町民に共通して「自分たちが自治の主役」という感覚があり、住民参加という言葉を使いません。住民が自治を担うことは当たり前で、行政がそれを補佐するというスタンスなので、行政サービスという言葉もないです。行政はあくまで住民自治の補完機関であり、サービス履行団体ではない、そういう共通の感覚を持って動的平衡を体現していく。動的平衡とは、最も適確な表現は「川の流れは絶えずして、しかも元の水にあらず」ですね。我々は地域再生や活性化という言葉は一切使っていません。あるようにあればいいということです。たとえば、我々が事業として最初に関わった岡山県の西粟倉村は、コロナ前までの直近5年間のトータルで人口がマイナス3％くらいでした。1,400人の村が1,400人の村でほぼあり続けていて、75歳以上が12％減っている一方で、0〜14歳児が14％増えています。こういう状態のことをトータルで「動的平衡」だと言いたいのです。要は、高齢の人が亡くなって若い人が全くいない、子どもが生まれないし若者が流入しないという状態が「川の流れは絶える」ということです。そうではなく、「絶えずして」という状況をどう長期的に整えていくのか。その時に、地域が地域としてあり続けるためにはマテリアルとエネルギーと食料がない限り無理です。その点で見ると、マテリアルそのものであり、エネルギー転換が可能で、水源地や水脈を通じて食料に多大な影響を与え得るのが森林です。それを実現するために必要な要素が森にはたくさんある、という感覚でいます。

一つが残るためには
全体が残らなければならない

共同体と言うと、人間中心主義的な表現

もり（もの）づくりを起点に、まち（地域）づくり・ひとづくりへ

と思われるかもしれませんが、我々はあくまでも自然と人間との共同体、と位置づけています。これは、塚本先生の研究室による「内子の家の要素分解」で自明なことです。内子の家は、地域周辺にそれに適したマテリアルがあって、それを支えるための技術、文化、伝統があって、内子の街並みはできていたということの証左になります。何がなくなってきて、そのためにどういう技術者が減っているかまで調べてもらっています。このように、街並みを保存することの意味を本質的に捉えたいというのがトビムシの立場であり意志です。風景として美しい街並みを残したいというのはその通りですが、それを外材や外から輸入してきたマテリアルで何とかするのは、持続可能な街並み保存ではないと思います。必ず他者のもの、系の外側のものをどこからか持ってこないとできないという状態は、持続が容易ではない。自らではアンコントローラブルな領域が増えてしまうので、街並みを形成する素材自体を地域で丁寧に回していくことが重要だという、一つの事例ということになります。

　ここで強調したいのは、総檜の建物があったということは、その周辺に檜が豊富だったということです。伊勢神宮の遷宮で一番印象に残っている話を紹介します。遷宮という、技術継承のために20年に一度その全てを取り壊し立て直すという伝統は、まさに人間中心主義的で、技術承継に価値軸を置いているのですが、毎回檜を切り続けた結果、鎌倉時代には遷宮に使われる木が地元から出せなくなりました。その後は木曽や丹波の木を使っているのですが、大正時代に当時の伊勢神宮の意思決定機関

で、「地元の木で循環させる前提で技術も継承させる仕組みでない限り持続可能ではないよね」ということになり、大正時代から200年かけて、もう一度持続可能な檜の森づくりをしようと決まったのです。それが今もなお続いていて、ついに前回（2013年）の遷宮で、700年ぶりに伊勢神宮周辺の檜が使われました。その際は総使用量のわずか1割程度でしたが、2100年代の最初の遷宮で100%にするという想定で森づくりを続けています。これは決して木曽の檜が悪いということではなくて、自分たちの見える場

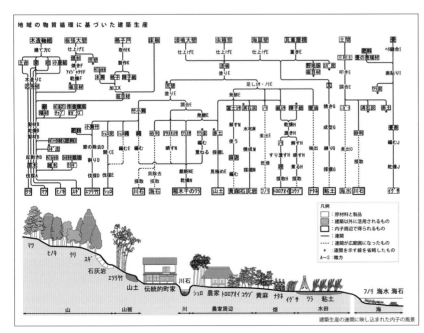

地域の物質循環に基づいた
建築生産

「里山ながや・星野川」の木造賃貸住宅（福岡県八女市）

所や関係の中で、コントローラビリティを確保しながらアプローチし続けない限り、木曽が倒れたとなれば、次はどこに行けばいいのという話になってしまいます。実際に、首里城が典型的な事例ですが、首里城に適した規格の檜がないのです。首里城再建のボトルネックは素材ですから、焼失したところで文化庁と林野庁がいろいろやり始めてはいるのですが、仮に調達できたとしてもそれは結果オーライに過ぎず、そもそも構造上アンコントローラブルだということです。他にも、京都に木がなくなれば、千利休がデザインした国宝待庵のように、木を使わない空間になっていきます。戦後であれば、アントニン・レーモンドが設計した井上邸のように、当時の日本では細い木しか調達できなかったので、細い木を駆使して整えた空間になっていきます。そうした周辺マテリアルのあり様の中で、どのように空間形成するのか。それは日本式の建築様式ではないかと思っています。今、日本は中世以来最大の森林材積です。木の容積が中世以来最大という状態にあり、世界史的奇跡だと思います。近代化を整えた国で木が増え、留まっている国は他にほとんどありません。そして、もし中世以来最大であれば、木で家をつくるのが日本の伝統だと思います。しかし私は、木でつくるのが日本の伝統ではなくて、木がある時代は木を使う、というのが日本の伝統ではないかと思っています。我々が主体的に関与した八女にある里山ながや・星野川は、塚本先生の設計で長屋方式、板倉構法

**地域が地域としてあり続けるために
必要な要素が森にはたくさんある。**

でつくった空間です。家具や建具など全てを地元の職人さんにつくってもらって、大工さんも全員地元の人です。板倉構法の経験者は1〜2人しかいなかったのですが、今回の建築を契機に、地元の若手大工さんの多くに参加いただいて、その技術を学んでもらう機会にもなったと思います。

最後に、養老孟司さんがご自宅に招いていただいた時に発せられた、「一つが残るためには全体が残らなければならない」という言葉をご紹介します。これは本当に、トビムシとしていろいろな地域で実感、確信している言葉です。たとえば瓦を残したいと言われて、地域唯一の瓦屋さんがなくなろうとしているので、補助金や公共事業の発注などで何とか支えたい、と地域側は言うのですが、瓦だけを残すことは無理なわけです。我々は、他にも本畳を残したいなどいろいろな相談を受けるのですが、街並みや、街並みを形成する個々の家々、そういったものに対する価値観や尊敬の念、そうした観念が残っているが故にその技術をつなげていく社会の仕組みなど、そういうもの全てがない限り一つのものが残らない、ということですね。どれだけ補助政策をしてお金を付けて何かをしても、一つの技術や素材だけが残ることはありません。養老さんは虫の目線から、生態系はどうあり続けているかを丁寧に語ってくれて、つまりこういうことなんだなと思っています。金沢が素敵なまちで、これからもそうあり続けるには、部分部分でこれが大事だということではなくて、金沢が金沢としてあり続けることを構造的に捉えないといけない。その総体の中に、建築シーンというものがあくまで重要なものの一つとしてあると見て、皆さんに関わり続けてもらえたら嬉しいです。

環境・暮らしの歴史とデザイン

記念講演の講演者3名にモデレーターの松田達氏、コメンテーターとして塚本由晴氏、宮下智裕氏を加えて、
「環境・暮らしの歴史とデザイン」をテーマにトークセッションが行われた。
記念講演の内容を踏まえて、「事物連関」や「空間」、「風景」をキーワードに議論は深まり、
これからの建築デザインのあり方が見えてくる。

過去を振り返り
未来に投影するデザイン

松田：先生方、大変興味深いお話をありがとうございました。自分は建築と都市の両方を専門としているので、須崎さんと竹本さんのお話の共通のテーマとして、何かと何かをつなげるという話がとても印象的でした。

　須崎さんからは「セイナルクウカン」というテーマでいくつかのお話がありました。「台所」と「便所」という、特に学生が住宅の建築デザインを勉強していくときに、後回しにされがちな空間、あるいはそこから設計を始める人があまりいなそうな少し見落とされてきたような視点から、掘り下げて研究されていることがとても印象的でした。

　まず『台所見聞録』であるとか、便所の特徴といったことが話され、それから関連して近代の衛生観念が変わっ

てきたことをお話いただきました。17世紀頃のフランスやイギリスでは、用を足したものを窓から外に投げるといった、現代の我々が聞いてびっくりするような状況が普通にあったわけです。そこから近代化の過程で衛生観念が変化していき、生活と暮らしが大きく変わっていったわけですね。そのなかで、いまでも「豚便所」や「糞ケーキ」といった、現代の産物というよりも、伝統的な生活の振る舞いの蓄積から起こっているような循環の仕組みなど、いろいろあるのだなと思って聞いていました。

　もうひとつ、最後にドメスティック・ディスタンスという言葉がありました。近代以前は家は外の空間とつながっていたのが、近代化の過程で家のなかに必要な機能が集まり、内部と外部で機能分化していったわけですね。それによって内部と外部に距離が生まれてきたわけですが、一方、もう少し歴史を振り返ると、フランスのジャン＝バティ

スト・ゴダンの「ファミリステール」の話もありましたように、共同体の生活や空間を見直していくことで、内部と外部の距離の再考が新たな視点につながるというようなことをお話されていたと解釈しました。

竹本さんはトビムシという会社を運営されていて、私も活動を少し見てはいたのですが、お話を聞いてやはり興味深くて、竹本さんは地域が持っている資産を顕在化させるということを、大きくいえばされているのだと思います。これはとても大きなことなんですね。

塚本先生と設計された里山の賃貸住宅の話では、まちと里山に距離があって、里山のなかについても、製材する人や大工さんなど多様な業種の人たちが実は決してスムーズにつながっているわけではなくて、やはり断絶がある。そこに竹本さんが入られて、そういう断絶をつなぐかたちで活動されているわけですね。そうしてもう一度社会を再構成することをされています。歴史的空間の再構成という意味では、日本全体を視野に入れて、それをされているわけですね。かつ、たとえば里山のシステムや、地方移住する人たちのことを考えたうえで、外部から来る人を受け入れつつ成立するような、系を閉じずに動的平衡を保つようなことを、いろいろなレベルでされようとしているわけですね。

さらに「ものづくり」「まちづくり」といままで言われてきたことに加え、実は人にも注目して「ひとづくり」もしないといけないという。そこで複雑な事物関連のネットワークが必要になってくる。先ほど『内子の家』の連関図がありましたが、そういう連関図で初めて見えてくるけれども、一方、昔の人はそれを知っていたというもの、そういうことを顕在化することが大事になってくるわけですね。複雑な事物のなかでわれわれがなすべきことは、以前は知っている人がいたけど、近代化の過程で分業もされていき、それがわからなくなってきた。でもそれをもう一度見えるかたちにしようとされているわけですね。

竹本さんが先ほど、自身のされていることが建築とは距離があるのではないかとおっしゃっていましたが、私は竹本さんの活動は、建築と距離がとても近いと思いました。こうした点についても本日お伺いすることを楽しみにしています。

まずはお二人からそれぞれの講演に対してコメントしていただくところから始めたいと思います。今日のテーマは「環境・暮らしの歴史とデザイン」です。やや抽象的にも思えますが、「環境」については竹本さんが、「暮らし」については須崎さんが話されたことが、それぞれを代表しているように思います。その「歴史とデザイン」なので、過去を振り返りつつ、それを未来に投影するデザインとつなげていけるのかなと思っています。

住宅の中で動的平衡をつくる
台所と便所

松田：まず須崎さんから、竹本さんの講演に関してコメントや補足がありましたらお願いします。

須崎：実は、私も先ほどお話のあったニセコで「ポスト資本主義の社会を考える会」に取り組んでいまして、竹本さんと間接的につながっています。先ほど、竹本さんのお話で人間中心主義とか、共同体の中でどう考えていくかとか、あるいは共同体というものを人間だけではなく、自然界に居続けるという観点から活動されていることを伺いました。私もとても共感するし、同じような観点から活動しています。たとえば私は日本常民文化研究所というところで、一昨年前から「便所の歴史・民俗に関する総合的研究」という共同研究を立ち上げました。これは建築空間の便所だけではなくて、糞尿という人間のあり方を考えるようなアプローチでもあります。そこには、糞はそもそも汚いものなのかという概念に関する議論も含まれます。直前までは体内にあったものですし、体の外に出た後、自然界の中では、糞は土そのものですよね。肥料として使われていただけではなくて、小動物が食べてまた糞になって、それを虫が食べて、微生物が分解して、そして土になっていくと

いう循環があります。その土そのものを考えたい。土が枯れては、美味しいものは食べられません。私は近代の衛生の歴史を研究してきたので、その循環系を分断した人間社会の試行錯誤を見てきました。改めて今後どうなっていくのか、建築から何ができるんだろうと考えた時に、皆がやりたがらないならばやってみようかなという発想で始めてみました。人間の生活や営みのあり方の本質に目を向けることで、建築の未来を根本的に考え直してみたい、というような思いです。先ほどご説明いただいた循環系という分類の中に、実はその地層部分で土というものもあって、虫や菌類がいて、そういうところが総合して考えられるとさらに良さそうだと、非常に興味深く拝見しました。

竹本：ありがとうございます。私は専門が環境法政策で、1999年から2005年頃までは、国の環境法整備の手伝いをしていて、特に2002年や2003年はほぼ霞ヶ関のたこ部屋にいて、官僚の人たちと一緒に日本の環境法体系の細かいところまでをつくっていました。須崎さんがおっしゃったことは日本の近代の中で、たとえばし尿処理やその浄化槽をどうするのかという話で、先ほど松田さんがおっしゃった通り、まさに分断する方向に持っていき、蓋をするという方向に持っていくことだったと思います。地域にとっては極めて重要なおそらく有機物で、まさに土を形成し田を形成し、といったところにとても寄与していた。今、地球全体における哺乳類の総数のほとんどは家畜ですよね。象やサイなど動物はたくさんいますけれど、それらを全て足したそのほとんどが家畜です。そして、気候危機上、昨今問題視されるようになった牛のゲップも、決してそれ

だけが大変なのではなくて、牛を育てるのに猛烈なエネルギーをかけて、トウモロコシを中心に与えていることが問題です。そのためのトウモロコシ畑の面積が、世界中の耕作可能地の約8割を占めるという状態なわけです。もはや何のためにこの表層、土があるのかという話ですよね。「風の谷のナウシカ」ではないですけれど、あれは1000年経っても腐海の森はまだ土を綺麗に戻し切れていないという状態ですが、通常、数cmの土をつくるのに500年ほどかかります。さまざまな有機物あるいは無機物が蓄積して土はできるわけですが、その中で糞尿はとてもクオリティが高く、長い歴史の中でおそらく相当な年月をかけないと得られない栄養価があります。

須崎：100年で1cmと言われますね。

竹本：そうです。表土と言われる5cmの部分ができるのに数百年かかります。だから、そこはまさに昔の知恵でも何でもなくて、生物として最適に行動してきたことの一つとして、先ほど糞尿を投げるという話がありましたが、あれ自体、まさに土を形成しているといったところがあって、おそらく人に当てていたわけではないと思います。生物の普通の営みとして極めて重要なものを生態系の中に戻していくという行為ですから、それをわざわざ分解して、綺麗な状態にし直すのはもったいないですよね。あれだけのものが凝縮してできているのに、もう一度分解することに猛烈なエネルギーをかけて、綺麗になりましたという名のもとにです。この綺麗という概念が近代的だという話だと思いますが、それはさておき、キッチンやトイレの話なども全体があって部分があるということだと思います。京都大学

准教授の藤原辰史さんという、ナチス研究の第一人者の『ナチスのキッチン』という素晴らしい本があるのですが、「ナチスのキッチン」というキッチンを定義したいわけではなくて、ナチスが出てくる近代化の中でどういう生活様式が求められて、その中でこのキッチンが出てきたということです。まさに「便所をどう見るのか」というのは、おそらく全体性の中に便所というのはあると思っているので、先ほどの総合的研究という総合性にとても関心があって、興味深くお話を聞いていました。

須崎： 今度お招きします。

竹本： ぜひまたニセコでそういった話をできればと思います。

松田： ありがとうございます。須崎さんのお話では台所と便所に注目されていることが、やはり面白いと思ったのですが、それは住宅の中で外部からエネルギーを取り入れ、外に出していく要素です。だから住宅の中で動的平衡をつくっているのは、まさにその2箇所なのだと思います。

研究でもデザインでも、その全体でいいのか？

松田： さて、石上さんのお話ですが、2つともとてもスケールの大きなプロジェクトで、感銘を受けました。「水庭」のプロジェクトでは、16,000平米の中で380本の大きな木を移植して新しい環境をつくるけれども、それはもとの環境から少しずつ持ってきて、しかも生体肝移植のように数時間で移植をするので、もとの関係を持ってくるだけではなく、新しい環境も生まれるわけですね。写真だけ見ていた時と話を聞いた時でかなり印象が変わり、ようやくプロジェクトの意図がわかってきました。ロシアの科学技術博物館のプロジェクトは、一層掘り込むことで、そこから見える新しい層ができて、それによって建物は何も変わっていないはずなのに、全体が新しく違うものに変質しているというわけですね。新しいのに新しくない、あるいは、変わらないことをしているはずだけれども変わっているという、すごく複雑な操作を一つのシンプルな操作の中に織り込んでいると感じました。

　石上さんは途中から参加されたため、他のお二人の講演をご覧になっていない状況です。そこで石上さんのプロジェクトについて、須崎さんと竹本さんから共通点や感じられたことなど、まずはお話いただければと思います。

須崎： 共通している点でいうと、竹本さんの「その時代のその場所にある木を使う」ということと、石上さんの「あるものを活かす」ということが符号しそうな気がします。歴史的な観点で見ると、私からは身体と再生産をテーマにお話させていただきましたが、木材も近代までは再利用

あるいは再構成する営みが日本の伝統文化にはありました。元興寺の小屋裏などを見ると天平・白鳳文化の木材が今でも使われています。そうした、あるものを活かし、時間の経過の中で刻まれたものの魅力を活かすという点からも、石上さんがお話されたロシアのプロジェクトにおける引き算のデザインを興味深く拝見しました。

竹本： ロシアのプロジェクトはすみません、全然知らなかったのですけれど、とても行きたいと思いました。「水庭」のプロジェクトは、元々水田だったところが牧草地になって、そこに木を植えると、とても栄養価が高すぎて木が太りそうな気がしました。いずれにしても、かつて田畑があったところに、時代ごとの要請がその時々あって、そうした要請が都度終わった段階で、田畑であれ牧草地であれ放置されてしまう。その放置された空間をもう一度、リ・デザインするというお話なので、とても素敵だと思いました。

松田： 石上さんのプロジェクトを見ると、自然と人為の区別がつかないというか、確かに石上さんの手が掛かっているけれど、その痕跡が見えない、自然と人工の重ね合わせのようなデザインをされているという印象を受けました。須崎さんは、台所と便所の近代化と衛生の話をされて、竹本さんは里山における木の循環システムをどう変えていくかという話をされました。多分、石上さんがされていることも、それと近いところがあると思うんですね。石上さんは、既存の物事の関係性に注目してリサーチをされ、そこにどのような操作を行えば、物事が何も変わっていないように見えつつも変わるのか、ということを上手く見つけて、それをプロジェクトにされているわけですね。だから、既存の物事の関係性をリサーチによってあぶり出すというところは、お三方とも共通していると思います。それをどう組み替えるかというところで、アプローチの違いがそれぞれあるのかなと個人的には感じています。この辺りで塚本先生と宮下先生にもお話をお伺いしたいのですが、いかがでしょうか？

塚本： 最近、空間批判ばっかりしている塚本です。建築で空間というとどこかで同一性のある物理的な全体を想定しています。それにはいい面と悪い面があって、生産性を高めようと思うなら、これはここまでと、全体が切り取れることは大事です。無限にはつくれないし、責任も取れないですから。そういう全体は所有概念とも結びついています。悪い面は、たとえば一つの建物が成立する際に、その一部に組み込まれなかった事物を大量に動員しているのに、空間で捉えた全体はそれを意識の外に追いやってしまうということです。こうした事物のつながりを事物連関と言うのですが、その見方をすると一つの建物であっても敷地を大きく超えた広がりを持つことになります。建築の

議論に空間が導入され始めたのは19世紀後半から20世紀初頭です。その頃の建設の事物連関は、まだローカルに留まっていたので、あまり気にしなくても良かったのかもしれませんが、20世紀後半に徐々にグローバルになってしまった。だから空間で建築を議論することは、無意識に建設の事物連関の先で起きていることを世界のどこかに押し付けることになってしまう。この問題は建設だけではなく、日々の暮らしを支える食料、エネルギーなどにも当てはまります。豆腐、醤油、味噌など多くの大豆を消費している日本の大豆自給率は、食用で25%、油も含めると7%しかない。そのしわ寄せはどこに現れるかというと、大豆畑に変えられたブラジルの牧草地であり、行き場を失った牛を放つアマゾンの森が焼かれて開かれた放牧地です。そういうしわ寄せが蓄積した結果が、地球環境問題や南北格差になることがわかっているのに、人類はそれをなかなか止められない。産業という装置を回し続けてそのうえで走っていないと暮らせないようになっているからです。この装置を止めるには外部化された事物連関を執拗に追いかけて自分たちでなんとかできる範囲に回収しておかないといけないのです。須崎さんはそれを、「他律的になりすぎたのをもっと自律的にしていかないといけない」とおっしゃった。その視点は暮らしの中で外部化されてきたものの典型である糞尿を追うことでもたらされる。石上さんのプロジェクトは目の前の建築や風景の中から、産業的な意識が外部化しているものに気づいて、それを引っ張り上げて、今の建築の当たり前の外にあるものを実現している。私も産業がいろいろとあてがってくることに不自由を感じています。そこから逃れるのがなかなか難しい。そこから一歩踏み出すことはできるはずなんですが、それを許してくれない社会や、それはできないと思い込む自分がいる。やはり社会や個人の自画像を変えないといけないですね。

研究でもデザインでも、その全体でいいのか?と問うことが大事だし、人間の生き方なんだなというのが、お三方の話を伺った感想です。

「空間」という言葉が定義するもの

松田：感想というか、塚本先生が全部まとめてくださいました。

塚本：すごく良いテーマでしたね。毎日の生活で外部化しているものありますよね。自分から出ていった糞尿を最後の最後まで見届けるなんてことをしている人いませんよね。

須崎：たとえばステーキを食べたいと思うじゃないですか。でも自分で牛を殺さなければならないとしたら、そんなに

食べたいと思わないですよね。そういう責任感というか、外部化しているからどんどん穀物や家畜をつくって食べさせて…というように、我々が温暖化を助長しているのです。

塚本：そうなんです。このコンペを始めた時にはまだ私もそこまで考えが及んでいなくて、歴史的空間再編コンペというタイトルにもまず「空間」と入っています。

竹本：先日、徳島県の上勝町に行きました。そこはゼロウェイストを掲げていて、ごみゼロ運動をやってきているのですが、45分別とかやっていて、そもそもごみを出していい日がないのです。つまり収集運搬車が町内にないという話なので、結局全家庭にコンポストがあって、生活系有機系生ごみは廃棄物として収集しない。それ以外に出てくるものがゴミステーションに持ち込まれ45分別され、最後に残ったものだけを焼却する、という仕組みです。要は、暮らしの中でごみをどのようになくすか、ほとんどの町民が主体的自律的に考え行動しているのです。そしてここまで市民参加するのであれば、最後に残るプラスチック廃棄物を容器包装として用いるメーカーとしては量り売りしないとまずいねという話に本気でなっていくんですね。近代資本主義的発想ではあり得ないじゃないですか、もうとにかくばんばんリニアに済まそうとする、つくって使って捨てるという話なので。それがここまで市民が本気でやってもサーキュラーにならない部分は、もはやあなたたちメーカーのレスポンシビリティではないですか、と突きつけられるとぐうの音も出なくなりますよね。そうすると、住民だけでなく、全ての関係者において空間概念が希薄化して、上勝という人々の暮らしや営みの連関をどうつなげ、どう閉じるかという感覚になっている証左ですよね。それに対し、先ほどから話に出ている通り、都市部では空間という言葉を用いた瞬間に、やはり人の連関に対する想像力を遮断してしまいます。見えないところでどうなっているか想像すらしないということになるので、営みがどうあるか、その全体性を取り戻すというのはとても面白い話だと思いました。

宮下：私も大変楽しく聞かせていただきました。先ほど竹本さんから、行政サービスや住民参加という言葉はこれからはおかしいのではないかというお話があって、なるほどなと思いながら聞いていました。以前、前金沢市長の山出保さんとお話した時にとても印象に残っている言葉が、「行政としてまず最低限やらないといけないサービスは火葬場と下水処理所だ」とおっしゃっていたことです。近代において一番我々が目にしたくないものを行政が肩代わりして行い、そのような行為は人々の暮らしからある意味で断絶されていった。そんなことが近代の行政サービスの

ベースになってしまっているような気がしたのです。多少ニュアンスが違うかもしれないですが、私はそんな風に理解をしたんですね。先ほどお話に出てきた断絶が根底にあって、本来我々の社会の中に生活だとか営みなどが全て関係しているはずなのに、近代以降はインプットもアウトプットも含めたものの循環が見えないような状態になってきてしまっている。それが今の社会をつくっていて、それを定義するのが「空間」という言葉になってきているのかな。

塚本：近代＝モダンに対してはポストモダンという概念が一般化しており、十分に相対化されていますが、空間はまだまだ普通に使っているし、ということは信じていると思うんです。実は私は大学生の頃から空間というのが怪しいと思っていました。それは学生の設計課題作品や、建築作品に対して「空間がない」という批評をよく聞いたからです。何か曖昧で、マウントするための概念みたいだなと。今は、その怪しさはもっと根深いということがわかってきました。

石上さんが書いた「古さの戦略」。あれ面白かったので紹介してください。今までの話をまとめつつお願いします。

石上：僕らは今、新しくてピカピカなものは割とネガティブに感じてしまうことがあります。しかし、建ってしまえば新築なわけだから、僕らが建築家として臨むプロジェクトは、新しさを通らない限り何も生まれません。でも今、特に近代は新しいということが絶対的な評価基準で、今までのものをある程度置き換えて次の時代にという時に、過去のものやそれ以前の歴史のものと考えてしまうところを、もう少し大きな枠組みで捉えられないかという話を、コロナ禍が始まった時期に「住宅特集」で書きました。非常事態宣言の中でしたが、その時期を通して思うと、文明や便利さや距離感というのがとてもよく理解できて、むしろその距離感が感じられるほうが幸せに思えるのではないかという感じがします。古さというのは、新しいというものの直近というわけですね。ある程度距離を置いて価値観に目を向ける

ことで、何かものをつくり出していくことができないかと考えました。だから僕は空間を、まだどこまで否定できるかわかりません。空間にはいろいろな意味があるので、建築を語る時に空間という言葉を使ってはいけないとなると、なかなか話しにくくなってしまいます。でも学生運動などでも、「自分たちの空間に関しては」という話はよく出ていたので、空間と領域は確かに表裏一体で、同じ意味で語られたのはおそらくその時代だったという気もします。そういう意味で、空間という言葉で全体像を定義するとなかなか成り立たない。

もう少し建築的な話では、都市計画はもう古い概念かなと思っています。近代においては、人間や事実のスケール感が都市のスケール感と結び付いていたから、建築家が建築として都市を提案していたような時代があったと思います。しかし今、僕らのスケール感から考えると、先ほどのペットボトルの話と同じように、流した水がどこへ行くのかといったことは皆日常的に、感覚的に思っているところがある。理屈を知らない人たちでも、生活の中で大きなスケール感で物事を考えていくような時代だから、都市も空間の一つだと思うのですが、そういう意味で、小さな単位の空間だけで考えてしまうと単純に僕たちの生活の感覚とずれてきてしまいます。だからそこをどうフィットさせていくのかを、これから考えていかなければならないと思っています。

外部化により切れてしまう連関

竹本：地球全体の人口が78億5,000万人で、こう言っている間に79億人に近付いていますけれど、その中で都市人口は週に150万人増えているのです。1週間でですよ。福岡市サイズのスケールで、世界中の都市全体において、自然増以上に都市流入という社会増があって。そうすると、石上さんがおっしゃっていて、我々もずっと言ってきている、あらゆるものの連関、つながりみたいな、人々

が感覚的につかんできたその全体性に向き合うことを最も遮断しているのが都市空間になるわけです。これは積極的に空間といった方がいいと思うのですが、都市空間が故にその中で使われるマテリアルもエネルギーも食料も全て外から持ってきていて、その都市空間がそこに住む人々の想像力を超えてスケールアップしていくと、もはや地球は保たないという話なんですね。今の人間は生物として、哺乳類として生きていく際に必要とするエネルギーの大体110倍くらい使っています。普通に生物として代謝するものの110倍というのはアメリカの都市住民の代謝率で、世界平均だと30倍程度です。実際、そのエネルギーは象12頭分、体積が人の約1,000倍のシロナガスクジラ1頭分とほぼ同じです。だから78億5,000万頭のシロナガスクジラが海洋に生息していたら、それは地球が保つはずがないというくらいのエネルギーを人間だけで使っているということなので、世界の都市人口割合が間もなく7割に近づこうとしている中で、なかなか絶望的です。そうした都市で、石上さんの言うようにフィットさせることができるのか、事物連関を想起させることができるのか。先ほどの上勝町であれば、そこで暮らす人々は相当連関すると思います。一方で都市住民は、連関に思いは寄せられると思うのですが、都市空間に暮らす限り、その事物連環的創造性というものが駆動しないのは間違いないと思います。なので、やはり都市と地域の連関や都市における事物連関の想起駆動をどうデザインしていくのか、というところで頭を悩ませている今日この頃です。

松田：ありがとうございます。だから今度は都市より、地域や里山という話がとても重要になるわけですね。

須崎：エネルギー量を分解する何かが必要で、それが都市以外の辺境に歪みが及んでいる可能性もあるということなんですよね。地球規模で言えば。

竹本：北と南にものすごく影響が出ていて、そこから全体に広がっていて、今は科学性を持ってそれを表現できるようになってきているのですが、そういうこと自体に連関しないのですよ。ただ単に「赤くなってきたね」と。

須崎：先ほどのコンポストのように、分解というような視点で考えると、（最近授業でも話しているのですが、）ゴミにならない建築、もっと言うと腐る建築という視点で考えると良いのではと思っています。腐るというのは耐久性と相反していますが。どう考えるかは別として、時空のスパンを広く捉えることで建築を再編、再構築することが大事なのではないかと最近感じています。

松田：ありがとうございます。塚本先生と石上さんとの間で「空間」の話が非常に盛り上がり、これは僕も非常に興味深かったです。塚本先生が批判されようとしていたのが「空間」そのものなのか「空間論」なのか、これはどちらなのか難しいのですが。

塚本：空間という概念は、平等や人権、移動の自由などが想像できるようになるのと重なるように社会に広まっていったと思います。それは産業革命以降に人間が手に入れた生産力を十分に発揮するには、昨日の事物連関から解放される必要があったことと重なります。解放された結果どんな事物連関に新たにつながるかはわからない。そこで、解放された何にも属していない状態を捉える概念として空間が登場したのではないか。そういう意味で人間の文化から空間という概念はなくならないと思いますが、空間という概念が駆動させてしまう外部化の副作用が激しくなってきていることに、意識的になる必要があるということです。

松田：「空間」概念により何かが切り離され、それを除いたものが「全体」として措定されてしまい、それによってつながっていた連関が切れてしまう。空間が措定する「全体像」そのものを批判されているのかなという気がしました。今回の歴コンの審査でも、こういった話が影響していくかもしれません。「空間」ではなくて「場所」だとか、あるいは「全体像」に対して「連関」だとか、はたまた「閉鎖

系」に対して「開放系」であるとか、そういう言葉を、今回、先生方の話からいろいろと頭の中に思い浮かんできました。従来、無批判に考えていたものを改めて問い直す、非常に重要な話ができたと思います。

宮下：毎年このトークセッションの内容が審査にかなり影響を及ぼすんですよね。ここで審査員の今年のテーマみたいなものが何となく植え付けられるところがあるので、出展学生の皆さんはプレゼンの中でも、その辺のことを少し考えながら発表されると、審査員といいディスカッションができると思います。これはちょっとしたアドバイスですけれど。

風景と建築と趣味

松田：会場から質問を受け付けますがいかがでしょうか？ はい、どうぞ。

観客：自然と建築という話になった時に、風景の話が出ると思うのですが、風景と建築はよく対比される関係にあって、僕はそれが嫌だなと思っています。その辺りをどう考えていらっしゃいますか？

須崎：結局、人間が生きている以上、人工物を何もつくらないというのは無理ですよね。けれども、つくっていくことである種、自然に対して害を及ぼしている可能性もあるということだと思うのです。たとえば石上さんの「水庭」は美しいですよね。美しいと直感的に思うけれど、でも人工的——いわゆる人間の工作物でもあるわけです。たとえば、棚田は自然なのか人工物なのかで言えば人工物ですよね。しかし、コンクリートで大規模につくったダムとは全く違うとすれば、どういうことなのかなと考える時に、その人間の工作物と自然との調律が問われる時代になっているような気がしています。近代化を経て、ある種一定のところまで到達しました。今後は人間が自然の一部であるということを踏まえて、節度とか調律のあり方が問われていく時代なのではないかと思っています。だから、風景と建築の境目で言えばそこが逸脱しないというか、アバンギャルドな建築であってもそこに馴染むのか、あるいは美しいのかというような、その調律のあり方がさまざまなスケールで問われるのではないかと私は思っています。

塚本：『日本近代文学の起源』という柄谷行人氏の著書に「風景の発見」というところがあって、風景が近代的な意識であることが書かれています。「引いて見る」ことと風景は関係しているわけで、当事者には捉えられないものなのかもしれない。たとえば、棚田の土手を補修したり、畦に沿って黒塗りしている最中の棚田は、道具を手に挑む水と土の配置ですが、引いて眺めると美しい風景です。

近代の社会は生産に関わらなくていい人、その場所を維持管理しなくていい人、つまり引いて見られる人を大量につくったんですよ。その意味で、世界はどんどん風景化しているとも言える。当事者ではなく、眺めるだけの関係になれるというのはある意味、他律的でもあって、移動の自由だけでなく、産業への依存を深めたことも、関係しているかもしれない。これから、それをどうするかだよね。建築も引いて見れば風景なので、建築と風景も分け難い。ただ、その引いて見た時に、ああいいな、ああいやだなとか、趣味というものが本当は起動されるべきなんだけど、日本の多くの都市やまちの風景は、趣味が一旦破壊されたところにつくられたので、そこを問わないようにしている。戦争が終わって76年経つけれどそこはロックされたまま。一方、京都や金沢は20世紀に地震で壊れたり、戦争で焼けたことがないので、趣味が残っています。そうすると、「私が京都」みたいな人が京都にはいるけれど、「私が東京」みたいな人は東京にいない。一度破壊され、かつ日本中から集まった人たちがつくったまちなので、共通の趣味がない。金沢に工芸が生き残っているのは趣味が生きているので、買い支える人がいるから。歩道と車道を分ける植栽の刈り込み方にも他のまちにはない意気込みがあります。それは兼六園や屋敷の庭が残っているので、植木屋さんも多い。庭に金をかけようという趣味がまだ生きている証拠です。それぞれの場所でどうすればそういう趣味を起動させられるのか、できないなら障壁は何のか考えたいです。

竹本：「トビムシ」と「塚本由晴」でGoogleで検索してもらえれば、塚本先生がトビムシのことをとても魅力的に語ってくれているサイトに飛ぶことができます。そこに塚本先生の風景論が書かれていて、今日の私の話と矛盾していないことを祈るしかないのですが、土地土地の事物連関があり、それらを整えた結果としての風景があるということについて、塚本さんが「トビムシもその一翼を担っている」と、少し褒めてくれている文章がありますのでぜひご一読ください。

松田：近代という視点から考えると、そもそも「風景」と「建築」は切り離されていない、だけどそこで「趣味」という好き嫌いの視点の発動があるべき、そこには金沢のような都市が大事な役割を果たす、ということがとても面白かったです。今回のトークセッションが、最後は「金沢」と結びついたわけですね。もっと話を続けたいところですが、時間になりましたので、これで今回のトークセッションを終了したいと思います。先生方、どうもありがとうございました。

一次審査

[日時] 2021年10月14日（木）

非公開で行われる一次審査では、7名の審査員により、エントリー総数212作品から二次審査に進む30作品が選出された。

小津 誠一
Seiichi Kozu

建築家／ E.N.N. 代表

本コンペの一次審査を担当して十年が経ちました。歴史的空間の再編という同じ問いを、十年間も続けてきたこと、それに対する千案を優に超える提案に接してきたことを感慨深く思います。そして、これからもその問いは続きます。敷地や土地、地域の固有性や文脈を発見したり読み解くことから、建築は逃れられないとも言えるでしょう。応募者の皆さんだけでなく、我々建築設計に係わる全ての者の永遠の問答なのだと考えながら、皆さんの作品と対峙しました。

熊澤 栄二
Eiji Kumazawa

石川工業高等専門学校
教授

A1パネル応募では過去最高数の139点、一次審査通過倍率も4.6倍と過去最高の激戦であった。今回、当落ラインが2票の作品となったため、通過できなかった作品の中には、他のコンペで十分勝ち残るだけの力作が数多くあったことは報告しておきたい。さて一次審査において作品の質は言うに及ばず「何を歴史的空間として見るか」が議論の焦点になる。改めて、忘れられた歴史的空間を発掘するセンスが如何に重要かを思い知らされた。

村梶 招子
Shoko Murakaji

ハルナツアーキ 代表

去年のオンライン開催を除き、応募総数も増えた中で以前より少ない30作品を選出するため、ある程度一次審査員の総意を得た作品として完成度の高いものが選ばれました。一次審査の際に最も問題になるのは、歴史的空間をどう捉えているかという点であり、良い作品でもそれを明らかにしていないために選出されなかったものが多くあります。歴史的空間を何として、どう再編するのか、基本的なところを抑えた上で表現して提案して欲しいです。

二次審査

[日時] 2021年11月20日（土） 13:00 〜 16:30

二次審査では、一次審査で選ばれた30作品を審査員が巡回するポスターセッション形式の審査が行われた。そしてその内容を踏まえて、非公開でのディスカッションと投票により、ファイナルプレゼンテーションに進む10作品を選出。

山崎 幹泰
Mikihiro Yamazaki
金沢工業大学 教授

1枚のパネルに作品を表現することは難しいことですが、「歴史的空間」のリサーチ、どのように「再編」するか、最終的な成果物、の3つを、バランス良く伝える工夫を心がけてください。小さい文字で大量に文章を詰め込んだり、手の込んだレイアウトや色彩で美しいパネルにまとめたりしても、3つの要素が的確に表現されていなければ、審査員が作品の魅力を見出すことは極めて困難です。

西本 耕喜
Kouki Nishimoto
金沢美術工芸大学 講師

第10回を迎え、歴史的空間再編について議論が深まっているのを感じます。私はこのコンペを通して、新たな歴史的空間への視点、未来を感じられる再編が発見されることを期待し審査しました。テーマに対し、きちんと応えている提案が少なかったように思います。学生の皆さん独自の視点でテーマを捉え考えることで、歴史が生まれ、層を成すのだと思います。二次審査、最終審査での審査員との闊達な議論を期待しています。

吉村 寿博
Toshihiro Yoshimura
吉村寿博建築設計事務所 代表

昨年のオンライン審査から今年は対面審査に戻り、他の審査員の方々とも意見を交わしながら一次審査を終えることができた。改めてSNOUの皆さんのご尽力に感謝したい。提出された作品は個々のレベルも高く興味深い提案も多く見られたが、何を「歴史的空間」と捉え、どのように「再編」したのか読み取れない作品も多かった。この2点が説明されていないと評価軸がなくなってしまう。本選ではその印象が裏切られることを期待したい。

林野 紀子
Noriko Rinno
りんの設計一級建築士 事務所

2020年のオンライン審査を経て、改めてこのようなコンペティションの実はその案が巻き起こす議論の中にあるのだという思いを強めた。審査では「誰のために／どこを歴史的空間として捉え／何をつくるのか」が明確なものを評価した。「誰のために」が欠落した自己目的化したような案が多いのが気になった。一方で、不意をつかれたような視点を持った案には多少甘くなった自覚がある。二次審査の議論が白熱することを期待して。

二次審査結果

各審査員の持ち点は3点票×5作品、1点票×10作品。得票数の合計が多い上位10作品がファイナルプレゼンテーションに進出する。また、この得票数の上位11位から20位の作品の各順位が確定し、20選作品が決定した。

出展ID	出展者	作品名	石上	須崎	竹本	塚本	宮下	松田	合計	
KSGP21097	亀山 拓海（大阪工業大学大学院）	泥みとうつろい	3	3	1	1	3	3	14	ファイナル進出
KSGP21163	武部 大夢（宇都宮大学）	益子の窯元再編計画	1		1	3	3	3	11	ファイナル進出
KSGP21121	原 良輔（九州大学大学院）	神秘なる邪魔者	1	1	3	1	3		9	ファイナル進出
KSGP21065	中野 慶仁（東京都市大学大学院）	砂象風景	1	1		3	3	1	9	ファイナル進出
KSGP21179	酒向 正都（信州大学大学院）	りんご栽培と建築			1	1	3	3	9	ファイナル進出
KSGP21193	藤田 大輝（日本大学大学院）	蘇る器	3	3	1			1	8	ファイナル進出
KSGP21092	林 眞太朗（神奈川大学大学院）	生残る痕跡群		3	3	1	1		8	ファイナル進出
KSGP21003	佐々木 智哉（金沢工業大学大学院）	金沢町物語	1	1	1	3	1	1	8	ファイナル進出
KSGP21104	谷井 美優（芝浦工業大学大学院）	つながりを育む	3	1			1	3	8	ファイナル進出
KSGP21001	千葉 大地（東京電機大学大学院）	三陸の方舟	3		1	1		3	8	ファイナル進出
KSGP21006	西尾 龍人（愛知工業大学）	古き民の家	1		1		1	3	6	20選（11位）
KSGP21008	山田 康太（東海大学大学院）	高円寺再反転	1		3		1	1	6	20選（11位）
KSGP21160	糸岡 未来（信州大学大学院）	赴くままに動くまち			3	1		1	6	20選（11位）
KSGP21079	福本 樹太（東京都市大学）	平和への布石	1	1	3				5	20選（14位）
KSGP21154	濱﨑 拳介（九州大学大学院）	シン・メタボリズム	1	3	1				5	20選（14位）
KSGP21078	喜多川 颯馬（神戸芸術工科大学大学院）	高松城再構想				3	1		4	20選（16位）
KSGP21138	谷本 優斗（神奈川大学大学院）	ハレとケを紡ぐガイドライン		3				1	4	20選（16位）
KSGP21055	西村 琢真（東京工業大学大学院）	佃のまちに浮かぶ島		1	1			1	3	20選（18位）
KSGP21070	高野 晃太（金沢工業大学大学院）	現代における宿場町				1	1	1	3	20選（18位）
KSGP21114	佐野 雄基（名古屋市立大学大学院）	砂丘の記憶	3						3	20選（18位）
KSGP21012	浜島 涼平（千葉工業大学大学院）	Symbiosis	1			1			2	
KSGP21016	黒田 尚幹（工学院大学大学院）	千載古墳	1	1					2	
KSGP21039	松野 泰己（立命館大学大学院）	町ウツシ				1		1	2	
KSGP21077	濱﨑 沙耶（熊本大学大学院）	雨を惹くインフラ			1		1		2	
KSGP21150	内野 佳音（日本大学大学院）	綴く半透明の物語				1		1	2	
KSGP21085	奥山 翔太（日本大学大学院）	弱波堤		1					1	
KSGP21130	橋田 卓実（工学院大学大学院）	外国人お遍路さんによる遍路文化再生計画				1			1	
KSGP21143	梅原 慎太郎（東京都立大学大学院）	遊歩道再編レシピ		1					1	
KSGP21074	青山 剛士（立命館大学大学院）	コと京都							0	

COMPETITION
FOR THE REORGANIZATION
OF HISTORICAL SPACE 2021

10 選作品

一次審査と二次審査を通過した、
グランプリから10位までの10作品を、
ファイナルプレゼンテーションでの
質疑応答と併せて紹介する。

グランプリ

つながりを育む
防災ファイバーによる木造密集地域の景観保存

**KSGP
21104**　谷井 美優　Miyu Tanii
芝浦工業大学大学院 理工学研究科 建築学専攻

　木造密集市街地の空間的魅力を保ちつつ、災害に強い安全な密集市街地に再編する防災手法を提案した。スクラップ＆ビルドの繰り返しで、その建物や街の持つ記憶や文化、歴史を壊すのではなく、継承する。新築では創出できない残していくべき魅力ある街が生まれる。◆中低層の木造密集市街地は、狭い路地空間の魅力やコミュニティ形成において魅力を持ちながら、耐震性、防耐火性といった防災の観点からは危険性が指摘されている。一般的な行政指導においては、防災公園など空地の整備や道路の拡幅など、密集地の空間的魅力を無視した方法でまちの防災を行ってきた。◆2016年12月新潟県糸魚川市駅北地域で火災が発生し、翌日の夕方の鎮火まで約30時間続いた。147棟を含む約40,000㎡が焼損した。被災地は低層の店舗や住宅が密集し、準防火地域に指定されていたが、被災地に建っていたのは防火対策をしていない約80年前の建物群であった。糸魚川市は火災後の2017年8月糸魚川市駅北まちづくり計画を策定し、災害に強い安全な市街地再生に向け、道路の拡幅や防災公園の整備、建築物の不燃化を進めた。結果、北国特有の共同道路である雁木による街並みや狭い路地、その空間によるコミュニティが失われた。◆ファイバーの形態的特性として一般的な四角形に比べ周長が長く、多くの人がその空間に接することができる。これは線状の形態が都市の活性化に有利であることを示している。繊維的防災/GRAY FIBERとし既存建築の一部を、防耐火性を持った通路に改築し、防耐火帯で地区を細かく仕切ることで火災の延焼を防ぎ、火災被害を最小限にする。街並みを保ったまま防災することができる。また、私有地を避難経路として公共へ提供することで、日常的には地域コミュニティ創出の空間となる。◆コーポラティブ形式で対象敷地内の住民が集まり組合を結成し、その組合が事業主となって敷地内の木造住宅を組合所有の大規模木造建築として再編する。それぞれのライフスタイルに合わせた自由度のある設計を行うことができる。また、コミュニケーションが促され、程よい近隣関係が築かれる。◆既存木造住宅は通柱、曲がり梁など伝統工法の構造部材を出来る限り活かす。構造上弱い部分は建物間に鉄筋コンクリート造の耐力壁を打設し耐震性を向上させる。複数の建物をつなぐ改修は、内壁に格子状の耐力壁を挿入し耐震性を向上させる。新築する防火帯は特種コンクリートブロック造とし、鉄筋やモルタルなどで補強することにより強度を確保する。路地や建物間など狭い空間での施工を想定し、小規模で工期が短い工法を選択した。◆山側から日本海側へ強く吹く南風による災害拡大を想定し、東西方向の防火帯を計画した。防火帯の一端は必ず空地や車道などの幅員の広い道路につなげ、災害時の迅速な避難を可能にした。改修した住宅は既存の路地を内包するように計画し、路地を中庭に転換することで生活環境を向上させた。また内包した路地や住宅内に南北方向の通り土間を計画することで、防火帯同士をつなげ、日常時の利便性を図った。

対象敷地／新潟県糸魚川市　雁木空間の街並み

糸魚川市大規模火災

2016年12月22日10時20分頃、新潟県糸魚川市駅北地域で火災が発生し、翌日の夕方の鎮火まで約30時間続いた。147棟を含む約40,000㎡が焼損した。延焼した建物のうち裸木造が84.4%を占め、開口部の防火対策がなされていなかった建物が67.7%あった。(日経アーキテクチュア, 2017)

裸木造
84.4%

開口部の未防火
67.7%

糸魚川市駅北まちづくり計画

延焼範囲
新設の防災公園
道路の拡幅

2014.9　→　2019.6

地域の建築的特徴

01雁木　　私有地を公共に提供することにより、コミュニティ創出の場になっている
02裏と表　表は整列し街並みを形成しているが、裏は無秩序に入り組んでいる
03空き家　糸魚川市の空き家率は年々増加しており、敷地内にも多く存在する
　　　　　老朽化した空き家による災害拡大が危惧される

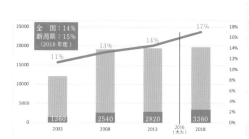

全国：14%
新潟県：15%
(2018年度)

11%　13%　14%　17%

1360　2540　2820　3360
2003　2008　2013　2016(大火)　2018

住宅
空き家

手法1　防災ファイバー/ GRAY FIBER

雁木
地域へ空間の提供
コミュニティ形成

×

ファイバー
長い周長による
街へ干渉のしやすさ

1マチ　街全体で災害に強い建物へ、空間的魅力の保存
2ミチ　災害時の人的被害を最小限に、避難ルートの確保
3クラシ　街と暮らしの関係を創出、住民の生活環境向上

暮らし　暮らし　暮らし
暮らし
暮らし　暮らし　暮らし

手法2　コーポラティブハウス / Building Cooperatives

対象敷地内の住民が集まり組合を結成、その組合が事業主となって敷地内の木造住宅を　組合所有の大規模木造建築として再編する。住民どうしのコミュニケーションが促され、程よい近隣関係が築かれやすい。時間をかけて街にファイバーが広がってゆく。

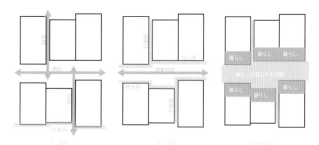

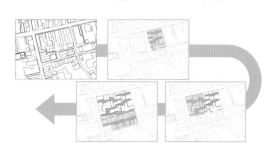

平面図　scale=1/200

山側から日本海側へ強く吹く南風による災害拡大を想定し、東西方向の防火帯を計画した。防火帯の一端は必ず空地や車道などの幅員の広い道路につなげ、災害時の迅速な避難を可能にした。防火帯は直線ではなく路地裏のように入り組ませ空間のたまりを創り、日常的なコミュニティを生む。また、内包した路地や住宅内に北向きの通り土間を計画することで、防火帯のたまり同士をつなげる。

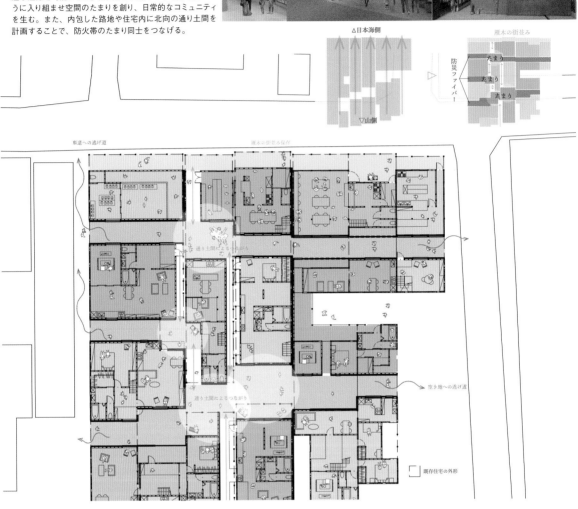

質疑応答

松田 東西方向にファイバー空間をつくり、それぞれの空間を仕切るシャッターがあるということですが、図面を見るとシャッターは横方向に走り、縦の通り土間は特に考慮しないということですよね。

谷井 プランで言うと、コンクリートの防火ブロック壁の間に開口を空けるために防火シャッターを使用して、災害時はそこを閉めることで防火しています。このラインに防火壁がつながっているイメージです。

須崎 システムとしてはわかりやすくて、非常に好感が持てます。ただ、防火壁によってできる通り土間と言っているところですね、それが、たぶん図面で見ると通り抜けのためだけの空間に見えてしまうのですけれど、一方でダイアグラムでは「たまり」と書いてあるので、そこに何かコミュニティの場であったり、新しい提案はあるのですか？

谷井 私が一番やりたいのは、この雁木の街並みを保存することです。ここに商店が並んでいますが、雁木がなくなるとそういう場が少なくなって、高齢者が買い物のために遠出しなければいけないという現状があるので、防災をすることで生活が変わってしまうことを防ぎたいのです。だから、今ある生活を変えずに防災することを一番念頭に置いていて、新しい機能を付けたいといった想いは特になく、生活している人が自由に使ってくれればいいと思っています。これまで雁木とい

う公共性を持った場所を使ってきた地域の人だからこそ、ここを有効活用できると期待しています。

石上 提案としてはとてもわかりやすく面白いと思いますが、なぜコンクリートブロックを選んだのか。それによってどういう街並みをイメージしているのかを教えてください。

谷井 コンクリートにしたのはやはり防火のためで、一番それが合っていると思いました。また、防耐火していく中で、防火帯建築のようなビルの街並みになってしまったとしても、コーポラティブ形式など、地域住民がコンクリートブロックを自分たちで施工することで、愛着を持って使ってもらえると考えています。もちろん自分たちで全部やるのは無理で

太陽光

火災時の排煙

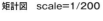

矩計図　scale=1/200

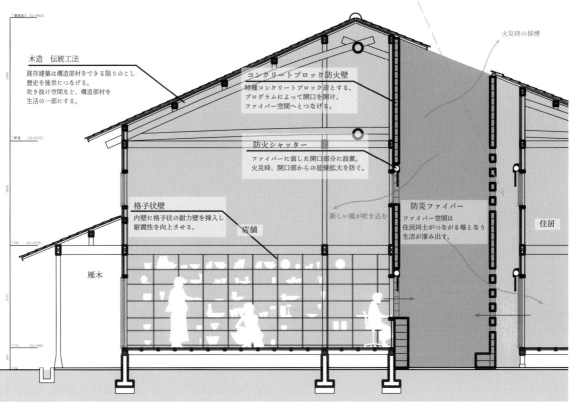

木造　伝統工法
既存建築は構造部材をできる限りのこし
歴史を後世につなげる。
吹き抜け空間など、構造部材を
生活の一部にする。

コンクリートブロック防火壁
特種コンクリートブロック造とする。
プログラムによって開口を開け、
ファイバー空間へとつなげる。

防火シャッター
ファイバーに面した開口部分に設置。
火災時、開口部からの延焼拡大を防ぐ。

格子状壁
内壁に格子状の耐力壁を挿入し
耐震性を向上させる。

店舗

新しい風が吹き込む

防災ファイバー
ファイバー空間は
住民同士がつながる場となり
生活が滲み出す。

住居

雁木

すが、協力して手伝える部分があると思います。

石上　デザイン的なところで、とても長いファサードをつくっていくわけですが、新しい街並みとしてそれはどういうものですか？

谷井　元々ある路地のようなものを目指しているので、なるべく直線的ではなく、ギザギザにしたりといった部分はつくっています。

石上　それはコンクリートブロックとどう結び付きますか？

須崎　少し補足すると、たとえば伝統的な街並みを保存するための手法として、土蔵とかでも防寒になるじゃないですか。昔から、土蔵は財を守るためのものだと思うんですね。そういう漆喰の壁ではなくて、コンクリートブロックであるという違いに対して、デザインの提案がどういうところにあるのか、ということでもあるかと思いました。

林野　これは積み残しの質問にしましょう。他の角度からの質問はありますか？

塚本　ファイバーの間隔はどうやって決めているの？ そこの街区に3本、2本入っていますよね。

谷井　ファイバーは延焼ラインの5mにしています。こういったところに壁があって、これ1個が1,500平米以内になるように決めています。

塚本　コンクリートで囲われた範囲が？

谷井　そうです。こことこの壁とこの周りが1,500平米になるようにしています。延焼の法規的な、木造住宅の最大の大きさです。

松田　この図面の大きさと明らかに違うようですが、1,500平米を3つに分けていますよね？

谷井　ずれていますね。すみません、私が設置していなくて。

塚本　これが1,500平米ということ？ 300平米くらいでは？

谷井　こちらにもつながっています。

松田　全部合わせて1,500平米くらいですよね？

谷井　全部合わせてというか、囲われている区画の中が1,500以内になるように配置しているので、もっと小さいのもあれば大きいのもあるということです。

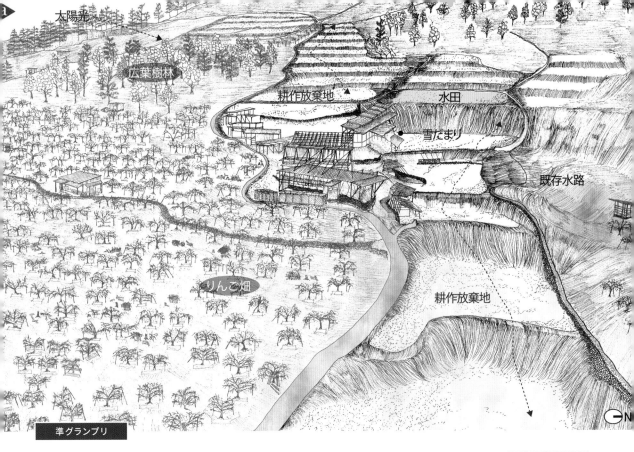

広葉樹林

太陽光

耕作放棄地

水田

雪たまり

既存水路

りんご畑

耕作放棄地

N

準グランプリ

りんご栽培と建築
石垣と枝がらみから始まる有旅の斜面耕作地の再編

KSGP 21179 　酒向 正都　Masato Sako
信州大学大学院 総合理工学研究科 工学専攻

　本提案は対象敷地の地すべりの原因となる大地の改善に目を向け、耕作放棄地を段階的に観光に開き、りんご栽培の拠点として大地と風景を再編する計画である。

　里山に広がる棚田や段畑は代々農家が後世へ受け継いできた農業遺産である。しかし近年、生産性の低い異形形状の耕作放棄地が増加傾向にある。こうした現状に対し、長野市の都市計画マスタープランでは「農地の保全を図るとともに、体験型農業や6次産業化による農業の振興」が検討されている。観光化の推進に伴い、地すべり跡地の動植物園化や砂防ダムの設置がなされてきた。しかし耕作放棄地の拡大によって引き起こされる土壌流亡や地盤の弱体化、生態系の

乱れ、人と自然の共生方法の未伝承等の諸問題の根本的な解決には至っていない。既存の擁壁の「防災」の役割を担いつつ、農地の健全化も推進するという視座で、斜面地の農業の振興が必要となるのではないか。

　3つのステップで計画地を再編する。現状をSTEP0とし、STEP1で大地の再生、STEP2で育苗ハウス等の建築の計画、STEP3でハチの巣箱小屋を設置し、敷地周辺のりんご畑の再編へと繋げる。計画において高田造園設計事務所代表の高田宏臣さんの著書「土中環境」を手掛かりとしている。ここで語られる手法をもとに、敷地を分析後、必要なものを計画する。

　STEP2ではSTEP1で改善された土地に農地と共に、育苗ハウスとシードルの醸造所、共同選果場を配置する。まず敷地の最も栽培条件の良い南面採光の土地をりんご畑とする。その畑に沿うように、斜面上部から選果場、育苗ハウス、醸造所とする。選果場は地形傾斜の変わり目に建つため、基礎周囲に枝がらみと石垣を施工し、周辺農地への空気と水の流れを確保する。大地との間に生まれた空間は農地に隣接するため、納屋やコンポスト、休憩所として使われる。りんごの育苗ハウスは単管パイプで構成される。筋交

いとなる斜材に沿ってりんごの苗が成長することで、ハシゴを使わずとも高齢農家が苗の様子を確認できる。醸造所の主構造はりんご農家が使うハシゴを参考にした。斜面の傾斜に合わせて、ハシゴの支柱の勾配を調節し対応するように、凹凸の多い地面に合掌型に組んだ柱で対応する。1階の階高は高さ約2,100mmの醸造タンクが収まる天井高を確保しつつ、周辺の棚田の風景との調和を試み、低く抑えた。醸造所上の育苗ハウスは季節によって使われ方が変化する。3・4月は稲の苗、5〜9月はお酒の酵母となるニチニチソウ、10〜2月はりんごコンテナ置き場として使う。このようにこれらの建物は、(1)建物内の設備の寸法と景観内の建物の見え方のせめぎ合い、(2)周辺農地の栽培環境への配慮、(3)農家の知恵の主に3点から形態が決定されている。

　STEP3では土中の水が停滞しやすい地形傾斜の変換ラインに石畳通路と枝がらみを施工する。周辺農地に伸びたこの道を利用し、既設の農機具小屋を改修することで、授粉を媒介するハチの巣箱小屋とした。

対象敷地／長野市有旅地区　放棄地が拡大する一方で、高齢農家によって、りんごと米栽培が営まれる

01 敷地の選定 − 林檎畑を土壌流亡から守る −

有旅地区では傾斜表面を流れる雨水や土壌を棚田が保持することで、斜面低地の林檎畑を保全していた。よって斜面高地が放棄地化しても、その斜面下部の棚田が活用されるならば最低限の土壌の保持と生態系の保全がされる。同様にして斜面地の上下の土地利用を分ける境界線に着目し、人工的な介入の効果性が認められる地点を3つの地図を重ねることで選定する。

新わい化栽培

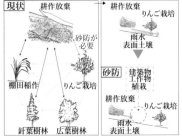

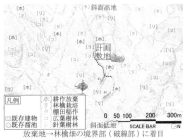
放棄地→林檎畑の境界部（破線部）に着目

リサーチと提案① 地盤構成分布図

地質が変化する境界部に着目し細粒土がりんご畑に流れ込むことを防止

リサーチと提案② 地すべり分布図
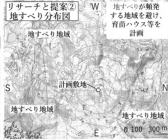
地すべりが頻発する育苗ハウス等を計画

リサーチと提案③ 土地利用分布図
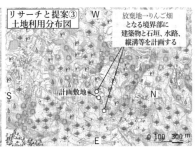
放棄地→りんご畑となる境界部に建築物と石垣、水路、縦溝等を計画する

02 観察 ｜ 敷地にとって有効な一手を模索する

放棄地の再生の手がかり

建築の設計の手がかり

敷地の観察から農地に現れる普段は見慣れない風景に興味を持った。調査を進める中で、農家の畑に対する働きかけや農家として生きるための家屋の配置など随所に工夫が見られた。農家にとって必然なこの風景は、りんご農地を保全していくために取り入れるべき工夫である。

03 全体計画

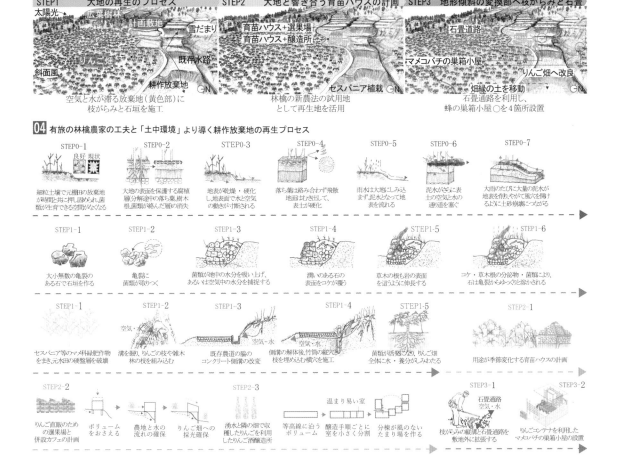

STEP1 大地の再生のプロセス
空気と水が滞る放棄地（黄色部）に枝がらみと石垣を施工

STEP2 大地と響き合う育苗ハウスの計画
林檎の新農法の試用地として再生地を活用

STEP3 地形傾斜の変換部へ枝がらみと石畳
石畳通路を利用し、蜂の巣箱小屋○を4箇所設置

04 有旅の林檎農家の工夫と「土中環境」より導く耕作放棄地の再生プロセス

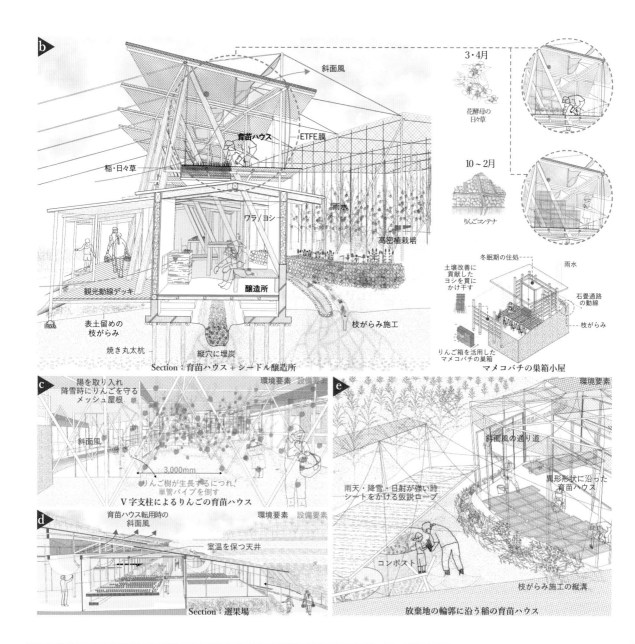

Section：育苗ハウス＋シードル醸造所

斜面風
育苗ハウス　ETFE膜
稲・日々草
ワラ／ヨシ
雨水
観光動線デッキ
醸造所
高密植栽培
表土留めの枝がらみ
焼き丸太杭
縦穴に埋炭
枝がらみ施工

3・4月
花酵母の日々草

10〜2月
りんごコンテナ

冬眠期の住処
土壌改善に貢献したヨシを貫いてかけ干す
雨水
石畳通路の動線
枝がらみ
りんご箱を活用したマメコバチの巣箱
マメコバチの巣箱小屋

環境要素　設備要素
陽を取り入れ降雪時にりんごを守るメッシュ屋根
斜面風
3,000mm
りんご樹が生長するにつれ、単管パイプを倒す
V字支柱によるりんごの育苗ハウス

育苗ハウス転用時の斜面風
室温を保つ天井
Section：選果場

環境要素
斜面風の通り道
異形形状に沿った育苗ハウス
雨天・降雪・日射が強い時シートをかける仮説ロープ
コンポスト
枝がらみ施工の縦溝
放棄地の輪郭に沿う稲の育苗ハウス

質疑応答

宮下　土地利用の仕方とか、りんご畑に変えていくステップだとか、それにそれらをどうつくっていくかという点についてはわかったのですが、実際そこに建っている建築というのは、どのようなものを対象としたものなのか教えてください。あくまでこの家族たちがやるための建物なのか、もう少し広域を対象としているのか、あるいはここで苗をつくったり出荷していくところから規模が出ているのか、そこら辺はどうなのですか？

酒向　数家族を想定してつくっています。りんご農家さんと一緒に働いている時に、他の家族が別の家族を手伝って、一緒に収穫時期の繁忙期を乗り越えるということがあっ

たので、その家族だけではなくて皆でやります。

宮下　伝統的なものから来る規模設定みたいなものはなかったのかな？ たとえば、合掌造りであるとその周囲の十何軒が合わさって、順番にみんなで協力しながら茅葺を直していくとかしていますよね。それが一つの歴史的な集合の単位というか、伝統から出ている集落の大きさであったり、関係性の図であったりするのかもしれないですけれど、そういったものは今回何かあったりするのですか？ 2・3個とかというのは、割と伝統というか一般的にそういう風に手伝いながらやっているよというような理解でいいですか？

酒向　伝統かわかりませんが、僕が参加し

たところは2〜3家族でやっていました。

塚本　茅葺の結じゃないからそんな世帯数が多くないわけだね。あの棚状の平行になっているところはりんご畑？

酒向　そこもりんごですね。

塚本　あれは見慣れないけれど、今やっている栽培法なのだよね。新農法？

酒向　長野市が推奨しているので新農法を取り入れてみました。

石上　こういうものはある？

酒向　高齢者だとはしごで登るのが厳しいので、倒せば使えると思いました。

塚本　木をグイっと曲げるということ？

酒向　支柱を斜めにして、それに沿わせていきます。

Plan：放棄地の起伏・陽光・斜面風を捉え、最適な配置を見出す

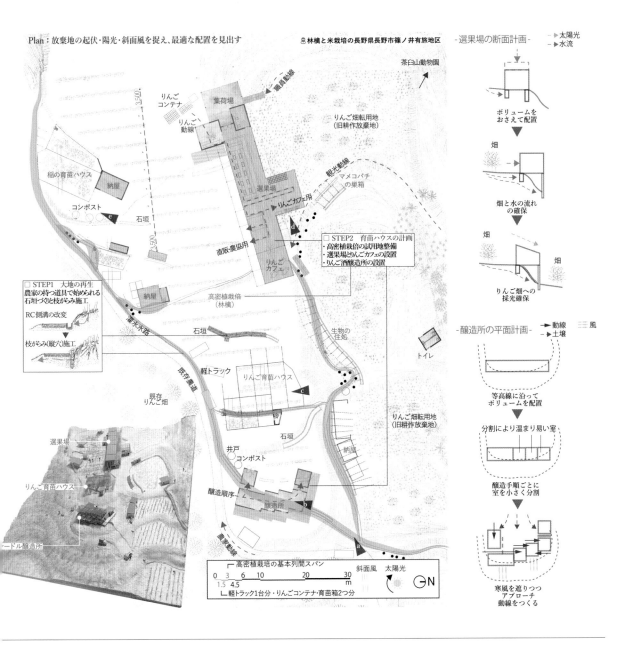

塚本 それに沿わせて下の方に実が成るということね。あと、手が入らなくなった棚田が別の物に変えられるのだけど、変える時は上から変えないのかな。水は上から下に行くからね。

酒向 上から変えています。

塚本 ここ変えていないよね。

酒向 ここはすごい土壌流亡が起こるところですが、まだ棚田として使われていて、上から耕作放棄地になって流れてくるはずの土壌が、使われている棚田によって塞がれているという状況があります。そういう関連を他のところで見ていった結果、ここだけが下のりんご畑に影響を与える耕作放棄地になると考え、ここを再編したほうが理にかなっていると思いました。

塚本 方法としては、耕作放棄地でもう一回稲作をやればいいんだけどね。

酒向 稲作兼りんご農家さんです。

須崎 棚田は自然のダムみたいな役割もあるので、りんごに対する水の連関みたいなものは考えていますか?

酒向 棚田のための水路がすでにあって、放棄地の横を通っています。りんごは水はけのいい場所を好む作物なので、できるだけ高台でつくるようにしています。

塚本 あそこにりんごをつくらなくていいのではないかという話よ。りんご畑でなくてもあなたの計画はそんなに変わらないような気もするけどね。

石上 いろいろな環境にりんご畑を馴染ませていく、拡張していくところが重要なのですか?

酒向 使われていない状態が、景観的にも、生業を続けていくという意味でもどうなのかと思ったので、できるだけ使いたいという想いはあります。もし、下の部分でりんごを使うなら、周辺部の泥みたいな土を放棄地の真ん中に移動して、きちんと高くしたうえでそこにりんごの苗を植流するというやり方であれば、水はけを考慮したりんご栽培が全体に広がっていくと思っています。

須崎 あとは、先ほどまでの提案とも同じなのですが、建築としてどうやって答えようとしているかというところを、形態なりシステムなりあとで少し説明してください。

3位

益子の窯元再編計画
陶芸空間の事物連関に潜む可能態

KSGP
21163

武部 大夢　Hiromu Takebe
宇都宮大学 地域デザイン科学部

　戦後、益子町にある窯元は、農作業に勤しむ傍ら窯業を行う半農半陶の生産スタイルが一般的であった。明治以降の近代化による生活文化の変化の中で不安定な陶器の売れ行きを、里山の豊富な土地を生かした農業によって支えることで日々の生活が成立していた。こうした、農業と窯業が併行する形態は、経済的な補完関係のみならず、互いの産業に共通する自然環境、資源（土・材料・知識）が循環し付加価値を生むという点においても理に適ったあり方といえよう。しかし、市場や技術・産業の近代化は、そうした相互補完的な産業形態から効率を重視した一つの産業で完結したシステムの変化を促進した。その結果、窯業は再び不安定な業態へと戻り、ま

た農家の後継者不足や林業の後退による森林環境の悪化など、地域環境の下での一体的な営みの崩壊を招いたことが、現在の地域課題として顕在化している。

　本計画は、益子町の城内坂通り（陶器販売店が軒を連ねる焼き物の通りであり、地域の観光拠点である）に面する既存の窯元を対象に、空間や資源の共有により、敷地内で窯業・農業・林業・観光業が相互に関係し合う「町の窯元」へとコンバージョンするものである。今まで存在していた窯業・農業・林業の相互補完的な関係に倣いながら、現在の益子産業を活動と空間双方で結びつける地域ネットワークの再編を試みた。空間構成の手法は、製陶の空間、工程、温熱環境等の複雑な関係と、空間作用に関する分析を行った上で、異なる産業間の関係構築に働く空間言語へと翻訳し、敷地全体にレイアウトするものである。上の模型写真は城内坂通りからエントランスを見ている場面であるが、屋根が通りから奥に向かって段々になるように複雑な形状をしている。これは、作業工程やモノの搬入動線に沿って、人やモノを奥へと誘う流れるような屋根の形態でありながら、北からの風を取り込み陶器の乾燥や野菜の乾燥へと活用する意図である。この

ように、工程やモノの移動、自然環境など複数の物事の関係性から、それぞれ調整するように建築を考えて行った。そうすることで、窯業のモノのネットワークと農業・林業・観光業の生業や営みが輻輳的に編み込まれた生々しい質感を含み込んだ「町の窯元」ができると考えた。

　そして、事物の連関から空間を考えることは、完結的な全体性を持たない。敷地の周辺や益子の環境と有機的に結びつき、結果として町に開いた風通しの良い窯元になる。

対象敷地／栃木県益子町　現大宿窯

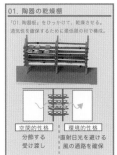

01. 陶器の乾燥棚

「01. 陶器板」をひっかけて、乾燥させる。通気性を確保するために梁桁違の材で構成する。

空間的性格	環境的性格
分節する 受け渡し	直射日光を避ける 風の通路を確保

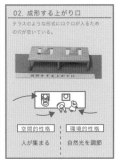

02. 成形する上がり口

テラスのような形式にロクロが入るための穴が空いている。

空間的性格	環境的性格
人が集まる	自然光を調節

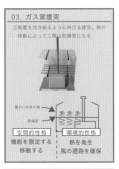

03. ガス窯煙突

①屋根を突き破るように伸びる煙突。熱の移動によって二階は乾燥室になる。

空間的性格	環境的性格
機能を限定する 移動する	熱を発生 風の通路を確保

04. コンクリートブロックと漆喰

①窯元までコンクリートブロック。その上は漆喰仕上げ。防火と調湿を兼ね備える。

空間的性格	環境的性格
分節する 動線を変える	調湿効果

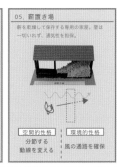

05. 薪置き場

薪を乾燥して保存する専用の家屋。壁は一切いれず、通気性を確保。

空間的性格	環境的性格
分節する	風の通路を確保

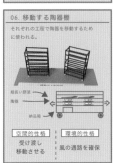

06. 移動する陶器棚

それぞれの工程で陶器を移動するために使われる。

空間的性格	環境的性格
受け渡し 移動させる	風の通路を確保

07. 吊り下げられた乾燥棚

「01. 陶器の乾燥棚」が吊り下げられている形式。室内で最初に乾燥される。

空間的性格	環境的性格
分節する 受け渡し	直射日光を避ける 風の通路を確保

08. モノのための軒下

外部に陶器や備品を保存するために意図的に出された軒下空間。

空間的性格	環境的性格
分節する	風の通路を確保

09. 梯子

陶芸家が梯子で二階に登れる手段。めんどくさくなって、昇降機を使うことも。

空間的性格	環境的性格
機能を限定する 移動する	なし

10. 陶器板

陶器を乾燥・薬ぶときに用いられるベニヤ板。250×800mmの規格材

空間的性格	環境的性格
移動させる	なし

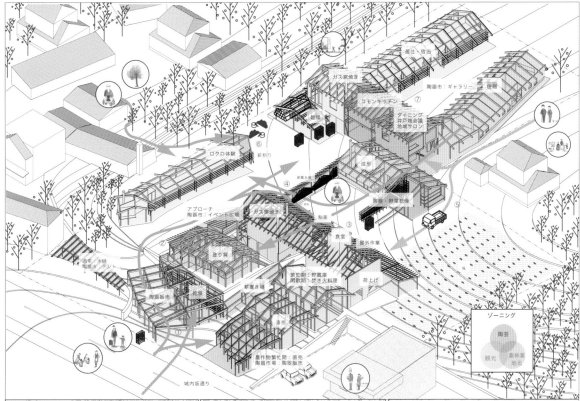

①陶器の乾燥棚が屋根を支える構造体となる。風がビューっと抜ける屋根下では窯焼きの職人と観光客が混ざり合う

②陶器の乾燥場でもあり、歩き疲れた観光客のベンチでもある。職人さんとのコミュニケーションが生まれる

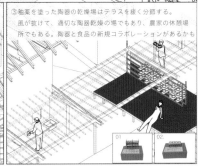

③釉薬を塗った陶器の乾燥場はテラスを緩く分節する。風が抜けて、適切な陶器乾燥の場でもあり、農家の休憩場所でもある。陶器と食品の新規コラボレーションがあるかも

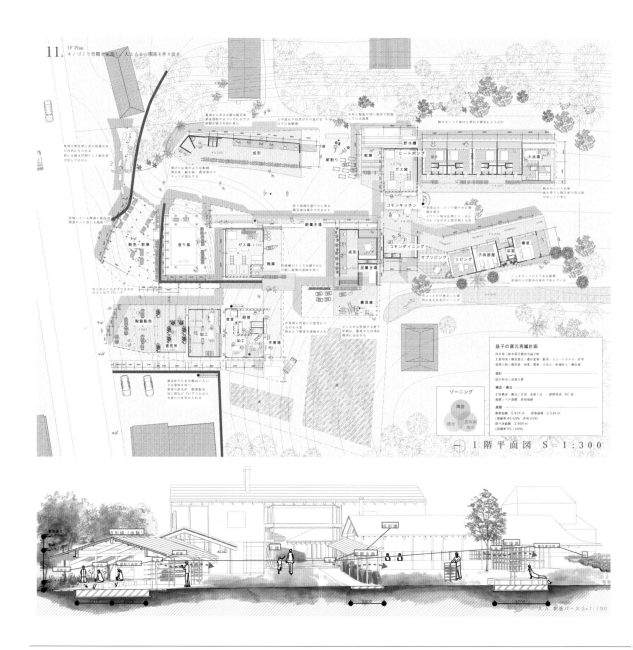

11. 1F Plan
モノづくり空間を軸に、人と人との関係を作り出す

1階平面図 S=1:300

益子の窯元再編計画

ゾーニング

入入 断面パース S=1:100

質疑
応答

宮下　今この場所で興味があるのが、半農半陶のあり方かな。審査の時にもちらっと聞いたかと思うのですけど、半農半陶であるとすると陶芸や農業というものが、時期や季節の中で、両方やられているということですよね。そういうものがもたらしている従来からある建築の形態などはあるんですかね？特有の暮らし方の中で生まれた形態の様なものがあるのかという点について教えてください。そして、もしあった場合はそういうものが何らかに今回の提案につながっているのかについても教えてください。というのは、今回の提案が「こっちは農業こっちは陶芸です」という様に分かれている感じがしたので。何かあったら教えてく

ださい。

武部　半農半陶のことを審査の後で考えたのですけれど、濱田庄司の自邸が益子の参考館にあるのですが、そこは普通の農家と窯元の工房が敷地内で分棟で配置されていて、「半農半陶だからこういう住宅の形態」というよりは農家の形があります。だけど、ここでも表現していますが、奥には母屋があってそこは通り土間が通っていて、ここにも土間があるのですが、行為の連関の中で今までの半農半陶の形というものを踏襲しています。だから、窯元で面白いところはそういう形の連関というよりは、技術の連関の中で形というものが関係し続けているところです。

塚本　連関図を写してもらえますか。まず最

初のまちの窯元というコンセプトを説明している図。既存ネットワークと新規ネットワークとあるけれど、まちの窯元に何でも集めるということですか？

武部　これは資源と産業の人がもう一度ネットワークとしてつなぎ合うという図で、集めるというよりは一度資源を媒介します。たとえば登り窯はもう使われなくなっているところが多いのですが、独特の登り窯らしい表現ができます。現在は小さい窯元が多くなってきているので、そういうところに登り窯を貸し出して、登り窯で一気に焼くこともできる。だから既存の資源を重ね合わせてネットワークをもう一度組み直しているという位置づけです。

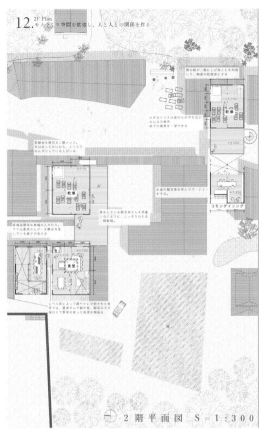

12. 2F Plan
モノと空間を拡張し、人と人との関係を作る

＝２階平面図 S＝1：300

13. 2F Plan
一年を通して使い手の主体が移り変わり、益子独特の様相が外観を彩る

■繁忙期スケジュール

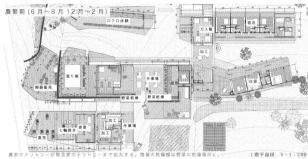

農繁期（6月〜8月 12月〜2月）

農家のテリトリーが陶芸家のテリトリーまで拡大する。陶器の乾燥棚は野菜の乾燥場所に。　　　1階平面図 S＝1：500

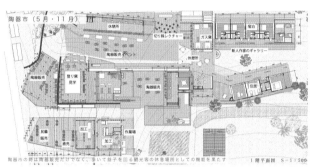

陶器市（5月・11月）

陶器市の時は陶器販売だけでなく、歩いて益子を巡る観光客の休憩場所としての機能を果たす　　　1階平面図 S＝1：500

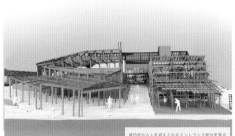

城内坂から人を迎え入れるエントランス部分を取る

野菜の加工場、陶器・野菜の直売所を見る

敷地中央に位置する小さなコモンキッチン

塚本　陶器市は赤しかないということは、新たに始めるということですか？

武部　いえ、元々あります。

塚本　今まで窯元は陶器市から締め出されていたということ？

武部　そういうことではないです。

塚本　こういうのは雰囲気で書いちゃだめだよ。正確にね。もう一つの連関図を見せてください。これは何を意味しているのかな？　それぞれの人がどこを通っていくかということ？　農家、林業家、陶芸家がここを移動しながら作業をする？

武部　こちらは資源の話をしていて、上から順番にものづくりの工程があるのですが、その中で、同じ資源を使っているところに共有されている箇所があるよねというのを点線で表示していて、そういうものがここで実現されています。こちらもものづくりが上から順番に落ちてくるのですが、その形を今は連関に置き直している状況です。

塚本　陶芸には不変の工程があります。乾燥前に釉掛けはしないし、素焼きしてから成形することもない。こういうのは時代が違っても変わらない。でも焼くエネルギーは変わる。登り窯で薪を燃やしていたのが、電気窯や、ガス窯に置き換えられると、薪がいらなくなるから、山との関係がなくなる。そう読めるように描いた方がいいね。ゼミみたいになってきたのでやめます。

須崎　このサイトを選んだ理由というか、これは元々あるところですか？　それとも新しく選んだサイトですか？

武部　元々窯元があるところです。

須崎　元々あるところに新たにつくった。

武部　はい、そうです。

須崎　あとで良いので、斜面地の読み込みというか、コンテクストをどう捉えて、この建築の形態に落とし込んだのかというところを聞かせてください。

4位

砂象風景
（さしょうふうけい）

KSGP 21065　中野 慶仁　Yoshihito Nakano
東京都市大学大学院 総合理工学研究科 建築・都市専攻

アイデンティティの砂丘を取り戻し、砂と共に住み続ける街

　私の地元の茅ヶ崎は砂丘に栄えた街である。砂丘は海から街を守る存在であった。ある時、海沿いに砂丘ができ、海との関係が切れ、それから街のあり方が変わった。そこで国道を埋め、砂丘を復活させることを前提に砂丘と既存の街の間に砂を受け入れる建築を設計する。これは街と自然両者の存在を変えるきっかけになる提案である。そしてこの先自然と共に一体となった街のあり方、砂と共にどう時を刻んでいくかを表現する。自然の循環の一部として、立ち現れて、消えていく。人間社会の利害関係を超えた建築になることを願う。

海までの道を阻む国道と公共施設をときほぐす

　住宅地自体は海へ向かった昔の名残の道の形を残している。しかし、現在は国道と公共施設が海沿いに並んでいる。そのため、一度、歩車混在している道に集められてから歩いていく必要がある。そこで現在の位置のまま国道と国道にアクセスする道をトンネル状にして砂丘の下を通す。歩行者は住宅地を抜け、砂丘を伝って歩いて行けるようにする。既存の公共施設は、新たな砂丘の街に入り生活が継続される。

砂と共に変わり続ける構造体

　街の新たな骨格を模索した。実際に茅ヶ崎の砂浜にいき、模型を置いてみた。徐々に海風によって埋まり始める模型。どの模型も砂に埋まった。これが砂の街の特性なら、砂を受け止めて埋まる建物を考えることにした。構造としてうまくいっていない模型は土圧によって、すぐに壊れた。上手く耐えていても、砂の流れを阻害して、不自然な形で埋まっていくもの見受けられた。その中でも、土圧を上手く受け流し、海に対峙する前面から徐々に埋まっていく構造体を選定した。ハニカム構造が壁柱で紡がれていく構造である。海に対して斜めを向く壁柱たちは、砂の力を上手く受け流すのである。土圧に対しては、ハニカム構造が上手く支えになり、砂に埋まる部分を全体で支えている。さらに、この形は同じ構造の連続体のため、自由に平面が展開できる特性をもっている。

砂を受け止め人を流す中庭玄関と砂丘ピロティ

　ハニカム構造体を海沿いの既存の木々を避けながら展開していくことで中庭ができる。建物の周辺から砂に埋まるため、中庭は永遠の玄関口として機能する。断面的には高床にすることで砂丘のピロティが生まれる。砂丘を踏みしめながら海まで歩いていくことができる。砂丘ピロティと中庭玄関があることで、砂に左右されず使い続ける建物となる。砂丘ピロティは、漁業の道具の保管場所として使われる。砂がきても、綺麗に埋まることはないと予想されるため、天然の種子の保管庫としての役割もはたす。中庭玄関は、海風の影響を受けにくいため、洗濯物を干したり、生活の軸になる。

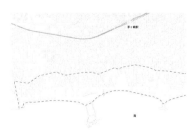

対象敷地／茅ヶ崎市海沿い

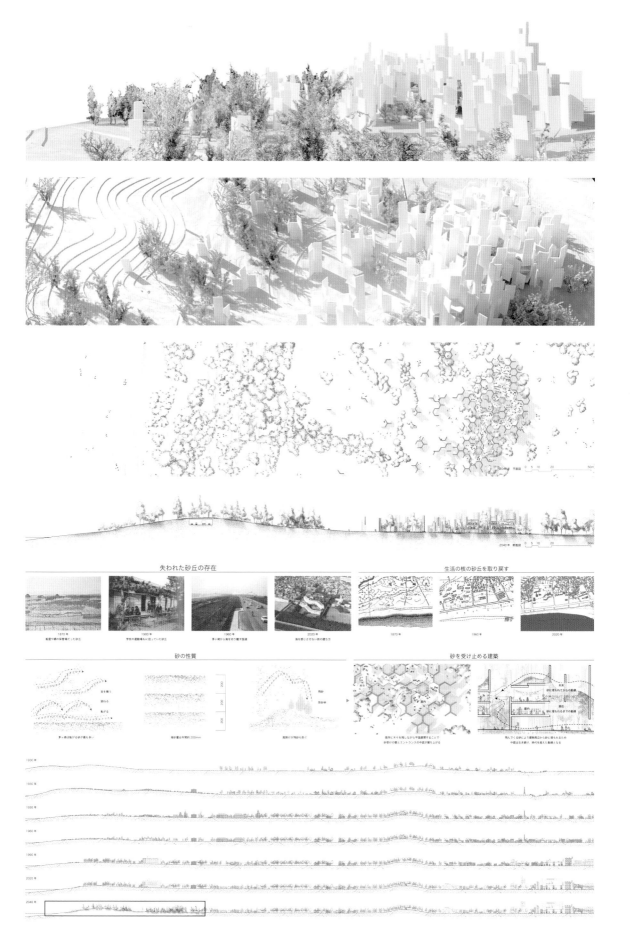

失われた砂丘の存在

生活の核の砂丘を取り戻す

砂の性質

砂を受け止める建築

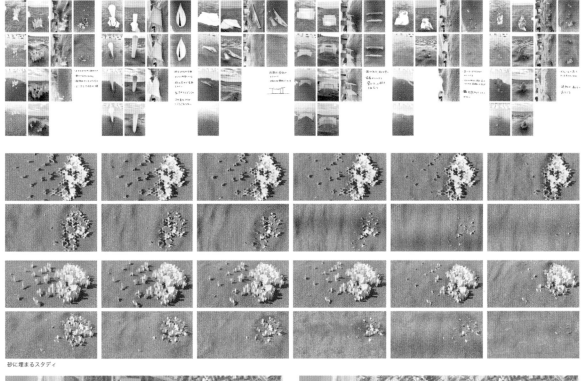

砂に埋まるスタディ

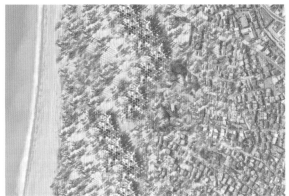

2020年　国道と公共施設が道をふさぐ

2040年　砂を受け止める街と海まで歩ける砂丘

質疑
応答

須崎 砂に埋まるという経過のタイムスパンみたいなものをどれくらいで考えているのかということが1点目、この建築の用途って居住施設ですよね、砂に埋まった場合にその居住の為の採光なり通風なりをどういう風に考えているのかという2点についてお聞きしたいと思います。

中野 使われない期間も含めて、埋まり切るまでのタイムスパンは約1億年です。中庭が動線になるのと同時に、たくさん開けているので通風と採光をきちんと取れると思います。

須崎 そうですか。もう一つ質問なんですが、よくこういった海岸線では防風林によって風や砂を除けるということがあると思うのですけれど、防風林との組み合わせは考えなかっ

たのですか?

中野 防風林は密でないと風除けにならず面積も取れないので、すごい密度で国道沿いに這わせていますが、もう少し後ろにセットバックして、建物と同時につくることで徐々に風を弱めながら砂を落としていきます。そのため防風林はもう少しまばらでいいと考え、防風林との組み合わせよりは、ここにきちんと存在しながら上手く住み分ける方向で考えました。

宮下 この砂浜というのは以前はかなり長いスパンで実際はつながっていたのですよね?これはずっと海岸線を埋め尽くすように建つものを想定しているのですか?

中野 はい。

宮下 他の防風林を残しながら、ここだけそういう砂でつながるようなパッセージみたいなものを砂によってつくろうとしているのはなぜかというところを聞きたいです。もう一つは、時間にもよるのかもしれないですが、高さというのはどういう風に設定しているのか教えてください。

中野 防風林と同様に、この幾何学系が海沿いにつくられる想定です。だから図書館といった機能が海沿いに全部ロックする形ですが、そういった公共施設をこのようにつくり変える想定です。高さは、壁しかない前方はとても低いのですが、徐々に高くなります。風の影響なども含めて、防風林で一度上がってくるのですが、また地上を這うように風

自然物のように立ち現れ消える

この建物は海沿いに建ち、海風に晒される。塩害対策として、無筋コンクリートで建てることを検討する。砂に寄り添いながら共にあり続ける。全て埋まるころにはこの建物も崩れてなくなる。

砂丘広場は昔の植生を残す自然の保管庫となる

時と共に風景へと変わる建築

周りが砂に埋まり、砂に潜るように入る玄関

が来て、その流れに合わせて適切な高さで砂や風を弱めながら、そこに落としていく高さで考えています。

松田 フラクタルや幾何学をベースに、全体的に詩的な風景をつくろうとしていると感じました。長い時間を掛けて埋まっていくというストーリー性も興味深く思います。そのうえで、中央部分には建築的な機能がある一方、離れた部分には建築的機能がないようです。これは風景をつくることが目的だったのでしょうか？ 目的は建築なのか風景なのか、どちらでしょうか。また、なぜ離れたところに機能がないモノリスみたいな形で建てているのか、その意図を教えてください。

中野 埋まっていく過程で、後ろの建物自体も同じように見えてくるはずなので、そことの兼ね合いも含めて、スタディのどの過程で見ても全部が同じように埋まっていくのは、この建物が植物的で良いと考えています。

松田 1億年というタイムスパンは長すぎるように思いますが、建築が少しずつ埋まっていくよう風景をコントロールしようとしているのでしょうか？ 同じように風景が見えるよう、調節している感じがしました。

中野 砂によって変わりますが、変わらない見え方があるということは意識しています。

石上 これが防風林の代わりに長く伸びていくので、結果的に、国道で隔てられていたよりも、まちと海をより隔ててしまう気がします。

そこはどう考えていますか？

中野 元々、茅ヶ崎は20mほどの高い砂山で、海が見えなかったので、自分の建物が砂に埋まっていくので砂の丘を越えていくように、「この先に海がある」という認識に戻れるといいと考えました。今は建物が見えていますが、徐々に埋まっていくので、「砂の丘がまた海に戻ってきた」という認識になると思います。

石上 砂による建物をアクティビティとして超えていけるものとして想定しているということですか？

中野 そうです。

5位

泥みとうつろい
ため池を介した共同体によるつくりながら住むまち

KSGP 21097　亀山 拓海　　福本 純也　　山本 晃城　　信木 嶺吾　　小林 美穂
Takumi Kameyama　Junya Fukumoto　Kohki Yamamoto　Ryogo Nobuki　Miho Kobayashi
大阪工業大学大学院 工学研究科 建築・都市デザイン工学専攻

　本提案は従来の福祉の概念を、"ケアの風景"と読みかえ、福祉を人と人でなく、人と環境の関係性から考える福祉とまちづくりの提案である。

　敷地は大阪府堺市の舟渡池。宅地や製造業、農地など複数のエリアが接しているが、ため池の周囲には柵がはられ、開発が進み、「生活」と「環境」の分断が加速している地域である。

　かつてこの地域では「生活用水」としてため池を利用していたため、ため池を維持する「かいぼり」が地域住民の協働によって行われていた。「かいぼり」は、水を抜き、堆積した泥を掻き出す1年を一つのサイクルとした作業のことで、発掘さ

対象敷地／大阪府堺市美原区舟渡池　埋め立てられるため池

れる副産物は市民の生活を支えてきた。

　しかし現在、「かいぼり」が行われないことで堤体の老朽化や貯水量の減少、維持不足による異臭、住居地域に接していることから決壊時の被害は甚大なものと考えられる。

　そこで「かいぼりのサイクル」に準じた、「境界にまたがる建築」を計画し、舟渡池周辺の「文化的な営み」と「風景」を季節の移り変わりの中で再編しようと考えた。

　周辺の農地には「コヤ」が多く見られ、つくりながら使いこなしていく空間が農地とため池の間に構築されておりそれらを建築のモチーフとした。初めに木造フレームをつくり、春夏の建築は地域でとれる建材が集積する余地を設ける。次にそのフレームに対し、泥／端材／ヨシ（雑草）の「かいぼりで得られる資材」、周辺産業の廃材などこの地域でとれる「エレメントの集積」によって仮設的で制作者を限定しない建築物が立ち現れる。たとえば泥は日干しレンガや土壁になり、染物はカーテンとして建築に付与される。こうすることで建築が地域の文化的な営みを纏う風景の一部となるだろう。

　そしてこのかいぼりによって生まれる建築は段階的につくられる。これには周辺リサーチによって得られる堺の教える教えられるという「師弟的関係」を利用する。美原区周辺に住むそれぞれの得意を持った「師匠」を抽出、活動の主体は農家から始まり、かいぼりによる副産物の還元を通して外国人労働者や障がい者といった、これまで交わらなかった人々がため池を介してつながる。

　周辺産業を巻き込みながら今日的な視点で、「ため池と農業のサイクルを再びリンクさせる」ことで、近郊農業から、地域のための農業へシフトする。

　小さな商いを重ね、大きな農業サイクルの形成により、堺のこれからの姿として「つくりながら住むまち」を目指す。そうすることで季節ごとに移り変わる共同体が形成される。「境界にまたがる建築」は人と環境の関係性が季節によって移ろう「能動的な共同体」を形成する。

　「福祉」とは暮らしと環境が一体化した「ケアの風景」であり、そのときの建築は文化的な営みを取り戻すプロセスを通した土壌なのではないだろうか。

ベッドタウン開発の過程において、家族同士の生活が生業と分離されることで家族でまかなっていた「福祉」は施設へと移っていった。しかし、対象者増加と担い手不足により施設だけでの「福祉」は限界点を迎えようとしている。

02 － 師弟的福祉による住みながらつくるまち － **URBAN CONCEPT**

その場でサポートの交換が完結しない関係性から双方向的な関係を構築する

個人の生業や趣味による小さな商いが折り重なり、大きな農業サイクルを形作ることを通じて、分断されている堺市美原区のこれからの姿としてのため池を中心とした「住みながらつくるまち」を目指す。

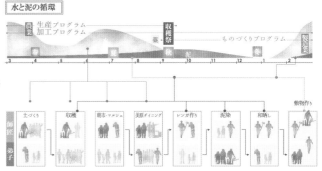

03 － 境界にまたがる建築 － **COMPOSITION**

農風景「コヤ」の再編

ため池周辺に見られた農作業小屋の空間を現代的に再解釈する。かつて農家はその木造フレームの梁などに器具をかけ、「コヤ」を作り、住居部と作業場を兼ねる空間として使用していた。それらをため池と周辺との境界にまたがる建築として提案し、周辺の農地や宅地とため池の関係を再構築する。

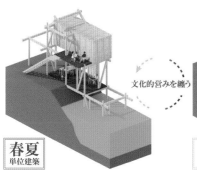

暖簾
屋根
土壁
カーテン
仮設家屋
デッキ
肥料

文化的営みを纏う

春夏 単位建築

秋冬 単位建築

夏朝 - 中心のやぐらは周辺産業の物流拠点となる。

秋夕 - 資材でつくる仮設の建築は、祭の舞台を創出する。

冬昼 - 土壁や注染という文化的営みが建築をまとう。

春夏期は発生する副産物は秋冬期のものづくりプログラムにおいて建築材料として使われる。周辺産業の廃材などこの地域でとれるエレメントが集積し修繕や模様替えといった行為が発生する。一度使った泥などは来季の農プログラムでの肥料として使う。建築は周辺の人々のコミュニティを纏うように、使用された地域素材から立ち現れる。

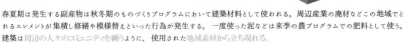

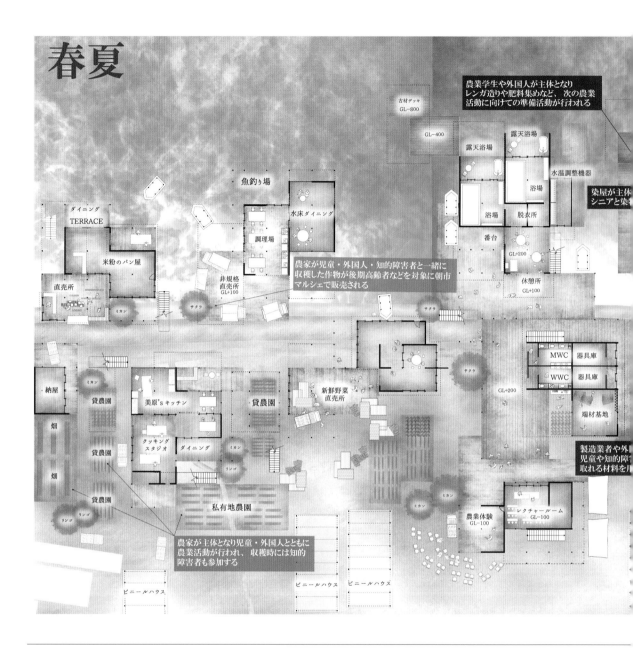

春夏

農業学生や外国人が主体となり
レンガ造りや肥料集めなど、次の農業
活動に向けての準備活動が行われる

古材デッキ
GL-800

GL-400

魚釣り場

水床ダイニング

露天浴場

露天浴場

水温調整機器

ダイニング
TERRACE

調理場

浴場

染屋が主体
シニアと染

米粉のパン屋

非規格
直売所
GL+100

浴場

脱衣所

直売所

番台

ミカン

サクラ

農家が児童・外国人・知的障害者と一緒に
収穫した作物が後期高齢者などを対象に朝市
マルシェで販売される

GL+200

休憩所
GL+100

サクラ

MWC

器具庫

貸農園

美原'sキッチン

新鮮野菜
直売所

貸農園

WWC

器具庫

納屋

ミカン

GL+200

畑

クッキング
スタジオ

ダイニング

ミカン

端材基地

製造業者や外
児童や知的障
取れる材料を

貸農園

リンゴ

畑

サクラ

貸農園

リンゴ

リンゴ

私有地農園

ミカン

ミカン

農業体験
GL-100

レクチャールーム
GL-100

農家が主体となり児童・外国人とともに
農業活動が行われ、収穫時には知的
障害者も参加する

ビニールハウス

ビニールハウス

ビニールハウス

質疑
応答

宮下 掻い掘りを地域コミュニ
ティや福祉コミュニティに置き換
えていくという着眼点はすごく面
白いと思ったのですが、今一つまだ建築の形
態がどこから来ているのかという点について
はよくわからないんです。写真は2枚位ありま
したけれども、あれに似たものをただつくろうと
しているのかな？結構立派な木材とかを使っ
てつくっているスケールのものも中にはあった
ような気がするんだけど……たぶんその辺で
採れるような木材では難しい部分があると思
いますが、デザイン上考慮されているのかな？
地域で採れたものを壁に使うとか、藁を使うと
か……そういうものはわかったのですが、建築
のフレーム自体も含めてあなたの提案性につ

いて説明してください。あと工法とか組み方が
特殊なのかとか、そういうのがあれば教えてく
ださい。

亀山 組み方は明快な構造として、ごみの
ような瀬戸際のものを掛けるだけで建築が
つくられているところをモチーフに、木造のフ
レームを新規で建てていく提案です。文化的
な営みを建築にも反映したくて、フレームに
営みが引っかかっていくイメージです。構築
的につくられるデッキや壁は周辺産業の廃材
などを得て、段階的に形成していきます。

石上 営みのシステム的なものはとても面
白いけれど、それをやる上でどういう建築かと
考えると、たとえば泥を塗るにしても結局足場
を組まないといけないスケールになる気がしま

す。だから、営みを補完する工夫が建築にあ
るのか。あるいはこのシステムを潤滑にする
提案がされているのか。建築の形態や工法な
どつくり方に工夫がないと、材料だけため池
から持ってきてどんなものでもつくれてしまい
ます。それを生活の営みとして簡単に合理的
にできる方法が、建築の提案の中にないとい
けない。

亀山 フレームは、道に面したところは人々
の営みが多いので1820のスケールを取り、
ため池と農地に広がるところは泥や端材の
運搬が考えられるので広く3640で取ってい
ます。

石上 それは一般論としてあると思うけれど、
誰でも簡単にできる方法が建築の設計の中

秋冬

古材デッキ GL-800
GL-400
陶芸室
GL+200
ティブ われる。
建材工房
染物工房 GL+200
(日用品・工作) GL+100
仮設倉庫
サクラ
で われる
土間空間 GL-100
ミカン
ールハウス

配置図兼1F 平面図 1:150　N

①春朝 - 散歩道や通学路である外縁は、核家族や単身者の朝食の場となる。

②春昼 - 農家の手伝いを子供や外国人が行うことで学童保育の場となる。

③冬夜 - 底を焼き、泥を浄化し、肥料を生産する場と火を囲むコミュニティを創る。

④手前 -1:100 模型　奥 -1:50 部分模型

に組み込まれていて、建築家や施工業者が入らなくても建築を組み上げていける、フレームや建築の提案がないとダメだと思います。

竹本　実際、農業って今周辺で行われているんですか? それとため池の関係というのは、賑わいということでため池が柵で入れないこととは別に、ため池と農業の関係は何か遮断されているのですか?

亀山　農業側は一方的に灌漑用水として引くだけで、ため池の汚染は見て見ぬふりという状態がフェンスから窺えて、掻い掘りは昔は農家も住民も共同で行っていたのですが、今はそういう共同体がありません。

竹本　その流れの中で、再構築するために、農家の人がどのように参画することがイメージされてこのような建物の構成になっていますか?

亀山　掻い掘りが行われなくなり始めた1970年代から美原区では都市郊外化が進み、掻い掘りの価値がわかるのは60代の農家の方々で、すぐにコミュニティができるとは想定していません。最初は農家と学生を通して還元され、段々と知り合い同士の関係ができて、農業にもメリットが出てきます。

松田　プレゼンが美しすぎて、審査員に期待させているものと、本人がつくろうとしているものが実は全然違うところにあると思います。建築そのものではなく、それをつくるフレームをつくろうとしているわけですよね? 住みながらつくるというフレームだけをつくってお

て、あとは自由につくっていくので、個々の空間でそれらが違った空間として現れてくる、そういうことをやりたいのかなと思いました。

亀山　建築単体でなく風景の中の一つとして、境界に位置するつくりにしています。

松田　それは現れているのですが、審査員が期待していた方向とはずれていることをどう捉えるのか。

石上　システムを提案するだけでは何も立ち上がりません。設計もできないし、フレームも含めて建てられないから、その方法が説明されないとダメだと思う。自由につくることができるシステムでもいいけれど、単純な営みの流れだけを提案されても、建築的な意義としては少し読み取りづらいです。

三陸の方舟
～大規模嵩上げ地における生業空間の提案～

KSGP 21001 千葉 大地 Daichi Chiba

東京電機大学大学院 未来科学研究科 建築学専攻

　2011年3月11日、祖父母が住む宮城県南三陸町が東日本大震災における津波の被害を受け、町は大きく姿を変えた。震災から10年が経ち、南三陸町では市街地を再興するために海沿いの町を約10m嵩上げする大規模な事業が行われた。この事業は人々に安全な生活を届ける事と引き換えに、かつて広がっていた「人と海と生業」が緩やかに繋がる美しい風景を忘れさせてしまうのではないかと感じた。本提案は、震災前、町に広がっていた漁村集落特有の魅力的な日常と、震災という大きな歴史の節目を、共に後世に残していくことを目的とした建築である。敷地である宮城県本吉郡南三陸町志津川地区は、養殖業が盛んで、直接海に出ない人々も「わかめの天日

対象敷地／宮城県本吉郡南三陸町志津川

干し」や「牡蠣の採苗器作り」を通して生業に携わる「海と町と人」が緩やかにつながる日常が広がっていた。しかし震災により、その魅力的な日常は姿を変え、「嵩上げ」により海と町との間に境界が生まれた。私はここに、嵩上げによる隔絶を和らげながら、「漁業に勤しむ大空間」と「町民が日常的に時間を過ごす空間」が緩やかにつながる建築を提案する。

　建築の全体構成として、再び津波が来た際に対抗するべくRC柱によって構成される「漁業に勤しむ大空間」を標準地盤面に敷き、その上に、人々が日常生活を過ごすための建築群を被せることで、日常的に人々が生業に触れる日常を生み出す。具体的な設計手法として、現在人の賑わいのある復興商店街から海岸までに存在する巨大な空地に約200mの一本の軸を定め、養殖業を水揚げから加工販売まで行うための適切な面積から「建築の規模」を設定する。歴史的な漁村集落の家屋や、かつて南三陸町に広がっていた町並みから、「生業と海と人」が結びついていた要因を分析し、それらを震災によって生まれた負の遺産である「大きな段差」を活用しながら、立体的に組み上げていく。この操作が建築形態を決定する事をルールとして「養殖作業場」

や「漁業組合事務所」、「温浴施設」や「集会場」などの「町民の活動と生業につながる様々な機能」に合わせ形態を決定していく。これらを、想定利用者動線や避難動線を基に配置していくことで、「生業の場」と「人々が安全に日常生活を送る場」、そして海と町が緩やかにつながり絶壁であった嵩上げの壁は、この建築によって人々の新たな生活の場となる。

　壁を削り、緩やかに海と繋がった地盤面には「水揚げ、加工、販売を行う生業の場」が広がり漁業の一連の流れが可視化される。それらの「生業の場」は、「漁師食堂」をはじめとした上階との「繋ぎ目」となる場によって、日常的に町の人々とつながる。上階には、「集会所」や「図書館」をはじめとした、「町の人々が集う場」が広がり、建築同士の間に生まれる路地には、かつての志津川のように、町の人々による生業が溢れる。それらの建築の立体的な重なりによって生まれる「展望台」は、津波到達高さである16mから海を眺めることができ、震災の記憶を継承する。この建築は、「震災と過去の美しい町の記憶」を未来に残す方舟として、町に馴染むものになっていく。

01. 背景

01-1 震災前「海と漁村集落が一体的につながる日常」

01-2 震災発生「津波被害により、海沿いの街並みは失われた」

01-3 現在「嵩上げにより町が造成され、利用する人々もいなくなった」

01-4 提案「8mの絶壁を緩やかに計画し、建築(人の居場所)と融合させる」

建築により海と街が連続的に繋がる

02. 設計手法

建築の規模を選定する　　過去の街並みを分析する

機能に合わせ建築化する　段差を活かし断面を計画

03. 全体構成

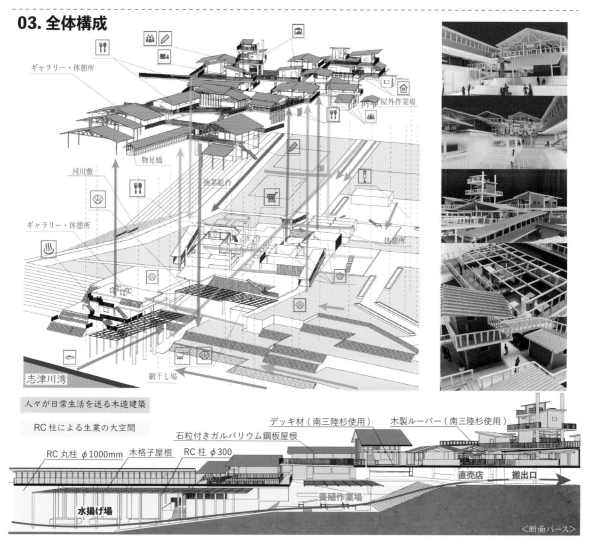

ギャラリー・休憩所

物見橋

河川敷

漁業組合

ギャラリー・休憩所

休憩所

屋外作業場

志津川湾

網干し場

人々が日常生活を送る木造建築

RC柱による生業の大空間

RC丸柱 φ1000mm　木格子屋根　RC柱 φ300

デッキ材(南三陸杉使用)　木製ルーバー(南三陸杉使用)

石粒付きガルバリウム鋼板屋根

水揚げ場　　養殖作業場　　直売店　搬出口

＜断面パース＞

質疑応答

塚本 新しい高台移転した居住地域はどこになっているんですか。どのくらい離れているんですか?

千葉 住宅街の奥で、海とはかなり離れた場所です。

塚本 だから、その近いところに商業施設や、公民館的なものがあるのですか? 左の奥は何て書いてあるの。震災移行施設?

千葉 震災復興の商店街があり、左の奥には震災移行施設があります。

塚本 それ何ですか?

千葉 津波に流されなかった建物が残っていて、見学できる施設になっています。

塚本 高台に住宅街と商業施設をつくり、低平地を嵩上げした部分には、作業場や倉庫をつくるという新しい全体計画の中で、ここに図書館や公民館をつくることのバランスはどう考えていますか?

千葉 まち全体として、過去にあった人々が集まる空間を再編したいと考えています。まちに必要な要素を集めて、安全な場所としてつくることで、人が集まる拠点として広がると考えています。

塚本 逆に言うと「さんさん商店街」もやめるということ?

千葉 商店街はものを買いに来るという目的があって、そこにいる人たちやバス停を利用する人たちが、日常的に利用できる空間を利用しに来るという流れを考えています。

塚本 さんさん商店街の店がこっちに来るということ?

千葉 商店街を利用しに来る目的ももちろんありますが、周りに別の目的で来た人も、日常生活を過ごせる場所をつくることで、まちともつながる建築にしたいと考えています。

塚本 ここは何世帯くらいあるところですか?

千葉 約5,000人が住んでいて、住宅街は南にもう一箇所あり合計で2,000世帯ほどです。

塚本 大きいところなんですね。

宮下 地域に住む中で見えてくるさまざまなシーンみたいなものは、一個一個がかなり詳細なデータから調べてつくられているという感

じは、先ほどの説明でわかったのですけど。一方で、全体としてのつくり方というか、どの様なまちの風景をつくろうと思ってつくっているのかという辺りを聞きたいですね。一見パッと見るとちょっと城郭っぽく見えたりするんだけど。全体としては、ずいぶん昔の漁村の風景とはかなり違う風景になっていると思うのですけれど、その辺はどんな意図を持って全体像を考えたんですか？

千葉 今までの漁村集落をそのまま復活させるのではなく、震災を受けて、自分なりに必要だと思った機能を持つ建築に対して造形みたいなものを反映させて、一度自分なりに解釈した後で、機能に合った建築をつくっています。今まではまちが平面的につながっ

ていたのですが、震災によって埋まった8mの段差という遺産をそのまま失くすのではなく、それを活用しながら空間と建築をつくることで、立体的な空間になりました。それにより立体的な動線が生まれて、このような形になったという経緯があります。

石上 段差をつくることで、陸と海との関係を取り戻すというところまではすごくわかります。段差をつくることで、逆に平地よりもよくなるというのが、具体的にどこを指しているのか。ランドスケープとして段差をつくっているところは、全体計画を見るとそんなに多くないですよね。一部の段差のところが、全体の計画に対してどのように及んでいるのか。もしくは段差と言っているのが、ランドスケープだけで

はなくて、建築の立体的な2階、3階にすることによって、何かをつくろうとしているのか。そこら辺を詳しく教えてください。

千葉 まちと海に場所的な断絶が生まれていることを問題と感じているので、段差を段々にしたいというよりは、まちと海までをひとつながりにしたい。そのため、一本の軸の中で段々にして、地盤が下がって、段々になっている地盤をカモフラージュではないですが、まだ段差があると思わせない意図もあって、シームレスに建築の上に上がれるようにするために、上にも段差がつながる形になって、結果的に段差を生む形にはなりますが、人の動線としては緩やかにまちと海がつながっている建築だと考えます。

7位

神秘なる邪魔者
～竹建築辞書を用いた里山再興～

KSGP 21121 原 良輔 Ryosuke Hara
九州大学大学院 人間環境学府 空間システム専攻

　放置竹林問題。かつて建築材として使用されていた竹は近代化による工業製品化、規格化の流れの中で排除され、現在では日本全国の里山で手が付けられないほどに繁殖し、邪魔者として扱われています。本計画では放置竹林に悩む集落を敷地に選定し、竹の登山道を計画します。登山道に沿って竹林業の生産プロセスを重ね合わせることで伐採から、運搬、製材、販売までの一連の流通システムを構築します。竹の建築材としての可能性にスポットを当て、日本中に竹を構造として竹建築が建ち、またこれまで放置竹林問題に悩まされていた里山の風景が変わっていくことを目指した提案です。

対象敷地／福岡県糸島市の小さな集落。間借りして住み込みながらフィールド調査を行いました。

　まず初めに、竹の事例を収集、分析し、3つの構成要素、7つの形態操作に分類、それらの組み合わせによる44個の竹の建築言語を作成しました。これらをまとめた竹建築辞書を手引きに本計画を行います。

　敷地は福岡県糸島市の小さな集落です。ご縁あって1年間この集落内のお宅に間借りして住み込み、よそ者でありながら1住民として地域の行事などに参加するなど、フィールド調査を行いました。この集落ではかつて林業を生業としていましたが、木材価格の低迷以降林業は衰退し、山は放置状態となりました。生命力の強い竹はどんどん繁殖し、竹に覆い尽くされた山は、子供たちが日常的に山で遊ぶ機会を失っています。将来的な森林管理の担い手を育てるという意味においても、山に入るきっかけづくりが必要であると考えました。

　竹の利活用が進まない原因として流通システムが構築されていないことが挙げられます。竹林の所有者の多くが高齢者の個人所有であるため、供給者から需要者までの流通システムが欠如しています。竹の利活用の拡大のためには流通システムの構築が不可欠と考えます。

　そこで登山客に人気というこの敷地のポテンシャルを生かし、麓の集落から山頂までをつなぐ竹の登山道を計画します。そして、その登山道に竹の生産プロセスを重ね合わせます。

　登山道は林業動線としても機能し、竹の伐採から運搬、製材、加工、販売までの生産プロセスに応じて竹建築辞書から引用した言語によって登山道の形態を展開させていきます。

　言語の反復によって建築へと展開させていくことで、更新され続ける竹の登山道は常に形を変え、使われ方によって増殖されていきます。

　竹の成長スピードは非常に早く、また劣化も早いため短いサイクルでどんどん更新していく必要があり、竹の登山道は住民の手間により更新され、管理されます。これまで使い道がなく放置されている竹の建材としての使い方を提示する登山道となるのではないでしょうか。

　1年間のフィールドワークから拾い上げた様々な要素から一本の登山ルートと3つの敷地を選定し、敷地周辺の要素に合わせて言語を選択し、設計を行います。

　ここでは製材後の乾燥、貯蔵という工程を束ね柱の間に横矢板のように積み上げることで行います。

製材で出た竹くずは焼却炉で竹炭になり、土壌改良剤として山に還元されます。

　登山動線、林業動線、住民動線の結節点である敷地に販売所を設計します。

　この販売所は地域のランドマークでありながら竹建築の発信拠点となります。

__貯蔵 × 間仕切り壁

竹は製材後、乾燥させる期間が必要である。そのため貯蔵乾燥の工程を間仕切り壁として建築形態に組み込んだ設計を行った。

__製材から焼却まで

竹の製材によって出る竹くずは焼却炉へと運ばれ、竹炭となる。その竹炭は土壌改良材として竹林の生育に還元される。

__動線による平面構成

林業動線と登山客動線を分ける。また、林業動線の中でも工程ごとにレベル差をつけることでゾーニングを行っている。

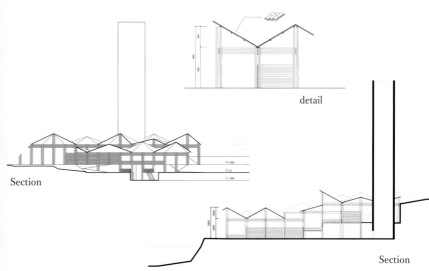

detail

Section

Section

__通路と大空間

この言語を連続的に配置していくことで、通路と大空間の二つのエリアに仕切ることができる。

__4つの動線

「登山客」「観光客」「市民」「林業動線」の四つの動線が混ざり合うため、動線の整理を行う。「販売所」「憩いの場」「広場」「登山道」によって構成される。

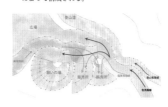

__変わり続ける形態

使われ方に応じて常に形態が変化し、住民の手によって更新、増殖させられていく。

Section

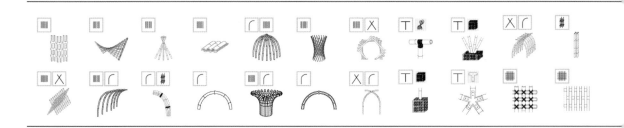

この敷地では、伐採した竹を枝打ち・玉切りという簡単な加工をほどこし、それらを組み上げるだけという簡易的な作業のみで作られます。

等高線に沿って最小限の造成を行い、竹組を挿入し山留壁としても機能します。

ここは森の中の静かな憩いの場となります。

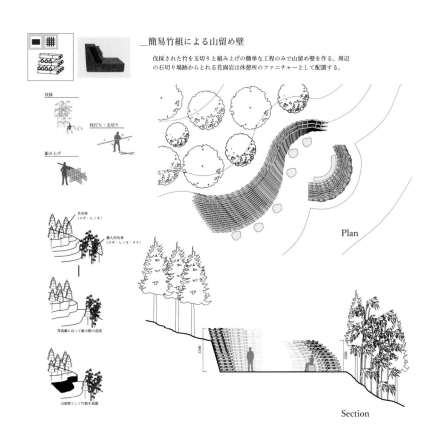

＿簡易竹組による山留め壁

伐採された竹を玉切りと組み上げの簡単な工程のみで山留め壁を作る。周辺の石切り場跡からとれる花崗岩は休憩所のファニチャーとして配置する。

伐採

枝打ち・玉切り

組み上げ

共有林（スギ・ヒノキ）

個人所有林（スギ・ヒノキ・タケ）

等高線に沿って最小限の造成

山留壁として竹組を設置

Plan

Section

| 質疑応答 | |

塚本 伐採時期は大体11月の第2、3週位から3月位までが良いと言われている。3月になると水を吸い上げ始めてしまうので。その辺のサイクルは、考えているのかな？

原 季節のサイクルはあまり考えていませんが、3〜5年で成竹になり乾燥で1年位です。竹の量と更新のサイクルを合わせることで、循環可能な竹の建築を考えました。

塚本 あと、糖分が多いので、抜かないといけないんだけど、そのやり方にもいくつかあって、川に沈めておくとか、表面を炙って出すとか。そういうのは興味ない？

原 バリの工房やヴォ・チョン・ギアの事務所にも行きましたが、いろいろな技術があ

るけれど日本ではそれをできる工場が少なくて、竹建築を布教するにはそこから始めていくのがいいと思います。

塚本 亜熱帯だと四季がないのでいつ切ってもそんなに変わらないみたいで、年中切れる。だけど日本の竹を建材として使うのであれば、腐らないように、虫に食われないようにする処理が欠かせません。里山でも農業には使ってきたけれど、建築の技術としては土地壁の下地の木舞に使うぐらいだったんですよ。農業で使う場合はバンバン毎年切って、2〜3年使ったら燃やす。竹の乾燥したやつは良く燃えるので、薪風呂などの着火剤だったと思います。農業の連関の中で使ってきた日本の里山の話を急に建築の連関の中で

使おうとするところに、野心を感じつつ、かなりの無理が生じているような気がします。……しまった、評価してしまいました。

須崎 提案としてはすごく明快で、それこそ竹を割ったようなデザインだと思うのですが、歴史的という部分へのアプローチに対して、どういう風に応えているのかというところをもう少し詳しく教えてください。

原 ここに住んで、集落が山を守り続け代々受け継いでいるという意識がとても感じられました。たとえば、デベロッパーが山を買い取って工場を建てる方法は合理的かもしれませんが、一集落の住民としては絶対に実現しないと思います。それこそ竹本さんみたいな方が住民を巻き込んで、住民の手で

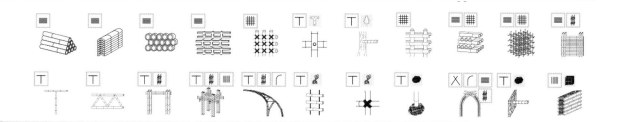

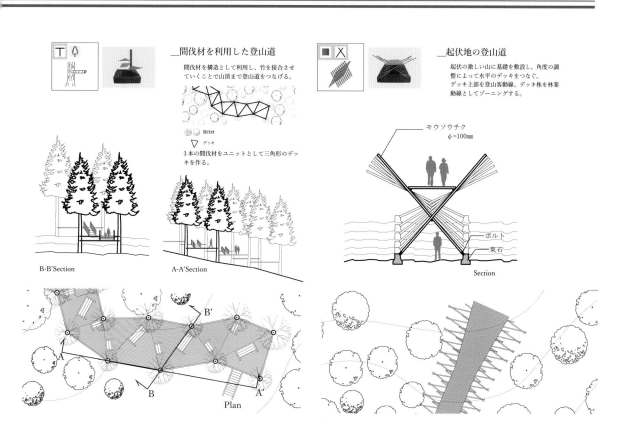

__間伐材を利用した登山道

間伐材を構造として利用し、竹を接合させ
ていくことで山頂まで登山道をつなげる。

3本の間伐材をユニットとして三角形のデッ
キを作る。

○ 間伐材
△ デッキ

B-B'Section

A-A'Section

Plan

__起伏地の登山道

起伏の激しい山に基礎を敷設し、角度の調
整によって水平のデッキをつなぐ。
デッキ上部を登山客動線、デッキ株を林業
動線としてゾーニングする。

モウソウチク
φ=100mm

ボルト
束石

Section

集落を美しい風景に変えられると思い、里山の風景をテーマにしました。

竹本 塚本さんがおっしゃっていたのは食の連関とエネルギーの連関、あと建築で関係しているところですと、建築の足場に使われていた、ということがあって。すなわち、実際、竹は建築にはほぼ使われてきていなかったところを、どう「歴史的」という文脈に合わせ、今まで連関が閉ざされてきたものを、途切れてきていたものを、どう紡ぎ直すのか、というアプローチだと思うのです。つまりその点で言うと、これは新しい事物連関をつくる、という提案だと思うんですよね。実際に今放置林になっている理由というのも、あまりに竹の成長が速く供給量が多いため、それへの需要量と全く合

致していない、ということなので、そこを合わせるとなると、建築にも使っていかないといった話があって、そこを技術的にもカバーする、その時にこのスケールだったら回りますねという話にまでなってくると素敵だと思うので、ぜひその整理もしてもらえると嬉しいです。

松田 「竹建築辞書」は辞書をつくりたいのか、建築をつくりたいのか、あるいはそのシステムをつくりたいのでしょうか？ 3つがつくられていますが、辞書的には本当は44の建築がつくれますということですよね。3つのコンポーネントと7つのオペレーションが組み合わされているのはわかりますが、なぜ44の手法なのか、ここでロジックがジャンプしていると思いました。44の手法からの帰納的手法か、3と7

から出てきた演繹的手法かがわかりませんでした。なぜこういう辞書になったのでしょう。

原 竹建築を実現するための建築操作や手段について、これまでの事例をまとめたのが竹建築辞書です。これを手引きとして集落に持ち込むことで住民の手で更新できると思いますし、この登山道が登山客にとってモデルルームのように、いろいろな竹の建築手法を見ながら竹建築を発信できればと思い、辞書が必要になると考えました。

松田 44をどうやって導き出したのですか？

原 既存の事例を集めて分類しました。

松田 帰納的なのですね。この辺りの説明はプレゼンには特になかったんですよね。

原 はい。

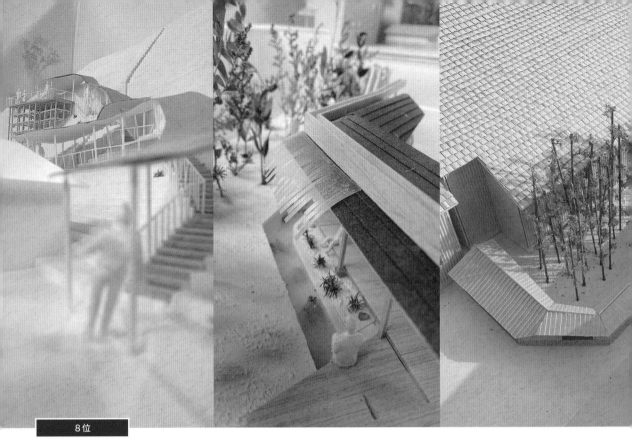

金沢町物語
旧町名の痕跡から現代における場の形成を考える

KSGP
21003
佐々木 智哉 **Tomoya Sasaki**
金沢工業大学大学院 工学研究科 建築学専攻

戦後日本の都市は近代化に伴い固有性を失いミニ東京化が進められた。合理化、経済性という大義名分が街の固有性を次々と蝕んでいった。金沢もそんな街の一つであった。しかし、金沢は戦火、震災の被害がなかった為、藩政期以降の街並みが今も残っている。さらに金沢城の史跡整備、暗渠化された用水の開渠化など時代の流れと共に失われてきた文化遺産を取り戻すための取り組みを行ってきた。その結果、金沢城の石垣や惣構跡など藩政期当時の痕跡が今も街に残っている。

旧町名も時代の流れと共に失われたものの一つである。 昭和37年の住居表示法の施工によって300を越す町名が次々と消えた。国のモデル都市に選定された事が拍車をかけ、多くの地名が無機質な数字の羅列へと置き換えられていった。

旧町名からは、名付けられた藩政期当時の町にあったものを知る事ができる。町名の由来となったものはその町の固有性と言い換えられる。特定の町では、今も尚、由来となった町の固有性が痕跡として残っている。しかし、私たちはそれらの痕跡に気を止める事なく生活している。これらの痕跡もまた時代の流れと共に失われていく可能性を孕んでいる。

本提案では旧町名の由来となった町の固有性に着目し、痕跡を現代のスケールに合わせつつ顕在化させ、再び認知できる、場の形成を行う。痕跡を頼りに自分たちの住む町の歴史を認知出来ることは金沢だからこそ出来ることであり、これは私達が長い時間軸の中で暮らしていることを実感させる。生活の中で過去にふと思いを馳せる。時間軸をイメージして暮らすことの出来る街は非常に豊かである。

Site1「旧桜畠」：旧町名の由来となった桜の木を健在化させる。ここは金沢城からの眺めを良くするため擁壁沿い一体に桜の木が植わっており、それが町名となった。しかし、現在は数本しか残っていない。また近づく事が出来ない為、桜と市民の生活を繋ぐ動線と広場を設け桜が生活の中に入り込むよう計画した。

Site2「旧百々女木町」：旧町名の由来となった水の音を健在化させる。ここは辰巳用水が分流し源太郎川が流れていた。その流れが急で水が岩肌にぶつかる音が轟いていた事が町名となった。しかし、現在、川は暗渠下され、水量は減り、耳を済まさないと聞くことは出来ない。揚水水車で水を屋根面へ引き、樋を通して水を落とすことで水の轟きを発生させる。

Site3「旧笹下町」：旧町名の由来となった竹林を健在化させる。ここは一体を竹林に覆われていたおり、それが町名となった。しかし、現在は竹は疎らになり、雑木林のようになっている。また、無機質なブロック塀に囲まれ、市民の生活からは切り離されてしまった。そこで、雑木林は竹林の庭へと整備し、開放する。市民の居場所をつくるようにブロック塀を土塀に置き換え、屋根を引き伸ばし寄り付きを良くした。

これらの町の由来となった痕跡を住民の生活に合ったスケールで健在化させる事は、住民が生活の中でふと過去に思いをはせ、時間軸をイメージさせるきっかけをつくることが出来る。と考える。

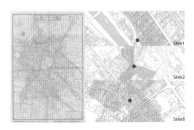

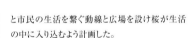

01　失われた文化遺産

戦後多くの日本の都市は近代化に伴い固有性を失い、ミニ東京化が進められた。合理化、経済性という大義名分が街の固有性を次々と蝕んでいった。金沢もそんな街の1つである。しかし、金沢は藩政期から戦火、震災の被害が無かったため、藩政期以降の街並みが今も残っている。文化遺産を取り戻すための取り組みを数多く行なってきた。
その結果、藩政期当時の痕跡が今も街に残っている。旧町名も時代の流れと共に失われてたものの1つである。住居表示法の施行によって300を越す町名が次々と消え、無機質な数字の羅列へと置き換えられた。

02　旧町名復活運動

町名改正以前市街図　　　現在の地図

旧町名復活運動とは旧町名の復活を推進することにより、地域における住民相互の連帯意識の醸成及び住民によるまちづくりの活性化を図り、良好な地域社会の形成に資する事目的としています。平成11年の主計町を皮切りに現在までに25カ所の旧町名が復活しています。

03　金沢の旧町名

旧町名からは、名付けられた当時の町に何があったのかを知る事ができ、町名のほとんどは藩政期に由来する。旧町名の由来となったものは、それぞれの町の固有性とも言える。特定の町では、今もなお由来となった固有性が痕跡として残っている。しかし、私たちは痕跡に目を向けることなく生活している。それらの痕跡もまた、時代の流れと共に失われていく可能性を孕んでいる。

04　提案

本提案では、旧町名の由来となった町の固有性の中でも今に消えてしまいそうな痕跡を対象としもう一度認知できるよう、現代と過去を繋ぐ架け橋のような新たな場の形成を行う。痕跡を頼りに自分たちの住む町の歴史を認知することは、金沢だからこそできることだ。これは私たちが長い時間軸の中で暮らしていることを実感させる。生活の中で現在から過去にふと想いを馳せる。時間軸をイメージし暮らすことのできる町は豊かであり、自分たちの町への愛着や誇りにつながると考える

令和の町に残る痕跡をきっかけに藩政期の町の風景をイメージする

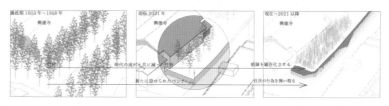

05　由来の採集と分類

本提案では、「金沢市歴史のまちしるべ案内」に記載されている165の旧町を調査対象とする。165の旧町の由来を図化し、由来となったものを[①武家に由来するもの]、[②職業や役柄にまつわるもの]、[③地形や方角に帰するもの]、[④雅名や寺院に帰するもの]、[⑤他都市によるもの]、[その他]に分類し、実際に町を訪れ、由来となった痕跡の有無を調査する。

06　金沢に残る旧町名の痕跡

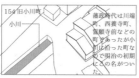

旧桜畠—桜を顕在化させる広場

桜につづく。

旧百々女木町—音を顕在化する屋根

水車が水を屋根へと引き上げる。

旧笹下町—竹林を顕在化する土塀

連続変形屋根が人の寄り付きの場をつくる。

質疑応答

石上　3つ敷地がありますが、元々あった竹藪や桜のエリアのスケール感というのは、元々のものを復元するようにつくっているのか。それとも今のまちのスケール感に合わせて、何かしら工夫して新しいスケールを決めているのか、どちらですか？

佐々木　まず桜の部分になるのですけれど、上側の部分に擁壁に合わせて桜の木があったのですが、今ここは2本しかなくて、それをつなげるようになっています。そのため、ここは当時のようにもっと桜の木を植えるのではなくて、今の状態を保ったまま設計しています。それから竹の部分に関しては、この辺り一帯というのがどこまでが竹藪であったの

かという部分が、調査ではわからなかったので、今残っているお寺の裏というのを今のスケールに合わせています。

石上　スケールを変えるのはいいと思うのですが、植えられている竹や桜というのは、どちらかというと周りの建物や土塀といったもの、新しくつくっている通路みたいなところに、何となくスケール感として負けていて、環境をつくっているというよりは、建物をつくっている印象のほうが強くなっている気がします。何か環境として復元する、再現することはとても重要だと思うのですが、その辺りで今の街並みと新しい提案としてのスケール感が、どのように考えられて導かれたのかというところが知りたいです。どういう意図で新しいスケールを決め

たのか。町名から思い浮かべられるのは、おそらく風景とか、昔そこにあった環境といったものだと思うのですが、そういう意味では、昔の環境をここに再現することがとても大事だと思います。それが昔のままでなくてもいいと思うのですが、今の街並みに合わせて、どのように昔の環境を再現しようとしたのか、スケール感など、工夫したところを教えてください。

佐々木　まず土塀に関してなのですが、スケール感としては、金沢に残っている土塀というものからまず、そのスケールから持ってきています。

石上　それは竹林や桜とか、水とかのスケールではなく、建物のスケールということですか？

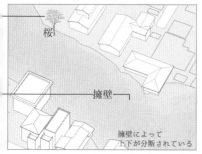

擁壁によって上下が分断されている

桜

擁壁

擁壁の上下に立ち並ぶ家の間から桜へと続く動線を計画する。高い建物が増え、金沢城から桜を見つけることが今はもう出来ないため桜を新たに植える事はせず、今ある桜のみにスケールダウンする。動線には屋根をかけ階段を上がって行く途中に桜を見せたり、隠したりと変化を与える。展望台からは金沢の街並みを見る事ができ、春には桜を間近に見る事ができ藩政期からの桜の幹の太さ大きさを感じられる。

展望台1から金沢の街並みを眺める

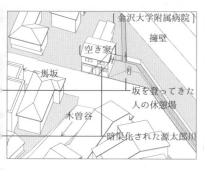

[金沢大学附属病院]

擁壁

空き家

馬坂

坂を登ってきた人の休憩場

木曽谷

暗渠化された源太郎川

馬坂と木曽谷へ続く道の交点に水の音を健在化せた東家を計画する。水の音を新たに発生させるために源太郎川は開渠化し、水車を使って屋根面に水を引き上げる。引き上げた水を樋を通して屋根面から再び落とすことで藩政期のような水が岩肌に当たる新たなサウンドスケープをつくる。休憩に立ち寄り、心地良い音でいつの間にか時間が立ってしまう。藩政期から絶えず続く水の流れ、感じることができる。

道の交点に生まれた東家では会話がうまれる。

屋根から水が流れ、水に落ちる際に音を立てる

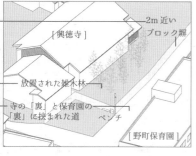

[興徳寺]

2m近いブロック塀

放置された雑木林

寺の「裏」と保育園の「裏」に挟まれた道

ベンチ

[野町保育園]

お寺と保育園の裏に挟まれた道とお寺の裏に竹林と土塀を計画する。訪れると風で揺れる竹の音が聞こえる。竹林は住民に対し庭として開く。土塀に開けられた開口が道を歩く人に対して竹林の風景を切り取る。開口で切り取られた竹林の風景は藩政期と変わらないのかもしれない。土塀と変形やねでつくられた居場所では井戸端会議が行なわれている。今まで目を向けられてこなかった竹が心地よい居場所を作る。

ベンチには人が溜まり、開講越しに竹林が見える。

白漆喰壁が竹林の緑を際立たせる。

佐々木 竹林のスケールは……。

林野 後でもう一度出てきてもらう機会があるので、その質問はここで終わりにしましょうか。次の質問をお願いします。

塚本 町名は大事だと思います。そこに桜が植わっていただろうと。それから城と関係がある。それから、笹があったということは湿気ていた。笹は地面の下の条件、水の流れとか、そういうのと関係する。つまり町名に注目するということは、場所の生態系に思いを馳せる良い入口だと思う。今は都市化して見えなくなっている、物事のつながり、自然の条件、地形的条件が見えてくる。元々その土地は、笹が優勢になるような場所であったが、近代以降の都市開発の中で、笹の自由な振る舞い

はロックされていて、名前だけが残っている。それをアンロックして地名にふさわしい場所と使い方を考えていくと、現在の経済論理による都市開発とは違う、生態学的なアプローチから環境を整えていく可能性を示せる。そういう話を聞きたいなと思って、プレゼンしてもらうことにしました。桜畑の話も、2本しかないと言うけれど、そうであれば桜畑と言える本数まで増やさないのかなと思ったりしました。

林野 塚本先生はこの佐々木さんの案にお一人だけ3点を入れてくださって高評価されていたので、温かい質問だと思いますが、後ほど、今の質問と石上先生の質問に答えていただきたいと思います。

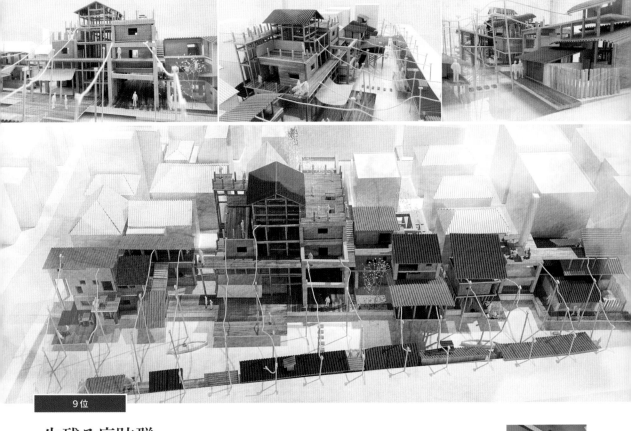

生残る痕跡群

品川浦に残る増改築の形態を継承した都市に現る開拓式水辺建築

KSGP 21092 林 眞太朗 Shintaro Hayashi

神奈川大学大学院 工学研究科 建築学専攻

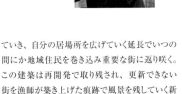

　東京都品川区にある品川浦船溜まり。ここはかつて漁業を生業とした集落として活気溢れ、大きな賑わいを見せていた街が存在していた。しかし、現在では漁業としての機能の活用はされておらず、街と水辺の関係は損なわれている。漁村集落特有のセルフビルド・生活における増改築たちの手垢が生き続けている中、大規模のオフィスビルが周囲に立ち並び、リニア中央新幹線建設に伴い重点検討区域とされ、今後は水辺観光地を目標に再開発を控えている状態である。周辺には空き家や半壊された建築が多々存在し、ここが漁村集落として栄えていたことを知る人々は少なく、忘れ去られた街となってしまった。

　現代の都市において、地域に根付いた歴史や伝統、記憶を壊していくように建て替えられた高層マンションや再開発事業など建設の機械化によって "建てること" と空間を "使うこと" が分裂し、街の表情や面影などが失われている。

　そこで、再開発で消されてしまう、街が作り上げてきた増改築の面影を残し、小さな痕跡の集積で街を再編することを目的とする、住民が開拓していく建築を設計する。

　あらゆる環境に合わせて先代が作り上げた、家具より大きな建物のより小さい構築物である漁村集落の増改築痕跡を分析し、形態として扱い設計に昇華させていく。増改築の痕跡が建築化し、蓄積することで人々や街の履歴となる。

　この建築は取り残された街を塗り替えるのではなく、元漁村集落であるオーナーから始まる4つのフェーズで構成した段階的に開拓していく建築を目指した。

　フェーズ1では、オーナー個人で空き家をカスタマイズし、プライベートな建築として拠点をつくりながら、大きな水上デッキを設え、地域住民と関わるきっかけをつくる。

　フェーズ2では、街のシンボルとなる展望台や作業場を設え、活動の拠点を広げる。川を横断すると現代の都市では見受けられない活動が伺え、頂上に位置する展望台では街の風景を見渡すことができる。

　フェーズ3では、親水空間の拡張を目的とした元漁師が教える船小屋や地域住民と育てていく庭園など、地域住民との共同エリアを設えた。

　フェーズ4では、ゴミを燃料とした焼却炉と風呂小屋を設計し、オーナー個人の建築ではなく、地域住民を巻き込んで運営していく建築群を考えた。

　このように一個人のオーナーが段階的に開拓していき、自分の居場所を広げていく延長でいつの間にか地域住民を巻き込み重要な街に返り咲く。この建築は再開発で取り残され、更新できない街を漁師が築き上げた痕跡で風景を残していく新たな更新の仕方を目指した。

対象敷地／〒140-0002

東京都品川区東品川　品川浦船溜まり

消えていく建築の痕跡を残し、返り咲く居場所

　面影を残し存在する痕跡の集合体は、街そのものを表現している。本計画では合理性が先行され建設の機械化が生じ、街の表情を塗り替えてしまう再開発の存在と街に流れる時間において蓄積された増改築の痕跡がお互いに協力し合いながら一緒に存在する場所を計画していくことを目的とする。

痕跡を落とし込む設計手法　街に点在する増改築構造物

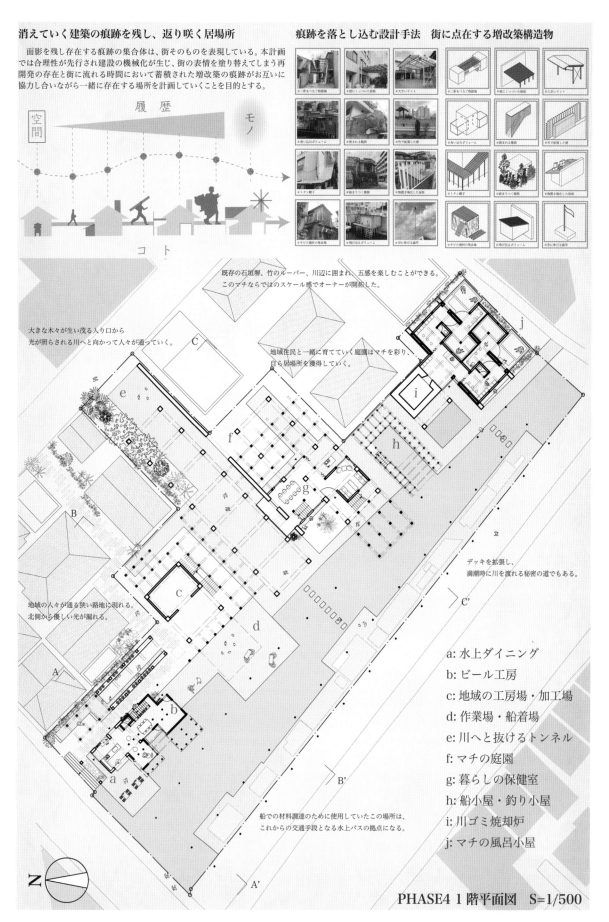

既存の石垣塀、竹のルーバー、川辺に囲まれ、五感を楽しむことができる。
このマチならではのスケール感でオーナーが開拓した。

大きな木々が生い茂る入り口から
光が照らされる川へと向かって人々が通っていく。

地域住民と一緒に育てていく庭園はマチを彩り、
自ら居場所を獲得していく。

地域の人々が通る狭い路地に現れる。
北側から優しい光が漏れる。

デッキを拡張し、
満潮時に川を渡れる秘密の道でもある。

船での材料調達のために使用していたこの場所は、
これからの交通手段となる水上バスの拠点になる。

a: 水上ダイニング
b: ビール工房
c: 地域の工房場・加工場
d: 作業場・船着場
e: 川へと抜けるトンネル
f: マチの庭園
g: 暮らしの保健室
h: 船小屋・釣り小屋
i: 川ゴミ焼却炉
j: マチの風呂小屋

PHASE4 1階平面図　S=1/500

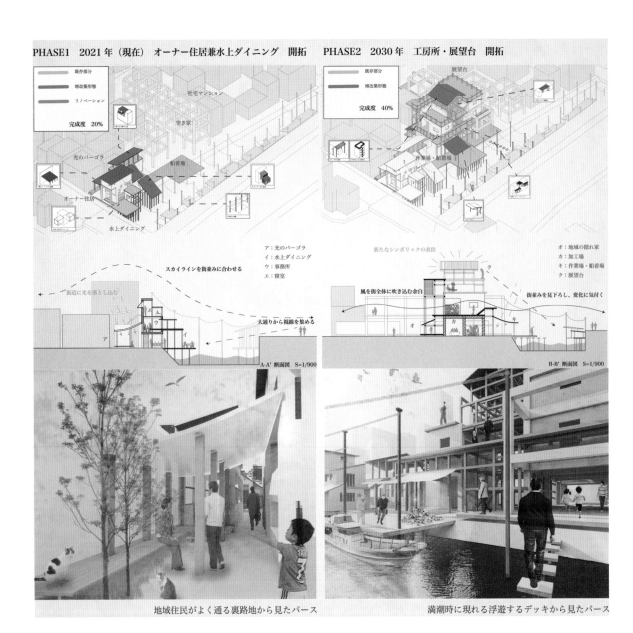

PHASE1　2021年（現在）　オーナー住居兼水上ダイニング　開拓　　PHASE2　2030年　工房所・展望台　開拓

地域住民がよく通る裏路地から見たパース

満潮時に現れる浮遊するデッキから見たパース

質疑応答

宮下　一つひとつのフェーズのタイムスパンというのは、10年くらいになるのかな？

林　10〜20年くらいです。

宮下　その間、そこには何があると考えたらいいのでしょうか？ そこには何もないのか？ 元々のものが残ったままそれが変わっていくのか？ 最後に見せている模型が最終形であることはわかったのですが。その辺がパネルを読んでもわからなかったので教えてください。

林　開拓してフェーズ1では住民が住んでいる想定で、裏路地といったところも地域住民がよく使います。

宮下　残りのフェーズで、今あるものがそのまま残っていくのか？ それとも壊しながら進め

ていくのか？ 建物の関係性について今ここではほとんど語られていないのでよくわからなかったんです。必要な時が来たら隣を潰して、そこに新しい痕跡で残しながら、新しいものを建てていく……という提案ですか？

林　壊しながら、新たに付け加えながら建て直していきます。

宮下　今ある建物と何か関係していたデザインはあるのでしょうか？

林　対面している小さな建築があって、そのスケールに合わせながら設計しました。

塚本　まだわからないんだけど……、本当にそこにあったような雰囲気で、そんなに変わらないスケールのものをつくっていくということなら、今のままでいいんじゃない？

林　そうですが、この写真のように誰も住んでもいません。

塚本　誰も住んでいないの？

林　少し崩壊している部分もあるので、そこを修繕していきます。

塚本　木造のスケルトンを残してきちんと補修して、新しく住む人を募集するのではないの？ わざわざ壊してつくり直すことの意味は？

林　実際に現地に行って、元漁師の人たちが集まっている場所を見て、元々その人たちが活動する拠点であった場所をもう一度現代に再現していくことで……。

塚本　漁師がそこに暮らすようになるということ？

林　それを想定しています。漁業権はな

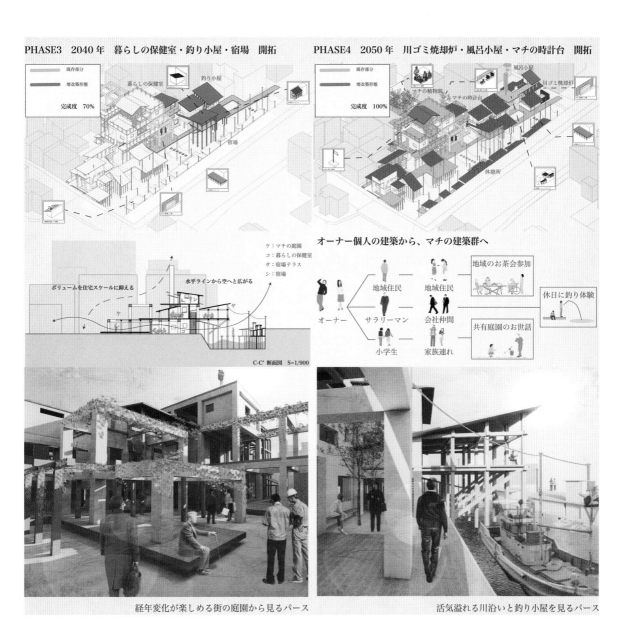

PHASE3　2040年　暮らしの保健室・釣り小屋・宿場　開拓

既存部分
増改築形態
完成度　70%

暮らしの保健室　釣り小屋　宿場

ボリュームを住宅スケールに抑える　　水平ラインから空へと広がる

ケ：マチの庭園
コ：暮らしの保健室
サ：宿場テラス
シ：宿場

C-C' 断面図　S=1/900

PHASE4　2050年　川ゴミ焼却炉・風呂小屋・マチの時計台　開拓

既存部分
増改築形態
完成度　100%

風呂小屋　川ゴミ焼却炉
マチの植物園　マチの時計台
休憩所

オーナー個人の建築から、マチの建築群へ

オーナー　地域住民　地域住民
サラリーマン　会社仲間
小学生　家族連れ

地域のお茶会参加
休日に釣り体験
共有庭園のお世話

経年変化が楽しめる街の庭園から見るパース　　　　　　　　　　活気溢れる川沿いと釣り小屋を見るパース

いので、新たに地域に開放できるようにプログラムとして段階的に組んでいく計画です。

塚本　段階的にやる意味は？

林　この提案は再開発で更新していく方法への批判でもあるのですが、仮囲いで利用できないところを自分は不思議に思っていました。増改築の痕跡という土地の仕組みを知りながら、組み立てていく作業でもあると思っていて、それをしていきながら、オーナーや地域の人が関わっていける場所をつくりながら開いていくことを目指しました。

塚本　漁師さんたちが活動できるところに、いろいろな人が入れるようにしつつ、まちの雰囲気は変えないということかな。

林　最初は漁師さんだけですが、フェーズ3から庭園や釣りができる場所を拡張していく想定で、徐々にまちに浸透していく建築をつくっていきたいと考えています。

松田　要するに手法を残そうとしたのではないですか？「痕跡に名前を付ける」とありますが、名もなき手法全てに意味を見出そうとしているので、どうしても玉石混交になる気がしました。今ある痕跡に意味を見出して残し、その増改築手法を残すということですよね。ただ、なぜ29の痕跡を残せば良いか、その理由が明確になっていない気がします。良い手法もそうでないものも、重要さに関係なく残していけば良いのでしょうか？

林　現状ちらほら増改築の跡が存在していますが、その名残りみたいなものがなくなっているので、スケールを徐々に合わせていきながら建築を考えます。

石上　一度骨組みの状態に戻したり、いったん壊して、新しく増築的につくっていくようですが、なぜやらなくてはいけないのかな？　今の状態を残しつつ、壊しつつやっていけばいいと思います。

須崎　水上にあるデッキのような工作物はインフォーマルなのかという点に関して、インフォーマルな既存の法制度では排除されるようなところを残したいとか、何かこう枠組みを超えた形で更新したいような着眼点があって、それが漁村集落の特質を反映しているのだとすれば、それはそれで意味があるのかなと思いました。

10位

蘇る器
東京産の建材を用いた設計より

KSGP 21193 　藤田 大輝 Daiki Fujita
日本大学大学院 理工学研究科 海洋建築工学専攻

大量消費がつくる

社会江戸時代以前は何でもリサイクルしていたが、現代社会は埋立地を造ることでどんなものでも大量消費ができるようになり、自然に還りにくい物質も造り続けられるようになった。このことは建築でも同じことが言え、森林伐採し建材として使用され建物を造っていくが老朽化すれば解体され再生できない物質は埋立地に積み重ねられていく。いわば使い捨てである。

暮らしの更新と埋立て限界

高度経済成長からバブル景気にかけて開発されたマンションは物理的な老朽化を迎え、解体を待つばかりである。今後、人口減少に伴い空き家率が増加すると予想されている東京都の埋立て計画では約50年後に限界を迎え、都市が大

対象敷地／東京都中央区佃一丁目

量の廃棄物で溢れかえる。しかし、その後の未来は提示されていない。

循環型ビルドbyスクラップ

現代社会の大量生産では再利用したものであっても最終的に埋立地へ廃棄物が投棄される仕組みである。産業廃棄物が土や木のように何度も利用できる建材に置き換えられ、解体・再構築を繰り返す「ビルドbyスクラップ」と名付けた更新手法を用いることで徐々に新たな建築へ形を変え分解された土や木は自然に還元させる。

タワーマンションが更新を迎える

臨海部の都市開発の最前線である東京都中央区佃はタワーマンションの物理的な老朽化と新たな循環可能な暮らしに変わる時期を迎える。計画敷地はシンボルとなる新たな循環型都市のあり方を提示するには相応しい場所である。

埋立てにより造成された町

人口増加により佃周辺の洲を形成されていた場所でゴミを埋立て処理する従来の処理方法が採用される佃は廃棄物を埋めるために造られたのが始まりである。1673年江戸時代初期には生ゴミを空き地や堀、川への投棄が日常的に行われていた。そこへ埋立地ができ、ゴミが1ヶ所に集められるようになる。1853年には、埋立地が

人々の生活する拠点となり、漁業や工業などの産業が発展していく。すると土地が足りなくなり、再び埋立てを行う。2021年には、産業が衰退し再開発が行われる。しかし、建物の物理的な老朽化に伴い空き家率の上昇や暮らしの変化に対応しきれない。今後、再再開発が行われるエリアである。

時間と共に移ろう空間と機能

Phase1（2020～）蓄積と構築：都市から排出された廃棄物と植生する木を用いて解体したタワーマンションに再び空間を構築する。廃棄物は一時的に敷地内に蓄積され、4つの空間構成要素に分けられ再建材化され構築する。

Phase2（2040～2060）分解と循環：建材化された廃棄物は段階的に循環しやすい形へ分解され自然に還る。タワーマンションは徐々に高さを減少させ、形成した山にはPhase1で構築された空間の解体・再構築が繰り返され風土に適した形状へと変化していく。

Phase3（2070～）生成と供給：生業が生まれ野菜や濾過水は都市に供給し、肥料は自然へ還元される。平常時、肥料を作った発酵熱を利用し建築に温水を供給する。また災害時、貯水層の水を活用し生活水の確保が可能である。

自然を埋立て経済成長を優先してきた都市の現状

都心の人口増加に伴い、生活ごみや産業廃棄物により造成してきた人工島に多くのタワーマンションが建設された。今もなお東京湾に造成しており、東京都最後の新海面処分場は残り50年で埋立てを完了する。戦後以降、飛躍的な経済成長を遂げ日本の基礎を支え続けたことにより、自然と都市は乖離し、江戸時代のような循環型都市の姿は失われてしまった。

未だ更新手法が確立されていないタワーマンション

再開発事業として1980年代に建設されたタワーマンションは竣工から30年経過し、今後更新時期を迎える。15年ほどの周期で大規模修繕を実施するが、次第に住む世代も生活習慣も異なり大規模修繕や建替えが困難になる。このような状況下にも対応できる新たな更新手法を確立することがタワーマンション建替え時には必要不可欠となる。

Phase1(2021〜)蓄積と構築

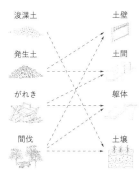

主に使用される土は粒径と有機物の有無により区別され、その建材に最適化された廃棄物を活用する。

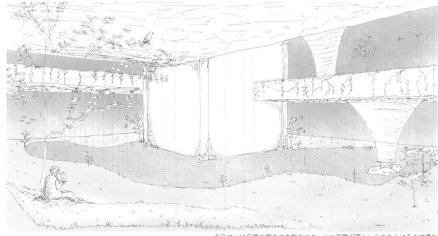

タワマンは自然の樹木や生物のスケールに空間が落とし込まれ人はそこで嗜む

Phase2(2030〜2060) 分解と循環

役目を終えた材料を再利用し、段階的に循環しやすい分解する。生活を潤す資源へと生まれ変わり自然へと還る。

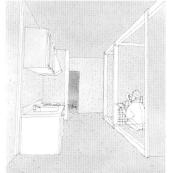

解体、構築を繰り返し新たな風土に馴染む建築が生まれる

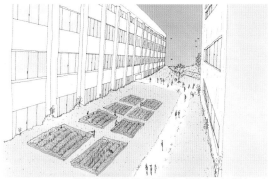

学校の空き教室が増える、土を盛ることで必要なボリュームに適応していく

Phase3(2070〜) 生成と供給

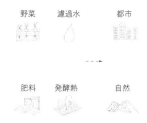

都市で新たな生業が生まれる。都市を拠点とした自然の循環サイクルが自然や都市へ供給し始める。

Plane GL=+24,000mm(地上階)

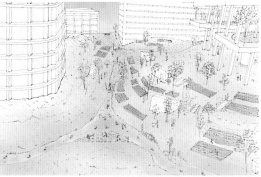

谷から水が染み出て自然な小川を形成し隅田川へ注ぐ

更新手法：循環型ビルドbyスクラップ

現代社会は再利用されたとしても最終的に埋立地に戻ってきているため循環できてはいない。建築が土や木のように何度も利用できる建材に置き換えられ解体・再構築を繰り返す。すると、都市は再び自然の循環サイクルに則して成長し始める。

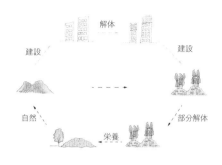

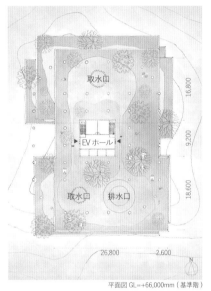

平面図 GL=+66,000mm（基準階）

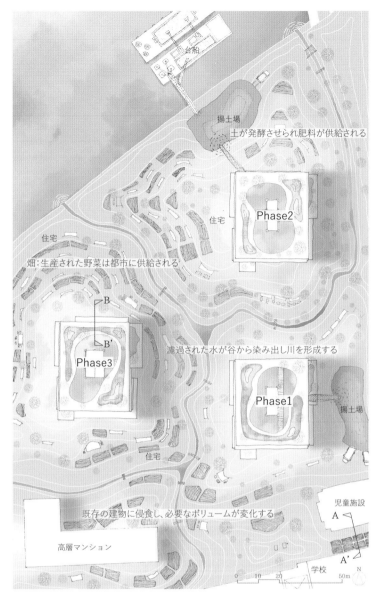

揚土場
土が発酵させられ肥料が供給される

Phase2

住宅

住宅

畑：生産された野菜は都市に供給される

B

B'

Phase3

濾過された水が谷から染み出し川を形成する

Phase1

揚土場

住宅

児童施設

A

既存の建物に侵食し、必要なボリュームが変化する

A'

高層マンション

学校

0　10　20　　　　50m

N

石上 タワーマンションが改築されて、解体されていって、建材、新しい建材、新しい建物をつくっていく建材として再利用するという案のように聞こえるのだけど、昨日も質問したと思うのですけど、この物量？と新しく計画する低層の建物が物量的に一致していないと思うのですけども、一致しなかったところはどうなってしまうのですかね？

藤田 その質問なのですが、そこで発生した解体された部材というのは、ガラスだったり、ここで取り扱っていない鉄筋だったりというのはあると思うのですけれど、それとは別に不必要なもの、捨てられるようなものというものを今回取り上げているので、それぐらい

の量に抑えられるかなと思っています。廃棄されてきたもの、解体されて埋立地の方に捨てられてきたもので再構築するというものです。

塚本 具体的には？

藤田 具体的に言いますと、たとえばですが、このようにろ過をするような部材、躯体に細骨材として細かくして使われるようになるですとか、それから住宅スケールになると、瓦礫と木材を利用した土間空間であったり、土壁のようなものが形成される予定です。

塚本 タワーマンションを山のように資源の貯蔵場—とはいえコンクリートは鉱物資源が化学反応を起こした後なのだけれども—として捉えるということですね？ 建具やガラスはよ

そに行ってしまうということですね？ ベルギーのロトールというチームは、オフィスビルの解体が決まると、そこにあるガラス戸、便器、照明器具などを目録化してインターネットで売っています。解体されるまでの半年間、そのビルが倉庫になる状態をつくり出すわけです。そういうサルベージ・ビジネスはやらないの？

藤田 そうですね、まず、新築というものをここでつくることをやめて、解体と再構築によって建設されることを目指しました。その中で、ガラスといったものは、ここで新たにガラスを溶かして、また生成するという工場みたいなものをつくるというよりは、そちらに元々ある製材所などに渡して、また新たに都市に還元させるような仕組みを考えています。

(A)既存の階層が土に埋まる

今後、都心の人口減少に伴い学校に空き教室が増える。学校が必要とする教室を確保し、それ以外は建設土により埋立てる。このことで、水を土壌に浸透させる面積を増やすことが可能となり地球の栄養となる。

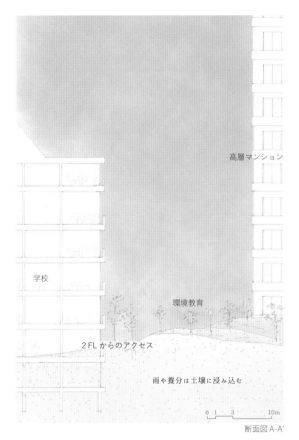

高層マンション

学校

環境教育

2 FL からのアクセス

雨や養分は土壌に浸み込む

0 1 3 10m

断面図 A-A'

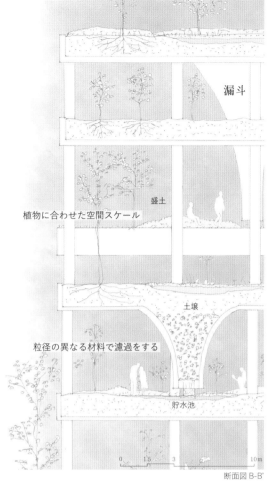

漏斗

盛土

植物に合わせた空間スケール

土壌

粒径の異なる材料で濾過をする

貯水池

0 1.5 3 10m

断面図 B-B'

(B)自然のように濾過をする

都市から水を集め、徐々に濾過し下へと落とす。タワマンは自然スケールで再構築され自然の力に支配され樹木や生物のスケールが反映されている。

塚本 アップサイクルやリユースなど、そのまま使う方が再精製するリサイクルよりエネルギーがかからず、環境負荷が低いんだけどね……。

石上 もう一回、一気に、要は、ランドスケープ自体は隅田川から持ってくる訳で、一気に解体するのと何が違うのだろう？ これって。一気に解体して土は隅田川から持ってくるそういうランドスケープをつくって、解体した資材の一部を使って低層部をつくっていくのと何が違うの？

藤田 今回、都市の流れとして人口減少だとかこのタワーマンションの大規模修繕の行く末を考慮した際に、時間の流れと、それから1980年代に建設されたタワーマンションですので、2040年もしくは2050年ぐらいに解体が決まると思うのですが、それを解体するのではなく、徐々にそこで人々の自発的なコミュニティだったり、植物のスパンを考えて設計しています。いえ、樹木ですね。樹木のスケールに応じてフェーズを立てています。

林野 もう1回あとで聞こうと思うのですが、先生がおっしゃったことをまとめると、たぶん長期スパンをかけて徐々に解体していくというプロジェクトに何かしらのいいことがあると思われて、こういう設計をされていると思うのですね。藤田さん。その利点をあとで聞かせていただけたらなという風に思います。

ファイナルプレゼンテーション
ディスカッション

［日時］2021年11月21日（日）13：00〜17：50

二次審査を通過した10作品がファイナルに進出。プレゼンテーションと質疑応答を経て、いよいよグランプリを決めるディスカッションを迎える。ここでは審査員投票を行い、その結果をベースとして議論し、各作品をさらに掘り下げていき、10位から各順位を決定。出展者と審査員の密度の濃い対話が醸成され、歴コン2021はついにクライマックスへ。

プレゼンを終えて
ファイナルの議論の争点は？

林野 まずは、ひと通りのプレゼンテーションを終えての感想や争点などを伺っていきたいと思います。隣にいらっしゃいます松田さんから順にお願いします。

松田 今年の傾向は何かあるかなと思いながら見ていましたが、一言では言えないほどバリエーションに富んでいて、非常に面白く拝見しました。これから最後の大詰めですが、審査員は基本的に作品の良いところを引き出そうとして質問するので、あまり慌てずに、聞かれたことにダイレクトに答えるといいと思います。毎年、質問しても聞きたい答えが返ってこなくて、また別の質問をしていくという繰り返しが多いです。作品を貶すために質問するということはなく、少なくとも僕は、良さをどう見出したらいいかという観点で質問するので、そのうえで答えていただけると、より作品への理解が深まると思います。

宮下 私は竹の作品が気になっています。先ほどの「歴史的空間とは何か」という竹本さんがおっしゃった観点で説明してもらえるととても嬉しいなと思いながらそれを待っているという感じですね。それから質疑応答で審査員の先生はいろいろと質問しましたが、その答えを本当に期待して聞いているので、そこを上手く投げて、しっかりとお話ししてくれることを後半のディスカッションでは期待しています。

塚本 多くの作品に共通していたのは、パタンランゲージというよりは、建築的言語の辞書をつくってからこれを当該エリアに戻す手続きを取っていること。要素に分解すると、建築ではないものとの関係がわかりやすくなるということでしょうか。今は構築するよりも分解しようという意識が強い。そして建物がやがて埋まっていく提案が2つもあって、大きな時間軸を取り込もうとしているのでしょうが、同時に無責任になっていく感じもあった。構築はコントロールする意識がなければできないので、「もうコントロールできない」という表明だと思って聞いて

いました。

竹本 私だけ建築の立場にないので、少し違った視点で聞いていたのですが、結果として風景が壊れていくとか、あるいは建物が使われていないことが全体として寂しい風景を形成している、といったことの背景は大概、かつてそこにあった営みがなくなり、その営みを担っていた建築物が使われなくなったか、営みに関わっていた人の暮らしがその地になくなったか、あるいはその両方という状況だと思

います。そうだとすると、営み自体を何とかする、その何とかすることに建築的に関われる、建築的に何とかすることにポジティブな工夫が加えられる、という話なのか、営み自体を何とかすることは考えないことにして、建築として何かできることとして話しているのかが曖昧な印象を受けました。たとえば益子焼も今、産業としては大変なわけです。だから、窯元をどうするかだけではどうにもならない実態があります。それをどうにかしてくれる人がいるという前提なのか、建築空間にさまざまなことを集合化することで、その営みが何とか続くように、この建築によってどうにかする、という話なのか、それはもはやどうにもならないことなのであくまで横に置いて、建築として素敵にデザインしているのか、ということを明示した上で説明してもらえると、もう少しわかりやすいかなと思いました。

須崎 皆さんはプログラムの提案には積極的なのですが、建築の形態としてどのように実現なり実装させようとしているのか、というところの提案や説明が弱いのかなと思いました。また「歴史的空間の再編」ということで、時間軸に対しては結構考えられていると思うのですが、面的な広がり――つまり、対象敷地や計画敷地の周辺環境とか、地域の中でどう位置付けられているのかという部分に関してはもう一歩提案を要するものがいくつかあったように感じました。そうした部分について、今後の議論の中で補足していただけるといいかなと思います。

石上 システムの提案やいろいろな物語など、建築を取り巻く関係性のところを皆さんとても考えられていると思います。やはりどの議題であっても、どの条件であっても、最終的には建築に落とし込んでいくというのが建築家の役割だと思うので、その部分がどこなのかというのを最終的には答えとして知りたいです。それから「歴史」という言葉があるからなのかもしれないけれど、無駄にスパンが長いところがあって、その正当性というか、設定している時間についてもう少し説得力があるといいなと思いました。

林野 ありがとうございます。議論に向けて大変示唆的なキーワードが出てきたかと思います。

10位～8位 終末感の中に生命がもう一度宿る 環境と都市の新しい結びつき

林野 では投票結果より、得票の少ない作品から議論を進めていきます。まずは「タワマン」の藤田さん。解体に時間をかけていることや、リサイクルではなくてリユースのほうがエコではないかというお話がありましたが、いかがでしょう？

藤田 1980年代からこのような建築ができてきたのですが、それが一度社会と断絶してしまったため、修復するために長いスパンをかけて、産業と社会をつなぐために3つのフェーズに分けて考えています。

塚本 タワマンがなぜ社会と断絶したの？

辞典のようなパターンブックをつくって

それだけで再生していくと、建築が宙に浮いてしまう

藤田 空間や時間が普遍的であるがゆえに、そういうものが社会と切り離されてしまって、「仕事に行く、帰ってくる」という流れだけのところを私は提案していて、社会とつなげたりコミュニティーが生まれたりということを考えています。

塚本 社会と断絶したということではなくて、「タワマンに人々が住む社会はこういうもので、それはどうなのかと思うのでこういう社会に変えたくて、タワマンもこうなるほうがいいのではないか」と説明したほうがいいと思う。むしろこの提案だとますます断絶しているとも言えるよね。君にとっては終末感が大事なんじゃないか?「先生方の質問も大した意味はありませんよね。そんなことより私のこの終末感を見てください。終末感の中に生命がもう一度宿る雰囲気がありませんか」と言いたいのではないの?

藤田 はい、そうです。自分の説明の論点が少しずれていたというのはあります。

塚本 だからある意味、君の提案は物語だと思う。ただ、それをシステマティックに説明するので、何かわかりにくい。たとえば、イタロ・カルヴィーノが『見えない都市』という小説を書いていて、不思議なまちの描写をしています。その作品に出てきそうな雰囲気ですよね。タワマンを解ける建築として考えてみたといった辺りを説明したほうがいいような気がする。

藤田 自分自身のバックグラウンドとして幼い頃から釣りが好きで、東京に通うことが多いのですが、タワマンや高層ビルと自分が生活してきたところの差異みたいなものが、東京という地にいかに馴染めるかを考えました。

塚本 東京に釣りをしに通っているの?

藤田 東京湾の運河や隅田川で釣りをすることがあります。

石上 材料再利用とかいろいろ言っているけれど、タワマンを新しいランドスケープに変えて、周辺に今までの都市とは違った風景をつくっていく、というところに絞ったほうがいろいろ突っ込まれなかったと思います。

林野 このコンペは捲土重来もありますので、また違う切り口でのご参加を期待したいと思います。次は「品川」の林さん。これは今のままと新築することでどう違うのかというお話と、インフォーマルにすることでどのような新しさ、もしくはその良さを出せたのかといった質問が残っていました。

林 この建築の目的は、居場所がなくなった漁師のために何かできないかということです。再開発でゼロから真っ白にするのではなくて、増改築の痕跡の手法を用いてつくっていきながら、建築として大きく広げていくことが元漁師のためになると思い、そういう手法を選びました。インフォーマルの部分では、この模型だと水際のデッキがずっと続いているのですが、段階的に付け加えていくことで水辺の空間が広がっていくことが漁師のためにもなるし、地域住民の活動の幅も広がっていくと考えて計画しました。

塚本 インフォーマルなのかな? 本当はつくってはいけないところに勝手につくってしまったみたいな感じ?

林 はい。

塚本 そうだよね。だけどあなたの場合は、最初の動機はおそらく課題解決型のアプロー

チだったと思います。漁師の居場所がなくなった。だけど漁師たちの営みの中で出てきた風景の痕跡がまだそこにあって、そこに漁師ではない人も興味を持つのではないか。漁師の居場所をつくりつつ、そうではない人たちも交わることができる場所にするにはどうしたらいいか？　そうすると課題解決型の提案になり得るはずで、まずはそれを実現させるための障壁が何かを考えなければいけない。竹本さんが先ほどおっしゃっていたのは、基本的には営みが失われたから、漁業で生業を立てること自体がもうないので、漁師たちは仕事を失い、同時に居場所も失うわけだから、障壁としては営みをどう復活させるかというところ。つまり東京湾で漁をすると、今度は東京湾で今こんなに魚が豊かに捕れるんだよということが出てくると面白い。もう一度漁業権を取れることだけは仮定せざるを得ないと思うけれど、仮定でもいいんだよ。そうするとこういうことが起こりますよとやっていくと、水上にデッキがあっては困る。あまり出っ張っていると船が入ってこれなくなるし、基本的に障害物はないほうがいいので、ギリギリのところで抑えたほうがいい。あんなに前に出て行ってはいけないような気がするけれどね。

　あるいはまた別の障壁の見つけ方もあるかもしれない。漁師さんを釣りのマスターとして崇めるではないけれど、皆で弟子入りするスクールみたいなものにしていけばいいのではないかなとか、または船釣りの船が並んでいるのも結構いいかもしれない。漁師を辞めて船釣りを経営する漁師もたくさんいますよね？　そのように何か話をつくってくれればそれほどあり得ない話ではないと思う。先に増改築の技みたいな、辞典のようなパターンブックをつくってそれだけで再生していきますというと、やはり建築が宙に浮いてしまうんだよね。

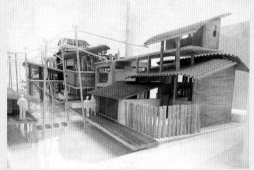

「生残る痕跡群」林 眞太朗（神奈川大学大学院）

　__林__　漁業権をまた獲得するという定義はこれを考える上で現実的にあり得ないと思ってしまって、このようなデッキを川のほうに付け加えるという意図になってしまいました。プログラムとして釣りを教える場所は確保しているのですが、そのプログラムが漁師から始まるだけではない部分もあるので、その辺りは直していけたらと思います。

　__塚本__　怖がらずに課題解決型でズバッといったほうがいいですよ。

　__林__　はい。ズバッといきたかったです。

　__松田__　川というかここは運河が連続しているところで、この敷地の辺りはさらにその奥の行き止まりの場所ですよね？　プランを見るとかなり入り組んで鉤型になった奥の奥で、船の行き来があるというより袋小路の出発点みたいなところだから、このようにデッキをつくったり、海に張り出したインフォーマルなものをつくるのがよいと考えたというイメージですか？

　__林__　そうです。

　__松田__　だとしたら一番下にあるパースも、塚本先生がおっしゃったように増改築の29の手法をアピールするより、もっとそこで何ができるのか、空間としての可能性をアピールしてもいい気がしました。目線のパースなどはとてもよくできていると思います。

　__林野__　では8位につけている「金沢」の佐々木さんに積み残しの質問を聞いていきます。スケールの話とどう決めたのか根拠が知りたいということ、それから町名は形態を露わにしているけれど、それに建築が呼応していないのではないかという質問がありました。

　__佐々木__　まずスケールの話ですが、竹のスケールの決め方として、今あるところに計画しようと思っていて、横の駐車場などどんどん広げていくことは今のまちに合っていないと思い、この広さのスケールを決めました。桜は現状2本ですが、新たに植えていくことで将来的にこの動線上に桜並木が続いていって欲しいという想いがあって、桜並木のスケールも犀川沿いに現状桜並木がこうつながっていて…。

石上 そういう話ではなくて、竹林や川といったものも、元々都市構造の一つだったわけだよね。でも今やっていることは、言ってみればガーデニングくらいのスケールだと思う。元々あった都市との関係性とは全然別のものになっているから、今ならこういう関係で環境と都市の新しい結びつきがつくれるのではないか、だからこういうスケール感ではないかというのが聞きたいです。

佐々木 竹に関しては、今まで一帯にあったところだと、今の地域住民が入り込みにくい、関わりづらいと思って、まず寺の裏庭という一部だけにすることで、周辺の地域の方や幼稚園の送り迎えに来た親や子どもが竹に関わり、旧町名の由来を知るくらいのスケールになると思っています。桜に関しては、元々ここ一帯に桜が植えられていたけれど、将来的に動線が桜並木にあるというイメージがあって…。

林野 ちょっと言葉にならないですかね。では積み残しの質問を聞いて印象が変わった、点数を変えたいという方はいらっしゃいますか? いらっしゃらなければ10・9・8位を決定したいと思います。では10位が「タワマン」、9位が「品川」、8位が「金沢」に決定しました。おめでとうございます。

塚本 「金沢」は、この場所が昔どうだったかをもう少し詳細に古い地図で遡って追いかけてみるとか、あるいは風土記や地誌などに昭和初期の写真などが載っているので、そういうのを引っ張り出してみるとか、そういうことがあればもっと力強くなったと思います。もう一度この土地が持っていた元々の生態系に馴染んだやり方もある。そうすると町名がそのまま風景になっていくようなことが起こって、特徴が引き立てられていくのではないかという話をしてくれると非常にいい。古い資料を探してみてください。

佐々木 はい。ありがとうございます。

7位〜4位	建築外への興味関心が強すぎる 引き算的な歴史的空間再編

林野 では次の決め方で先生方にご相談なのですが、1・2・3位が25点と24点で「糸魚川」、「りんご」、「益子」が非常に近接しています。もしよろしければその3点を最後の議論に残して、残りの4位から7位をまとめて決めたいと思うのですが、ご異論ありますでしょうか? では、そのようにさせていただきます。次の議論に上がりますのが、7位に16点の「泥」、6位に19点の「竹」、5位に20点の「砂丘」、4位に21点の「三陸」です。ここからもきちんと議論の果てに順位を決めたいと思いますので、質問への回答を聞いて点数を入れ替えたいとか、評価を変えたいということがあればおっしゃってください。では、7位「泥」の亀山さんから積み残しの質問を伺っていきます。工法の話が残っていて、システムをご提案くださったのですが、こういった一般の人が簡単にできる仕組みみたいな話があるのかないのか、という質問でした。

亀山 工法としては、木造のフレームを懸造でつくることしか考えていなくて、1階のイベントスペースはものづくりの場、2階を住戸で生活の場とゾーニングで分けていって、各々を未完成の場として、建築の平面など誘発されるような構成にしているくらいです。

塚本 懸造だったらもっとたくさん桁とかが入ってきそうだけどね。清水寺はこんなものではないからね。でも模型を見ると、ジョイント部分を全部一点に集中させないで、全部ずらして当てるやり方を取っているけれど、それは何か意味があるのかという質問だった気もします。それとは別に、結局これは泥かきをするのですか?

亀山　泥かきはします。

塚本　そのことが全然わからないんだよね。泥かきを農家さんだけでなくて、都市住民も含めてやる、都市農村交流の一つのきっかけにしようということであれば、参加してくれた人が泥かきをするというところが一番大事で、その人たちが来て泥だらけになるから体を洗ったり、仕事をして疲れたあとにご飯を食べたりコーヒーを飲んだり、といった想像力が必要。泥かきの光景がないので、そこが少しわかりにくいのではないかな。

亀山　おっしゃる通りで、そういう行為は計画の中にはきちんと入っています。ただ、シーンとして泥かきの様子がないのは、少しテクニカルなミスかなと思っています。

石上　デザイン的な提案がないという話だけれど、懸造の水面に張り出している部分がテラスになっているとか、全くデザインしていないわけではないと思います。だからなぜ自分がこういう計画にしたかということと、この提案が新しい営みとどう関係して、その根拠からこういうプランニングが出来上がってきたということがもう少しあれば、最低限いいと思う。そこから先は工法などの話につながってきて、おそらくやっていると思うけれど、そこが上手く説明されていなくて皆が理解できていないと思います。

亀山　建築の提案としては、境界を跨ぐ建築をつくっていて、それも一つのデザインコンセプトとしています。ため池と道と農業が分断されて、かつてそこに生活と文化の営みが掛け合わされていたものが現状ではないので、それをため池の掻い堀りから…。

石上　その大きな話は皆わかっているので、もっと具体的な説明をしてください。

亀山　デッキが交互に張り出しているのは平面計画でもありますが、行為が連鎖的にあって、それをずらしながら近づけていって、共同体としての意識をつくっていこうと思いこのような形になっています。

宮下　もう一つ、システムについての質問ですが、誰がどういう風にこの場をつくっていくのかがいまひとつよくわかっていません。たとえばこれは自治体が何かつくっていくものなのか、私有地として誰かが個人で建てていくものなのか、フレームだけは行政なり何なりでつくって、それをいろいろなものを拾ったりそこにあるような材料でDIYして自分たちのヒューマンスケールまで落とし込んでいきながらそれを楽しむのか、その辺はどうですか? システムを語る場合はその辺を少しはっきりさせておかないとわからなくなってしまうと思います。

亀山　最初に建てるフレームに関しては行政が建てると想定していて、ため池には水の利権者がいて、農地は私有地なんですね。ここの舟渡池は部分的に買収されていて、それが公園や防災センターという見掛け倒しのコミュニティーにどんどん変わっています。それが美原区の風景を新しく再建できるとは思えなかったので、ここの水利権者が地域住民によるDIYや小さい商いを通して、それが連関してつながっていく大きい農業というものをシステムとして考えました。

宮下　水利権者と水を引く農家との関係などが成り立っていくために、いろいろな仕掛けやそれにまつわる生活行為が生まれているという話だと思うけれど、それがこの建築を生み出す行為に発展していたりというようなストーリーが見えたらわかりやすいんだけどね。何を一番やろうとしているのかが少し見えにくくなってしまっているような気がして。その辺がもう少し話として出てくると、もっとスッと皆さんの中に入ってくる。結局、それが権利形態にどう落とし込まれていくかとか、塚本さんがおっしゃっていた「泥をさらう」という行為自体がまちに

システムを語る場合は、誰がどういう風にこの場をつくるのかをはっきりさせておかないとわからなくなってしまう

対してどういう意味を持っているかとか、それがどういう面白さを産んでいるかというところにつながるといいのかなという印象ですね。

須崎 先生方もヒントをくれていたと思いますが、たとえば塚本さんや石上さんがおっしゃられたように、単純な架構の仕組みでつくろうとしていることと、DIYに着目したことは、おそらく関係性があると思うんですよね。その仕組みを説明してくれたら、だからこういう形なんだねと納得がいったと思うのですが、その辺りはどうですか？ 高度な技術がなくても組み立てられる形になっているよね。竪穴式住居みたいな。そういうことなのかなと勝手に深読みしつつ、説明がなかったので少し得点が低くなってしまったように思いました。

亀山 つくりやすい形をモチーフとして、フレームでつくっていくことは意識してやっています。ただ、説明としてはまだ説得力が欠けるかなと思っています。

松田 建築以外の部分への関心がメインなのか、建築そのものをどう考えているのかが見えてこないところが惜しいと思います。図面もほぼシングルラインの描かれ方ですよね。生態系を含めたシステム全体やランドスケープへの関心は良いのですが、やはり建築そのもののつくられ方への解像度も同じようにあると、全然違うものになる気がしました。石上先生がおっしゃったように、デザインとしてはとてもよく考えられていますよね。全体のレイアウトや立体的な配置など。そのうえで肝心の建築について、やや後回しな感じがしました。亀山さんの関心の対象外なのか、不思議な感じもしましたが、それらを統合していくと、本当に良い作品になるポテンシャルを持っているなと感じました。

林野 では次に、「竹」の原さんに移りたいと思います。まず歴史的空間をどう捉えているのかという質問と、日本では竹は非常に季節性を伴った材料で、元々農業用の素材だったものを、新たな連関として建築用に使うことに対するコミットが少し弱いのではないかという質問がありました。

原 私は集落が守り続けてきた里山の風景を歴史的空間と捉えています。建築産業が竹林にどんどん入っていって欲しいと願っているのですが、開発という形では入って欲しくなくて、それでは集落だと実現し得ないと思っています。そうではなくて、これまでの集落が守ってきた里山の風景を辞書を手引きとしながら住民の手で再編していきます。住民の手で竹を更新していく風景も、対象とした敷地は地域の出事が多くて、たとえば地域で管理している共用林は年に2回間伐のイベントがあって、皆でチェーンソーを持って整備したり、草刈りも皆で集まってやります。そういった地域の皆で手を加えていく光景・行為といった風景も含めて、これから里山をどう維持して守っていくかということで、これからの歴史的風景、歴史的空間として継承していきたいと思って提案しています。それがこの地域の生業になってつながっていくと理想的だと考えています。

塚本 竹にもいろいろな種類があるので、種類の話もして欲しいですよね。これは何竹？

原 真竹と孟宗竹が多いですね。

塚本 真竹と孟宗竹だと使い道はかなり違うので、製材してと言っているのはどっちなの？

原 孟宗竹のほうが建材として使えると思っています。

塚本 孟宗竹は太いけど脆いという印象があります。真竹のほうが竹細工とかにはいいですけどね。

原 季節のサイクルについては、今回の提案ではまだあまり考えられていません。理由としては、これから本当に竹建築の実現を目指すと考えた時に、法規的な問題が先に来るのか、それともそれを使おうという企業が現れるのが先なのかというところがあります。

塚本 起業するくらいの構想力で行くべきだな。

原　わかりました。その際に、たとえばバリではホウ酸処理でドブ漬けにするといった処理をしているのを見たのですが、それは日本だとあまり好まれなくて、環境に良くないとかで難しいのです。日本の木材の技術が発展して、もっと竹のほうにも向いてきて、どんどん研究開発が進めばいろいろなやり方が出てきて、竹の処理や加工の技術が進むのではないかと思い、そこに期待しています。

塚本　竹建築は東南アジアにはあるのに、なぜ日本でできないのかという話もあるけれど、実際に行って見ると竹が違うよね。日本の竹は真ん中が空洞だけれど、向こうの竹は空洞部分は少ししかない。ヴォ・チョン・ギア的なストラクチャーがパースにあるけれど、ああいう造形になるのかなという疑問もありつつ、どうにか竹建築ができないかと考えています。

石上　登山道がとても重要な話としてコンセプトの中にあったけれど、それが全体の提案のストラクチャーになる気がします。そういう意味では、一番左側のパースのような登山道を竹で景色としてまずつくっていくところや、全体の構想の大きな骨格というかストラクチャーみたいなものがなくて、恣意的につくられたデザインのパビリオンみたいなものを点在させていくところで説得力がない気がしています。だから全体構想に大きな部分のストラクチャーがあって、それに対してこういうパビリオン的なものが出てくるのであれば、何となくわかる感じがする。これがパビリオンだけの提案であればいいけれど、もっと大きな構想があって、その理由の部分として登山道があるとしたら、登山道がどうなっていくかをもう少し説明したほうが良かったという感じはしますね。

原　要所要所に「この言語で、こういう建築手法を」というのを点在させた提案にはなっています。

宮下　先ほどの季節の問題に関してだけど、必ずしも1年を通して取れる必要はないのかなと思っています。山に手が入らなくなることで竹が増えすぎたり、倒れてひどい状況になって荒れていくことが一番の問題なんだよね。それをメンテナンスしていくことが重要だと思う。このエリアから竹がどれぐらい取れて、それで組んでいくとこれぐらいのものがつくれるとか、それによってたとえば登山道はきちんと整備されるだとか、林道がきちんと整備されていて、なおかつそこに楽しみが生まれてみたいなストーリーの中で量が見えてくれば、それがきちんと山の循環として上手く回る。2年3年のサイクルでね。そんな風に回っていくということならば、別に常時バンバン竹が取れなくても私はいいような気がする。その辺のストーリーがしっかりしてくると、今おっしゃっていたパビリオンの意味がただ点在するのではなくなって、その存在意義みたいなところと上手くつながったデザインになると思います。そうするととても説得力が出てくるという感じがしていました。

塚本　樹木を限定すると大量に切らなければいけないので、どこかに取っておかなければいけないとか、その間に糖分を抜く処理をするとか、そういった組み立ても一方であると思うんですよね。

原　今考えているのは真ん中の製材所で、6本の束柱の間に横矢板みたいな感じで竹を導入することで、間仕切り壁にしながら貯蔵・乾燥という…。

塚本　間仕切り壁を毎回外していくということ？ それは大変だよ。「りんご」の人が土中環境の本を見せていたよね？ 土中環境を改善するのに竹をたくさん使うので、竹炭とか竹杭とか、いろいろあるのでコラボレーションしたらいいと思います。

原　サイクルについては、この提案であまりやっていないのは、今の日本の竹に対する技術で考えてもあまり意味がないと思ったからです。もっと開発が進んで竹でできる処理や耐久年数なども含めて、現状の開発のレベルで考える必要はないと思いました。

宮下　歴史的空間を何と捉えるかという話につながるのですが。先ほどの竹を切ることがなぜ里山に必要かとか、この地域の歴史的空間を再編することになるのかという辺りを上手く答えてくれるといいという期待を込めて、これに5点入れました。まあ、先ほどよりはその

辺に触れてくれたかなとは思っているのですけれど。先ほどの説明で余分なものを取ることによってそれが新しい空間をつくるというアイデアですよね。結果的にはそれが昔からある環境を一つ守っていく、そういう引き算的な歴史的空間再編？みたいな部分に魅力を感じました。というのは、足し算的な手法はあったのですが、引き算的なものは今まであまり見たことがなかった感じがするのです。障害になるものをどう取って、取ったものをただ取っただけにせずに何かそれをプラスになるものにつなげた結果、元々あるものが再編されるみたいな。考え方として私はとても面白いと思っていて、それで私は5点を入れました。

エネルギーの掛け方のバランス
その意匠でないと歴史的空間と言えない？

林野 ありがとうございました。では、次は「砂丘」の中野さんに移りたいと思います。国道よりも、この建物ができることでむしろ分断を生んでしまうのではないかというお話がありました。何か反論はありますか？

中野 スパンの話もありましたが、1億年というのは実際僕もわからなくて、1億年というのはこれが埋まったあとに分解されてという話だと思います。それ以上に、いつ始まって終わったのかわからないけれど、砂がやってきて砂が引いてといった循環の中で、それでも人が生きていることを僕はここで伝えたいのです。だからある時は砂に潜るように生活するし、逆に砂山になったら上を通る。それでもここにまちがあることが、人としてのこの自然との関わり方だと思ったので、今の国道といったものも含めて、全部止まっているもののように何億年もかけてそこを除染したり、全部砂を戻したりといったことをしていますが、そうではなくて、そういう循環も見えるような暮らし方が本当は大事なのではないかということが大きなテーマとして言いたかったのです。

石上 何となく元気がある感じで、学生らしくていいと思って5点入れました。プレゼンでは砂浜で実際に実験をして、こういう形を段階的に導きましたというのはとてもわかりやすいけれど、そこから1億年の話に飛んでしまうのは、自分の提案のバランスが悪いと感じて欲しい。砂浜での実験の延長でだんだんこの形が出来上がってきて、その風景が新しい海岸の景色に変わってくるといった話がもう少し丁寧に、実験と同じようなスケールで説明されていると

とてもこだわっているのがわかって、実際はそれに無理があるかもしれないけれど、そこに関してはエネルギーの掛け方としてとても伝わってくる気がする。それが散漫になっているから、もう少し上手くバランスを取って、一度俯瞰して見て少し変だと思うところは自分なりに方向修正しながらやったほうが、自分が掛けるエネルギーがどこに向かうべきかわかると思います。

中野 前のスライドでもあまり1億年とは話していないのですが、そこはあまり自分としても焦点ではなくて、どうやって地道に埋まっていくのかに興味があって取り組んでいます。その結果、平面形が小さくて中庭ができて、そこだけ埋まらなくて、少し砂を掃きながら、それでも暮らすのではないかということには割と重きを置いて設計したつもりです。

塚本 私も茅ヶ崎出身です。「砂まじりの茅ヶ崎」という歌い出しがあるように本当に砂が多くて、私が住んでいた家の地面も砂でした。安部公房の小説で『砂の女』は知っている？ そこで描かれたほどは砂害というのはないので、そこまで大げさに建築プロジェクトとしてリアクションされると話を大きくしすぎていて、少しファクトに乏しい気がします。毎日のように何kgもの砂を掻き出さなければいけないというところではなくて、時々掃けばいいので、建物全体が埋まっていくという話だけれど、住み

（左縦書き）
足し算的な歴史的空間再編の手法はあったけれど、
引き算的なものは今まであまり見たことがなかった

続けるのであればそうなる前に掃くと思う。そういう自然さはどこへ行ってしまったのかなと。物語だとすると今度はあの建物もいらなくて、国道を地下化して上に砂丘を連続させて松林があるような、そういう砂丘の公園をつくっていく方向性もあるのではないかと思えてしまった。

中野 とてつもない砂がいきなりやってきてもう住めないといった想定はもちろんしていなくて、何百年の単位で気付いたら埋まっているということであればいいと思っています。

松田 中野さんは砂にもこだわりがあると思うのですが、幾何学に興味があるということでしたよね。この六角形のシステムは可能性を秘めており、まったく違うまちなかや都心の敷地で立体的に考えても、違うプロジェクトとしても大いに展開可能な内容だと思いました。

林野 ありがとうございます。では次に「三陸」の千葉さんにお話を伺いたいと思います。千葉さんはトップバッターで緊張の中、プレゼンをしていただいたのですが、平らなところでつくることよりも何がいいのかや、部分部分では段差で設計しているけれども、全体としてどのようにつながっていくのかといった質問がありました。

千葉 今まではここに8mの壁が建っていたため、漁業の作業場みたいなものがここだけに留まっていました。そこで、段差を緩やかにすることで、水揚げ場があって、殻剥き場、加工場、販売する場所があるという、生業の一連の流れがここで行われます。それが段差を緩やかにした良いところだと自分は感じていて、まちから海までの一連の流れをつくってあげることで、震災後ここで留まってしまった生業がまたまちに開いていけると考えています。

須崎 建物の立体方向の構成なんですけど、おそらくそれと関係すると思いますが、タイトルの「方舟」はどういう意図で付けたのですか？

千葉 方舟は形態的なところではなく、過去の生業が人々と一緒に交わっていたという景色みたいなものを後世に運んでいく、伝えていける建築をつくりたいと考えて付けました。形態的なところにはつながってきません。

須崎 つながらないのですね。私はこれを見て、この立体的な構成が、むしろ大型客船の中で展開されるプログラムみたいなことに見えてきます。たとえばデッキがあって、それが3層くらいに構成されていて、物見台があってといった、それらが箱型、方舟、船の展開系としてデザインされているというような説明があれば、なるほどと思ったのではないかと考えて聞いてみたのですが、違ったんですね。

「三陸の方舟」千葉大地（東京電機大学大学院）

千葉 そのように読み取っていただけるのはとても嬉しいのですが、形として追っていくというよりは、今までの風景に段差を用いて、漁村集落みたいな雰囲気を立体的に組み上げた結果こういう建築になったので、船を模してはいません。

須崎 結果的にそうなったと。敷地の高低差がある中で4〜5層分さらに上げていますが、初見ではそれに違和感がありました。だけど、船という構想を持ってくると説得力が出るなと思って、勝手に深読みをしていたのですが、逆に言うとグラウンドレベルから上げている意図は何ですか？

千葉 それは一つの復興の形で、建築にはシンボル性が必要だと考えています。この8mのラインに上がってから平面的に空間を構成することはできたのですが、ただここに段差をつくってあげるのではなく、今までこのまちには段差はほとんど見られず、平面的に海とつながった景色があったのですが、震災によって段差という立体的な要素がこのまちに生まれてしまったことをポジティブに捉え直して、新しい建築が自然とこのまちのものとしてここに残っていけないかと考えて、立体的に段差という要素をこちら側にも、上のほうの建築にも落とし込んでいこうと考えました。どこにいても常に下の地盤面にある生業の空間を感じら

れるような空間が生まれ、平面的につくるよりも、人々が集まれる居場所をより多くできたと思います。

松田 千葉さんの意図はまだ伝わっていないと思うのですが、屋根の立体的なルーフスケープもつくろうとしていたわけですよね。最初は8mの嵩上げに違和感を感じて、それをなだらかにすることがこの場所の地形にとって必要だと感じたわけです。プレゼンのダイアグラムではこの地形を変える部分だけ強調しているけれど、本当はもっと屋根も強調されていいと思いました。地形の部分だと少し段差をつけたくらいで、それがグレーになってとても目立っているのですが、屋根に関してはもっとなだらかでかつ複雑で、建築的に魅力的に感じさせるのはこの部分でもあると思いました。屋根が海から高台までを自然につなげていて、高いところもあったり立体的に構成されている。それができるとはじめて下の生業の空間も見えてくるわけですよね。屋根の説明が一度もなかったので、それがあると千葉さんの話全体がもっとつながる気がしました。

千葉 屋根の形は、背後に山が広がっていて、ここから見ると堤防が山々の風景と重なって見えるという話や、実際にここを利用する人がどのように屋根の下で過ごすかを考えながらつくっていった結果、このようなシークエンスになりました。確かに屋根のラインの話はするべきだったと思います。

宮下 私は2点を付けたのですが、その理由は、全体のまちの中でこの場がこういう目的の用途に使われるという話がもう一つよくわからなかったんです。そこに人が多く集まってくるような場所をつくっているのですけれど、元々ここは何かあったら水が来るエリアですよね? だとすると、そこに対して他のところにあるものを逆になくして、こっちに持って来ているのがなぜなのか、その辺はどうですか?

千葉 嵩上げを行う時点で、こういう計画をしたほうが良いのではないかというスタンスでやっています。周りにまだ図書館など復興していない状態で、8mと2階以上に上げたという高さ的安全性を確保したうえで、海とまちの接点であるこの場所に人が集まることができる場所をつくって、そこからまたこの生業を見ることを通してまちが良くなっていくと考えました。

塚本 一番苦労しているのは、なぜこんなに複雑なのかがわからないんですよ。養殖の作業場と加工場と、上のほうに図書館くらいが大きなところで、それを嵩上げした。そこまではストレート。でもこの防潮堤みたいな擁壁に向けてデザインするときに、以前ここにあって流されてしまったものの記憶を残したいということなのかな?

千葉 はい。漁村集落ならではの路地が入っていたり、木造建築が密集していたりという特徴みたいなものがあります。

塚本 でもこのエリアは元々、水産加工のための工場とかに占められていたんじゃないの?

千葉 海に近い部分はそうでした。でも少し奥まで行くと住宅街が広がっているという状況で、そういった風景から抽出して、上の人々が日常的に生活できる空間を構成できないかと思いつくっていきました。

塚本 それがこのプロジェクトでやろうとしていることが何なのかをわかりにくくしているところかな。基本的には水揚げから加工して、まちの人が買いに来たり食べに来たりするという、海と陸の接点をつくろうとしているのですよね? だからそんなにややこしい話ではないと思うけれど、極端に言うとその問題であのような意匠が必要かということだね。その意匠でないと歴史的空間と言えないとは私は思わなくて、漁業の生業が持っている不変のプロセス

があるので、それが海の見える場所でしっかりと継承されて、でも新しい施設のあり方を考えられるのではないかと思います。

林野 それでは、今の議論を持ちましてご自分の評価を変えたいという先生がいらっしゃいましたら得点係に伝えてください。

宮下 「こちらよりもこちらの方が上なのではないか」というようなことでも構いません。

林野 順位で言いますと、4位が「三陸」、5位が「砂丘」、6位が「竹」、7位が「泥」となっています。

塚本 「金沢」と「泥」は3点を入れているのでいいけれど、「砂丘」が4位だといいなと思います。

林野 「三陸」と「砂丘」の順位を入れ替えたいという応援がありました。一方で「三陸」を推しているのが須崎先生で、5点入れていらっしゃいます。松田先生も5点ですね。

須崎 期待を含めての5点だったのですが、それは私の勝手な深読みであって、関係がないということだったのでその5点を「泥」に入れてもいいのかなという気はしています。ただそれで順位が変わることはないですよね?

林野 順位はきちんと決めたいのでその根拠としての点数は示したいと思います。

宮下 この4つの中で動かす分にはOKというルールでいかがでしょう?

林野 それでいいと思います。そうしましょう。

宮下 「三陸」の1点を「泥」に動かしてもらえますか?

林野 そうすると「三陸」と「砂丘」が同率4位に並びまして、4作品を並べていますので、順位を決めるには点の根拠がないと厳しいと思います。

塚本 「竹」は弱いかな。「三陸」と「砂」と「泥」でどうするか。

林野 「泥」が17点、「三陸」と「砂丘」が20点で3点差あります。

塚本 石上さんは「泥」の良さをきっぱり出したけれどそこが意外に低いのか。

石上 僕が考えるのは、順番で行くと「砂丘」、「泥」、「三陸」、「竹」です。

塚本 私もそれがいいな。

林野 そうすると「竹」を推している宮下先生に意見を伺いたいです。

宮下 あとはもう皆さんの点数なのでそうなりますかね。正直、そこに差があるかと言われると僅差な気がします。

松田 自分の点数を減らしたり、他の人の点数を減らしたりしていくと、順位のために入れ替えるみたいな感じもします。例年は、この中でどれをどの位置にするかという「議論」で最後は決まっていました。

林野 1・2・3位はそうなんですけれども、今は4作品なのでそれが成立するのかなというのがあります。

松田 点数は特に変えなくても、順位を決めればいいのではないですか?

林野 それでよろしいですか皆さん? はい、承知しました。先ほどの「砂丘」、「泥」、「三陸」、「竹」という順位がいいのではないかという石上さんと塚本先生の案ですが、ご異論のある先生方はいらっしゃいますか?

宮下 私は「三陸」の形の意味がもう一つわかりづらかったんですよ。なので順位を付けると「砂丘」、「泥」、「竹」、「三陸」かなと思った。

林野 「三陸」と「竹」が逆なのではないかというご意見ですが、いかがでしょう?

松田 「三陸」には僕は5点入れていて、とても可能性があると思っています。個人的にはとてもいい提案になると思うのですが、プレゼンの時に、先ほどの屋根の話や、何に使うかということも説明不足だった。模型はよくできているけれど現地の状況が見えてきづらかったので、その説明があればきちんと伝わると思います。伝わるまでに時間がかかったことが、なかなか理解が得られなかった理由だという気がするので、本質的には良いプロジェクトだ

8mの嵩上げに違和感を感じて、それをなだらかにすることがこの場所の地形にとって必要だと感じた

と思っています。

須崎 私も1点減らしましたが同じで、使う人たちの視線の交わりや眺めとか、賑わいとか、そういうことをとても丁寧に読み解いていることがすごく好印象で、4点でも5点でもいいと思います。

林野 竹本先生はこちらの順位でよろしいでしょうか?

竹本 はい。

林野 そうしましたら審査員長権限もございますし、今の順位で決定させていただきます。4位「砂丘」、5位「泥」、6位「三陸」、7位「竹」に決定しました。おめでとうございます。

3位〜1位 最終的なアウトプットが風景をつくる コンクリートブロックの魅力とは?

林野 それでは最後の決戦に移りたいと思います。24点の「益子」、25点の「りんご」と「糸魚川」の3つが残っています。ここまで来たら点数は関係なく順位を決めていきたいと思います。ID番号順に163番「益子」の武部さんに積み残しの質問を伺います。傾斜地を敷地に選んでいるけれどこれをどう読み解いて、どのように建築に落とし込んだかという説明をお願いします。

武部 城内坂地区の中央に位置している窯元ですが、そのネットワークを考えていくとここが都合が良さそうだと考えて選定しました。ここは1960年頃に都市計画道路が通って、道路をつくる時に掘り起こしたので谷道になっているのですが、城内坂通りから登って奥が広がっていくという元々のコンテクストがあって、既存の窯元は城内坂通りに直行するように縦長の敷地です。そのため前面がすごく登っているので、奥があまり見えません。そういうコンテクストを生かして、奥へ奥へとつながるように屋根形状を考えていきました。たとえばアプローチのところは、ここが城内坂通りでここが奥に続いていくように屋根などを変えているのですが、出ていく時には2,400mmくらいの高さで落としていたりして、一度入った時にまたパッと広がるような広場との関係をつくっています。その際に、ここには緩いカーブを付けて、奥まで視線を流すような屋根の変更などをしています。今までの説明が部分だけの話で、それを統合する全体の話は全くしていなかったのですが、地形との関係や、ものづくりを成立させるためのものなど、パラレルなものを帳尻合わせしながら建築全体をつくっていきました。

石上 プランの説明をしてもらえますか? プランを見ると動線というかラインが書かれていますよね?

武部 ここが城内坂通りで、こちらに農地があって畑があって、農作物の搬入口としてこのようになっています。そのため、ここに納屋などがあってそれと境のように棚があって工房があるという関係をつくっています。こちらは加工場で食堂もありますが、加工場、直売所といった関係で農作物の一連の流れをつくっています。青の部分は観光でろくろ体験ができ、

大誠窯という隣の窯があって、こちらにも登り窯があるのですが、元々つながっている道があったのでそこは薪を共有するという感じです。

塚本 こういうのは何を意味しているの?

武部 これは屋根で落ちる影で、これのゾーニングの色が赤です。

石上 これは何?

武部 これはここに都市計画道路が通ったので、谷地にした時に元々ある擁壁です。

石上 すごい複雑でいろいろな関係性を考えているけれど、ゾー

ニングというか全体の平面構成は割とざっくりです。そこはどうですか？

[武部] 最初は複雑にやっていました。元々工房の機能があって、そこの風の受け具合などで配置が決定されていると聞いたので、それを踏襲して工房のこの部分が決定して、それとも対応するように農業と観光を決めています。これは登り窯です。

[松田] コモンキッチンとコモンダイニングが重要だと思いました。半農半陶の話があった一方、3つのゾーニングのもう一つである観光の話が見えてこなかったのですが、コモンキッチンとコモンダイニングや、またそのアプローチの空間が、3つの要素全体を位置的にもつないでいるわけですよね。ここが強調されると全体像が見えませんか？

[武部] コモンキッチンは観光と職人さんが使うキッチンの機能があって、それ以外にも機能がありますが、そういう位置づけです。

[松田] 僕が言いたいのは、コモンキッチンで3つの領域が重なっていることをしっかり言うべきだということです。石上先生が「あまりにシンプルではないか」とおっしゃっていたのに対し、この辺りの空間構成によって領域が重なり、空間の複雑さが生まれているわけですよね？

[武部] その通りです。そこは3つとも重なるところです。ものづくりをしっかりと成立させるためにある領域があって、それの関係によって境界面の部分の設計をして、屋根で統合していくという全体の構成です。

[須崎] 先ほどプランニングと配棟の関係性と言ったのは、たとえばコンタが流れているところに、それとは無関係に並行配置みたいな感じで配棟しているので、そこに考えがあるのか、それとも考えていなかったのかというところが重要なのかなと思いました。あとは、先ほどのつなぐ空間だとか、共同体を目指すと言っているのでそういう共同体としてのプログラミングやプランについて説明できるといいのかなと思います。

[武部] 確かに配置の関係はすごくシンプルというか、こうでいいのかなとはずっと思いつつも、それはボリュームでもう少しスタディすれば良かったなと思いました。共同体は、たとえば釉薬をかけるところはとても風通しが良い場所で、土土間になっているのですが、そういう環境と農家さんが休憩する場所を照らし合わせて、農家さんと窯元の職人さんが同居しているという状態をつくっています。資源の循環だけではなくてそれを支える人と人との関係を、窯元でゾーンとゾーンの境界のところの部分で設計しています。

[石上] 等高線が建物の中に入っていますが、そこはどうなっていますか？ たとえば成形場所は斜面になっているのか、どういう感じになっていますか？ 農具庫も同じで、建物のプランニングと等高線との関係性を説明してください。

[武部] これは入ってしまっているのは良くなかったのですが、こちらはフラットでこちらが等高線に合わせて形状が下にぐっと下がっています。その分、ろくろの台は平衡にしないといけないので高さを調整しています。

[松田] アプローチのところに陶器市やイベント広場、ギャラリーと書いてありますが、プラン上には何も書かれていないので、複数の機能を束ねるその重要さが表現できていない。それがあると意図が伝わるので、やはりちゃんと説明しておくと良いかと思いました。

[林野] ありがとうございました。では次に「りんご」の酒向さん、お願いします。建築としての形態に対する質問が残っていました。

[酒向] 形態をつくる上で意識したことを、大きく3つ話したいと思います。1つ目は「農家さんの知恵」で、スライドに梯子の写真がありますが、とても特殊な梯子で、斜面にも立てられるように2点で支えられていて、片方が可動します。りんご農家さんは斜面の読み方がとても上手で、斜面地に建築を建てるならこういう工夫の仕方があると思いました。斜面で勾配が変わる中、醸造所はこのような形態を主構造で取り入れつつ、2階の部分はなるべくメッシュ素材にして、完全なボリュームを1階の部分に抑えることでできるだけ低く抑える工夫を考えています。2つ目は「周辺の栽培環境との兼ね合い」で、りんごの収穫作業など

をしている時はとても寒いです。その寒さをどうにかできないかと思い、醸造所はあえて雁行に配置しています。この地域は朝と晩の日較差がとても激しくて、夕方になると寒い空気が山の上から降りてきます。そのため、寒い空気を建物の中に入れないようにしつつ、暖気は入れたいので雁行にして、室内空間にできるだけ設備を投入せずに居心地のいい空間ができないかと考えました。3つ目は「中にある設備と景観とのせめぎ合い」で、基本的に大まかなボリュームは中に必要な設備から導き出しています。選果場はりんごの質と大きさを見極めるために4つほどレーンが必要ですが、そのレーンをここに配置するためにはそれくらいのボリュームが必要になります。また醸造所は、お酒をつくる際に発酵という過程があるのですが、そこで使うタンクが2,100mmほどの高さがあり、その高さを確保しつつできるだけ低く抑えたいので高さ2,250mmに設定しています。

[石上] 一つひとつの建物の関係性やプランはわかった部分もありますが、たとえば梯子の構造を使っていると言っていたけれど、ここは平らですよね?

[酒向] 模型では平らですが若干傾斜が付いていて、場所によってデコボコしています。なるべくがっつり掘りたくはなかったので、地面に対応することで梯子の考え方を利用できないかと考えました。若干ですけれど。

[石上] 傾きなどは一つひとつの建物の方向性が違うけれど、それはどう決めているのですか?

[酒向] 醸造所は風の向きから一番入りやすい傾きということで決めていて、真ん中の苗木を育てるところは後ろに広がる新農法の区割りと平衡になるように真っすぐ配置しています。選果場は地形との兼ね合いもありつつ、そこにしか配置できなかったと言えばそうですが、りんごの畑地を一番優先したので、一番北側に建てました。

[石上] 何となく農業的な合理性はあるのかもしれないけれど、一方で景色としても何となく可愛らしいというか綺麗じゃないですか。この背景に大きなものが来るとか、一つひとつ説明していくとそうなんだという感じがするけれど、実際にこの農園をつくっていく時に、ランドスケープと建築との関係や工夫がもう少しあっても良かった気がします。農業のあり方としてはとても魅力的だけれど、最終的なアウトプットとしてどの辺りまで考えているのかな? 現実的になれば面白そうな案なので、最後まで詰め上げると良くなると思います。

[酒向] 影がなるべくこちら側に落ちないように片流れをしつつ、また北側斜面が生物の住処になっていてあまりいじりたくないので、ここは小さなスケールで屋根を少し添えるような感じです。

[須崎] V字支柱やフィンクトラスのような形は、先ほどの梯子の説明からとてもいいなと思ったのですが、このメッシュになっているところは何ですか?

[酒向] メッシュのところは雪が降るので、枝が折れないように一時的にりんごの木を…。

[須崎] 積雪地方だから、それに対する屋根勾配とか何かありそうですが、その説明がなかったので聞きたいです。

[酒向] 積雪地方なので本棟造など大きな屋根を架けているところが多くて、かつ、できるだけ雪をすぐに落としたいので雪止めのレールを付けないのです。細かい話になりますが、そういう工夫は考えていて、白川郷ほど雪が降るところではないのでそれほど急勾配は取っていないです。

[須崎] 高床になっているところは埋まるというか積雪されるのですよね?

[酒向] そこまでは積雪されないです。

[須崎] 室(むろ)みたいになるわけではないのですか?

酒向 室にはならないです。

林野 ありがとうございました。では最後に「糸魚川」の谷井さんに伺いたいと思います。防火帯をコンクリートブロックでつくっていて大空間ができるわけですが、なぜコンクリートブロックなのか、そしてそのコンクリートブロックでつくった空間自体に、あるいは意匠にどういう意図があるのかが質問としてありました。それと1,500平米の根拠ですね。

谷井 1,500平米の根拠としては、この地域が準防火地域に指定されていて、2・3階建てで1,500平米以内だと準耐火構造でつくれるため、大規模改修になるのでその部分を意図しました。コンクリートブロックについては、まずスタディで組積造にしたいと思ったのですが、その理由は、小規模で工期が短い工法を選びたいということと、地域の人たちでつくり上げていくことで愛着を持って使ってもらえる通路にしたかったという2点です。その中でコンクリートブロックを選んだのは、中に鉄筋を配置したり、モルタルを充填させることで構造として弱い部分に対して強くできる余地があるところがいいなと思ったことが理由です。意匠としてではなく、この地域の防災に合っているという面で選んでいます。

石上 確かに防災的な観点からこういう新しいストラクチャーが必要というのはよくわかるし、その解決方法として風向きとは逆の方向に都市のストラクチャーをつくり変えていくところも面白い気がします。でもその次の段階として、ここで生活が営まれて、人がどう過ごすか、どういう景色になっていけばいいかなど最終的なところが単純にコンクリートブロックだけだと、何となく少し暗く冷たいと思います。最後のアウトプットについてもう少し聞かせてもらえますか?

谷井 この地域に限らないのですが、雁木の歴史的な街並みがあって、裏は入り組んだ路地になっているところを表現したいと思い、路地のように入り組んだ道という部分で表現しています。生活する人がどう使うかに関しては、雁木という今まで自分の私有地を公共に提供して皆で使おうという生活基盤が元々ある中で、元々この地域にあった建築的な要素を使って道をつくっています。

石上 でも庇が道路側に架かっていて、どちらが先かわからないけれど、結果として建築の成り立ちとアクティビティが一体化しているよね。一方で「人が勝手にやってくれる」と言ってしまうと、建築的な提案としては少し弱い気がします。もう少し積極的に「自分だったらこう使って欲しいのでこうなっています」といった説明があって欲しいです。

須崎 私の加点が1点になってしまっているのはそこですね。特に私は歴史が専門なので、雁木という伝統的な形態を通しての雰囲気のあり方などはとてもわかっているのですが、路地についても同じで、それは前提としてあって、そこにどのようなデザインの提案ができるのかというところが問われるのでしょうね。だから先ほどの質問をしたのですが、仮にでもいいので何かしら提案があったほうが良かったとは思います。

宮下 あと、コンクリートブロックを選んだ理由として施工が簡単という話はあったけれども、そうだとするとコンクリートブロック造それ自体を少し考えてもいいかなと。コンクリートブロックをベースに地域の人たちで何か手を加えて少し違うものにしていくとか、それ自体が一つの道の風景をつくっていくとか何かあるといいですね、雁木に変わる魅力みたいなものかな。内部通路として考えた時に、雁木とは違う魅力を地域として出してくるとか、そういうところに少しつなげていくとかね。単純にまさにズドンと抜けてしまっているところもある。延焼防止という意味で言うと、防災が一番の目的なのであまり

「つながりを育む」谷井美優(芝浦工業大学大学院)

何かを付けれないということはあるのかもしれないけれど。そこの空間のつくり方というのももう少し左右の面で違う色が出てきてもいいような気もするしね。コンクリートブロックだから同じ雰囲気でダーっと塗りますみたいな感じがあまりにも潔過ぎてしまって、少しもったいないという印象もあるかな。その辺にも提案があるといいなと私は思いました。その段階までの話はとても面白いので、逆にそこがすごく気になってしまうという感じ。

石上 やろうとしていることは何となくわかるけれど、リノベーションをする時に、古い建築の空間的な雰囲気といったものに対して、現代的な素材や要素を取り込むことで全然新しいものに生まれ変わらせるというのはよくある話だよね。おそらくそういうことでやっているのかなと理解したけれど、「コンクリートブロックです」だけで言い切られてしまうと、ファイバー状に都市の中に張り巡らされていって、都市の表面積としては既存の街並みよりも全然大きな表面積を立面として占めていくわけだから、そこの最終的なイメージをもう少しわかりやすく何か言ってくれないと。「コンクリートブロックの街並みがいい」というだけでは説得されにくいかな。

須崎 あとは、この都市空間構造は、いわゆる雁木の場合は不特定多数の人が通るけれど、内部の場合は、ここに居住している人や商いを持っている人のほうがやはり使用率は高くて、割りとプライベートな空間領域みたいなところで、質が全然違うと思うんですよ。そういう意味での使い方や活用のされ方といったことが考えられているといいなと思います。

「歴史に間違いあり」という提案
10回目の歴コン、グランプリ決定!

林野 ありがとうございました。そろそろまとめに入りたいと思います。ここからは今までの点数は関係なく、「これをグランプリに推したい」という意見を伺いたいと思います。どれが今年のグランプリに相応しいか、お一人ずつ伺います。

松田 難しいですね。グランプリがこれというのはまだ決まっていません。最後の「つながりを育む」に関してはいろいろな意見が出ましたが、防災ファイバー空間がたとえばコンクリートブロックでなければ、もう少し違った魅力が引き出せると思います。またファイバー空間は屈曲しながらパスが抜けていて、かつ通り土間との接続部分でたまりもありますよね。こうした路地的空間の面白さを取り込みつつ、全体を新しく生まれ変わらせるところが面白いと思うので、この点は触れておきたいと思いました。とはいえ、グランプリに推すとまではまだ言えないのですが、こうした良い点があることは、指摘しておきたいと思います。

林野 逆に「絶対これだ」と推される先生方はいらっしゃいますか?

宮下 私は、テーマの明快さと説得力で言うと「糸魚川」がわかりやすくて非常に強い。手法の大胆さも素晴らしいと思うけれど、やはりコンクリートブロックの取り扱いがとても気になる。もう少し突っ込んで考えられる部分があるような気がします。中山間の農村風景を歴史的空間と捉えて、徹底的なリサーチとテーマへの強い愛情という部分で「りんご」も捨て難く、その辺りで私はとても悩んでいる。私個人の意見で言えばそんな感じです。

塚本 「りんご」が歴史的空間なのかというのは、こういう風景をつくってきた構築環境としての歴史があるので、そうなのだという気もします。私も「りんご」を推したいところですが、棚田のところが少し気になっているんだよね。本当にこれでいいのかなという感じですね。鮮やかさという意味では「糸魚川」は非常に思い切りがいいアイデアで、かつ、燃えなかったところを変えていくという意味ですよね。やり方としてはかなりの荒療治ではあるけれども、一つ考えて欲しかったのは、雁木がやはり悪者になっていることです。あれがあるおかげで火が横へ横へと伝わって導火線になってしまった。だから雁木の不燃化も考えてくれるともっとはっきりした感じがします。

竹本 私は、自分自身はそうは思っていないものの、一般的には社会課題解決型ビジネス

コンクリートブロックだから同じ雰囲気で

ダーっと塗りますみたいな感じが潔過ぎて、少しもったいない

と言われるようなことをずっとやってきていて、かつ、そういう審査などもよく担わせてもらっているのですが、「りんご」や「糸魚川」の話は、眼前の課題解決に資する提案だと思います。一方で「益子」の話は、益子焼という営みそのものが抱える課題に対する解ではないというのが僕の見立てです。あとは、塚本さんがおっしゃった歴史的空間ということに「りんご」が該当するのかしないのかという点ですね。社会課題解決型という軸にしてしまうとそれは十分いいアプローチをしているように見えますし、しかも、建築で応えようとしているように見えるので。ただ個人的に、やはり棚田は棚田にしたいなというのは、これまた歴史的空間として、という意味も含めて、別軸であると思っています。

須崎 本当に難しいですね。歴史的空間再編ということをどう考えるかそのものだと思いますが、竹本さんがおっしゃったように、「益子」については、たとえば益子焼は泥や土などが素材としてはあると思うので、そのデザインのエレメントとしてもアイデアとしてそういうものが活かせたりとか、あるいは益子焼の造形などそういうものも反映されているとなお良かったのかなと思っています。提案としてはとても面白かったのですけれど。防火壁は先ほど申し上げた通りで、歴史的な街並みの再編を考えているのでテーマとしてはドンピシャだし、スキームが明快なので一発でわかりやすい、ということなのですが、再編の行き着く先が提案できているかどうか。防火に対しては提案できていると思うのですけれど、それに対する営みのデザインがプランニングとしてできているかというと、やはり、もう少しできたのかなというところがあって、そうなると最終的に「りんご」が残るのですが、「りんご」は歴史的かという点で、ただ、農村のあるエリアや農業の営みは歴史的な側面とも言えるというか、日本の農業は歴史の一部でもあるので、そう考えると全国にある耕作放棄地をどう再編していくのかは、ある種非常に社会的な課題としてあるのかなと思いますので、「りんご」かなと私は思っています。

石上 どれもレベルが高いけれどそれぞれ欠点もあって、「益子焼」で言えばやはりプランニングがとても気になりました。「りんご」もどちらかというとプランニングに関係するのかもしれないけれど、一つひとつの解き方や関係性のつくり方、説得力はとてもよく伝わってくる。しかし、やっていることとしては畑全体で捉えるべきで、大きなエリアで見ると農業は成り立っているのかもしれないけれど、風景や最終的に出来上がってくるものが本当に提案として素晴

らしいのかというと、突っ込むところが大きいと思いました。「糸魚川」も似たところがあって、考え方はとても明快で、都市の中に新しいもう一つの都市空間を、しかも既存の都市環境をある程度維持しながら、大胆に大きく変えていけるところでとても優れていると思います。一方で素材の選び方はやはり気になる。でもプランを一つひとつ見ると、路地やそういったところが、プランニングとして提案しようとしているものが何となく伝わってきました。それぞれの欠点が何かをいろいろ考えると、「糸魚川」はコンクリートブロックというのを皆は批判するけれど、彼女の意思でそれをやりたい。でもそれが欠点につながっているところで、もう少しやりたいところを詰めていって、きちんと皆を説得できるようにやればもしかしたら何かできるのかもしれないと、最終的に可能性を感じて「糸魚川」だと思いました。

林野 ありがとうございます。一巡して意見を聞いたところでは、おそらく3位は「益子」でよろしいのではないかと思います。いかがでしょうか。では3位は「益子」に決定しました。武部さんおめでとうございます。そして、先生方に非常に迷っている気持ちを正直に吐露していただきありがとうございます。決戦は「りんご」か「糸魚川」かということですが、審査員長の石上先生は「糸魚川」を推してくださいました。それに対して、「りんご」を推すという先生方はいらっしゃいますか?

塚本 コンクリートブロックをやっていく時には臥梁を付けないといけない。柱と梁で押さえて囲わないといけなくて、基礎が必要ですよね。そこをどうやるのかというのはもう一つあるね。

谷井 確かに構造などできていない部分はあるのですが、木造住宅のファイバー面に柱を追加したり、梁を追加することで…。

塚本 そうそう、きちんとダブルになっているのはしっかりしているし、木造のほうは問題ないと思います。だけど、コンクリートの臥梁で柱梁の基礎をやる時に、木造のほうを少しいじめることになるかもしれないけれど、基礎の考え方があると思います。たとえば置き型などいろいろなやり方があるのかもしれないし、そうすると周りのまちよりも少しだけ高いコンクリートの路地ができるといったことも考えられるかもしれない。その辺をデベロップして欲しい。そうすると暮らしとの対応関係もそういうところからきっかけが出てくる可能性もあります。そういう意味では、「糸魚川」は一見とても乱暴に見えるけれど、着地する方法を実は内蔵していると私も思います。風向きと町家の細長い向きが揃っているのが危険だと言っているのがすごい。こちらからとても強い風が吹いてくるわけですよね。そういうことを実は長いこと見落としてきたと言っているところがなかなかいいと思うのですよ。歴史的空間というと、「昔から続いているものはいい」となりがちですが、歴史的に繰り返されてきたことの中に間違いもあるのではないかと、そういう言い方をこの案はできているので、このコンペを10回続けてきた中で初めて「歴史に間違いあり」という提案が出てきたのは面白いと思います。

須崎 私は実は、コンクリートブロックは悪いと思っていなくて、一つのメタファーというか、いわゆる表現としてわかりやすい素材で一発、防火壁を入れているところで、むしろ現代的な解釈として提案的に見えるので好印象を抱いています。生活空間の部分だけが引っかかっていて意見しているのですが、それを今後きっと考えてくれるだろうという期待を込めて……1点を、逆転させることはできるかなと思います。

宮下 「りんご」が歴史的空間かどうかという議論だと思いますが、先ほどの問題解決型ということの社会問題に対して

▶ 最終結果

順位	出展ID	出展者	作品名
グランプリ	KSGP21104	谷井美優（芝浦工業大学大学院）	つながりを育む
準グランプリ	KSGP21179	酒向正郎（信州大学大学院）	りんご栽培と建築
3位	KSGP21163	武部大夢（宇都宮大学）	益子の窯元再編計画
4位	KSGP21065	中野慶仁（東京都市大学大学院）	砂象風景
5位	KSGP21097	亀山拓海（大阪工業大学大学院）	泥みとうつろい
6位	KSGP21001	千葉大地（東京電機大学大学院）	三陸の方舟
7位	KSGP21121	原 良輔（九州大学大学院）	神秘なる邪魔者
8位	KSGP21003	佐々木智哉（金沢工業大学大学院）	金沢町物語
9位	KSGP21092	林 眞太朗（神奈川大学大学院）	生残る痕跡群
10位	KSGP21193	藤田大輝（日本大学大学院）	蘇る器

という意味では歴史的空間再編と見ていいと思っています。これまでコンペの審査を10回も
やらせてもらっていて、新しい歴史的空間の捉え方について興味があるところもある。そうい
う意味で言うと面白いなと思っているのですが。一方でそこをそういう風に捉えた時の建築
の空間かというところにやはり少し弱さがあるような気がする。そういう意味では、「糸魚川」
はまさに塚本さんがおっしゃっていた歴史的空間の中に明快に問題を見つけて、それをかな
り大胆に解決しているというか、提案していると。ただ、そこに足りないところがあるのは、皆
さんおっしゃっていると思うので、その辺をもう一度考えると、本当はそこでもっと面白い案に
なるのではないかと期待も込めて、私も「糸魚川」でいいのではないかと思っています。

松田 少し話がずれるのですが、「益子」の案もとても面白いところがあって、図面ではプ
ランを3色で色分けしています。その3色が重なっているところはグレーになっているわけで
すが、実際はあまり目立たないグレーこそが大事な空間でもあったわけです。設計プロセス
のところでは、まち全体の中での位置づけも含めて3つの要素の関係が示されていて、それ
らがいかにつなげられたのかも描かれていました。この空間構成の妙を上手く伝えきれてい
ないところがすごく惜しいところです。

林野 ありがとうございます。「糸魚川」の可能性に賭けるという言葉もありまして、何とな
く大勢は決まったと思いますが、この議論を踏まえまして、2位は「りんご」でよろしいでしょう
か？ では、2位は「りんご」の酒向さんに決定です。そしてグランプリは「糸魚川」の谷井さん
です。おめでとうございます。ここで審査を終わらせていただきます。長い間、お付き合いあ
りがとうございました。

本審査　総評

異なる視点で切り込んでいく モチベーションに 未来を感じた
石上 純也

僕たちが常識だと信じていることは、ある側面から眺めた時には、非合理的であることが多くあります。また、どんなに非合理的であったとしても、長い時間の中で繰り返され続けてきたことには、説明のできない安心感が含まれています。今回グランプリに選ばれた「つながりを育む」は、歴史的な都市を防火という観点から考察し、その都市構造を大胆に再構成するものです。山から日本海側に吹く風向きと、町家の方向が一致していることが2016年に起きた火災が大規模に広がった原因だったと分析し、町家の向きと直行するように防火帯を計画していきます。歴史的な街並みに対して、それを分断するように新しい都市構造を挿入し、同時に、既存の風景を存続させていこうという試みです。密集する木造建築群が切り刻まれ、そこに新しく生まれるファサードと路地が挿入され、結果、新しい生活とアクティビティを、歴史的な風景の中に染み渡るようにつくっていきます。コンクリートブロックのファサードのあり方や、ファイバー状の路地の計画は粗削りで、もっと深く詰めていく必要があるように感じましたが、僕がこのプロジェクトに感じた魅力は、パリのオスマン計画のような、ある意味、強引に都市を破壊するように刷新していく手法を取りながら、一方では、都市の既存の構造を保存していくという、相反する価値観を計画の中に共存させている点です。都市の街路のあり方を二重化し、複雑に劇的に都市の表面積を拡張し、建築の内部を外部へと反転させ、まちに新しい命を与えていくアイデアはとても新鮮でした。長い歴史の中で、みんなが常識であると疑わなかった都市の成り立ちに対し、今までと異なる視点で、そこにはなかった合理性と価値観を持って切り込んでいくモチベーションには少なからず未来を感じました。

歴史の襞、 環境のあいだ
須崎 文代

ファイナルに残った作品の数々は、建築や都市の再編に向けた「歴史」への眼差しを、いわゆる歴史的建造物や文化遺産、あるいはオーソドックスな都市構造の読み取りに向けるのではなく、そこから見落とされ

そうな、いわば歴史の《襞》のような部分を丁寧に掬い取って、提案へと展開しているところが印象的でした。既存の街区の路地や、何の変哲もなく思える建物とそれらが生み出す余白、あるいは人々のつながりや記憶──そうしたものの中に、残すべき価値や再編の糸口を見出して、新しい空間を生み出そうとする作品が多く見られました。そして、そこで展開される人々の営みに潜む問題や課題解決のためのプログラムを、建築デザインによって解決しようと挑んだ力作ばかりでした。総じて、大規模開発による都市再編や規格化された製品で構成される建築とは逆サイドの、細やかな再編の提案だったと思います。

なかには、未来に向けた「再編」のパースペクティヴ、特にタイムスパンを非常に長く設定した壮大な提案がいくつかあって感心しました。たとえば砂丘の形状変化や人口減少後の都市像を描いた作品などが象徴的なものでしょうか。あるいは、ため池や海岸、農地、山林に注目して、人間の営みを自然や地球環境といった大きな循環の中に位置づけようとする提案もいくつか見られました。そうした提案は粗削りな面も見られましたが、射程の深い意欲的な作品として評価されたのでしょう。人新世論として議論されているような、地球環境（自然）と人間（人工物）との《あいだ》を問い直す意識が、作品の根底に共有されているように感じられました。過去と未来をつないでいった先に紡ぎ出されるのが歴史であることを、言い換えれば、新しいチャレンジを通して歴史が創り上げられていくことを、参加者それぞれが感じる機会となったのではないでしょうか。

思想的成熟が古くて 新しい「歴史的空間」の 形成につながることを期待
竹本 吉輝

大会初日午前中のトークセッションにて、本会を通時的に語り得る塚本由晴氏が、「歴史的空間」以前に、建築が、そして建築に携わる人が、「空間」そのものに囚われてしまっていることの弊害について言及するという極めて共時的な幕開けに、諸事、深慮を要する大会であることを再認し、審査の任に就きました。審査員略歴を概観するだけで、私自身の存在が極めて特異であることを自認しながら、（生物学上の）生産者が集う中、トビムシという社名の通り、唯一分解者として、「歴史的空間」を捕捉し、要素分解する、そうした役割を全うすべく、意志ある学生の作品に対峙しました。

近代以降（あるいはそれ以前から）、時々、場所々々の「空間」最適化が図られ続けた結果、現在、地球という全体「空間」が持続困難な状況状態にあり、IPCC（気候変動に関する政府間パネル）の最新報告書AR6において、地球温暖化に対する人間活動の影響は「unequivocal（疑う余地がない）」とまで記述される（ちなみにAR3は「likely」、AR4は「very likely」、AR5は「extremely likely」）段階にまで及ぶ、今ここ、における「歴史的空間」をどう規定し、そこに発現する作品へどう向き合うべきかに腐心しました。

そうした中、それぞれの作品が、時間的再帰性、すなわち、「歴史的空間」の歴史文化的解釈と現在経済的活用の相互作用を企図包含していることに驚く一方で、素材的連関性、すなわち、「歴史的空間」の共同体的事物連関を紐解き、近代市民社会的交通（易）に置き換えることへの配慮関心が希薄であることも覚知しました。冒頭の塚本氏の指摘通り、「空間」に囚われるがあまり、「空間」を形成する「空間」外との事物連関を想起・分析・解釈し、地球「空間」の持続可能性を担保し得る生産・消費・分解といった段階ごとの諸要素に還元するといった視座が、その萌芽は見られるものの未だ乏しく、今後、参加者総体によるその思想的成熟が、古くて新しい「歴史的空間」の形成につながることを大いに期待したいと思います。

歴史的空間再編を問う このコンペも 時間の厚みを持ち始めた
塚本 由晴

第10回を数える記念すべき年に、本コンペティションが開催できたことに大きな幸せを感じます。思えば第1回の開催は東日本大震災の翌年で、日本ではそれまであまり疑われることのなかった「成長」を前提にした社会の想定が怪しくなり、その中で当然のことながら、建築のあり方も根本的な再検討を迫られ始めた時期でした。その時期に、これからの社会を担う学生を対象にしたコンペが、「未来の〜」というふわっとしたテーマではなく、「歴史的空間」と向き合うことをテーマに掲げたのは達見でした。このテーマは、今も続く建築のあり方の再検討の柱になっています。また東京ではなく、金沢という地方都市を発信源に、毎年多くの学生と、審査を務める建築家や研究者や作家を引き寄せ続けることで、証言者、目撃者を増やしてきたのもこのコンペの特徴です。

今回はコロナ禍の小康状態のような雰囲気の中、例年通りの審査と記念講演だけでなく、過去の審査員を招待した円卓会議や座談会も開催できました。特に「金沢学生のまち市民交流館」の畳の大広間に、歴代受賞者も招いて車座で議論した座談会は壮観でした。歴代受賞者から、このコンペでの受賞が自信となり、いろいろなことにチャレンジする際の後押しになったという話を聞いて、胸が熱くなりました。歴史的空間再編を問うこのコンペも、少し時間の厚みを持ち始めたような気がします。

ただささすがに10回も数えると、応募者も研究しますから、歴史的空間の捉え方や再編の手法が、初期に比べるとだいぶ整理されてきた印象を持ちました。それがこのコンペの蓄積であり、厚みなのかもしれませんが、一方で、大学受験における「傾向と対策」のようなものになってはいないかと、少し心配にもなりました。地域の特産品の生産過程や物質循環を軸に、施設や生産体制が弱体化した現状に対し、元の設いを読み替えたり改変していくことは、一つの定式になってきました。今回10選に残ったものでは、「りんご」、「陶芸」、「竹細工」などがありました。また水へのアクセシビリティや、各種資源の取り扱いにより歴史的に形成された環境や振る舞いを改変するものとしては「ため池」、「運河」、「砂丘」などがありました。いずれも観光、宿泊、教育などを投入し、その維持管理に関わるメンバーシップを拡大することで、産業構造や暮らしの変化、人口減などで失われた活力を取り戻そうとするものです。その中で1位となった「つながりを育む」の提案は異色でした。糸魚川の大火災は、山側から吹き下ろす風と、海岸線に垂直に、海から山に向かって伸びる街区の向きが揃っていることによってもたらされたことを踏まえ、街区を海岸線に対して平行に切り裂き、コンクリートの防火壁を挿入する。これにより延焼を防ぎ、新しい界隈性を生み出す。何より衝撃を受けたのは、この提案は歴史的空間である街区割りが、延焼を助長してしまう構造になっていること、つまり歴史が間違えを冒しうることをさりげなく提示していることでした。

歴史的空間の捉え方や再編の手法が広がる

宮下 智裕

今年で10年目を迎えた歴史的空間再編コンペティションであるが、私は毎年審査の過程で歴史的空間の何を再編しようとするかという着眼点に強い関心を持っている。そして年々歴史的空間の捉え方や再編の手法に広がりが見えていて非常に面白いと思っている。それは10年間、同じテーマで行っているコンペだからこそ味わえる醍醐味かもしれない。その意味でも、見事グランプリに輝いた谷井さんの作品「つながりを育む」は、歴史的空間を防災という切り口で再編したとても魅力的な提案であった。風向きなどから延焼の過程から検証を行い、連続する町家の中央部に大胆にスリットを入れ延焼を食い止めると同時に、新しい動線とコミュニティーを形成する場を生み出すというものであった。正直、そのスリット空間のデザイン自体は強すぎる印象を持ったが、防災と歴史的空間の保全と新しいまちのアクティビティを同時に実現しようとする姿勢に感銘を受けた。ブラッシュアップすればさらに良い提案になるはずだ。

今回のコンペでは、記念講演を含めて「事物連関」という言葉が一つのキーワードとなっていたように感じている。歴史的空間がどのようにその地域や文化を支える連関の中に位置づけられ、それが再編により新しく位置づけられるかという問題である。その点で「益子の窯元再編計画」や「りんご栽培と建築」、「神秘なる邪魔者」なども非常に興味深い提案であった。これらの作品は共通して、長期にわたって敷地に入り込み、膨大なリサーチと体験を通して立案されている。作者がその暮らしや体験の中から感じるリアリティーをベースに提案を汲み上げていることに強い共感を覚えた。別の言い方をすれば、一種の愛のようなものが伝わってきたとも言える。

また来年以降、さらなる「歴史的空間」の捉え方の広がりや現代的な価値へと変換する「再編手法の多様性」などを強く期待している。そしてまた魅力的な提案を皆さんと議論したい。

「空間」から「時空間」へ

松田 達

本年は記念すべき第10回目の歴コンだった。関連イベントも多く、例年の記念講演＆トークセッション、建築ツアーに加え、歴代審査員、歴代入賞者、SNOU OBが対話した「座談会」や、歴代審査員に金沢市長も加わった「円卓会議」が開催され、あまりに豪華な2日間だった。特に「座談会」は、ここ10年で「歴コン」がもたらしたものとその意義は何だったのかを、多様な視点からの意見により振り返ることができた。

金沢の中心に、全国の学生が一堂に集まる場と機会ができたことは素晴らしい。椅子に座って話すのではなく、床に座って話す距離の近さも金沢ならではである。建築界には学生コンペの領域ではあるが、10年をかけて「歴史的空間再編」という同じテーマを問いかけることにより、建築を学ぶ学生が考えるべき問題が「空間」というより「時空間」であることを相当に定着させてきた。空間に時間軸が加わったのだ。さらにそれは「卒業設計」の傾向にも遡及的に影響している。この10年で、「歴史的空間再編」を意識した卒業設計が明らかに増えてきたことを感じている。

さて、こうしたイベント群とともに行われた本年のファイナル審査も、やはりとても意義深い内容であった。特徴的な作品に触れておきたい。グランプリとなった谷井さんの「つながりを育む」は、木密地域に「防災ファイバー」空間を提案するもので、防災的効果と内外空間の新たな可能性の両者を同時に追求する魅力的な内容であった。空間の方向性の縦横が入れ替わるところも面白い。3位となった武部さんの「益子の窯元再編計画」は、窯元を事物連関のネットワークのもとに再編するもので、新たな陶芸空間のあり方を建築化していた。地域産業の今後に対する問題意識と、それを手がかりとした建築空間の双方のバランスが、やはりよく取れていた。6位となった千葉さんの「三陸の方舟」は東日本大震災で大きな被害を受けた三陸町志津川を舞台に、現在の単純な嵩上げではなく漁村集落の街並みを継承する、より細やかな高低差を取り入れた嵩上げを提案するものであった。やはり土木的な提案から建築的な提案までが同時になされている。

上位に残った作品には、このようにベクトルやスケールの異なる複数の提案が上手く一つにまとまったものが多かったと言えよう。一方、いくつかの作品は、リサーチによる大きな「システムの設計」には到達していたが、そのシステムによる「空間の設計」にまで落とし込めておらず、議論の過程で脱落していったものがあったことも付記しておきたい。また本年の作品では、数十年単位の時間の流れだけではなく、千年、なかには1億年という時間の流れを取り込む作品もあった。「空間」から「時空間」へと、建築学生の意識が変化してきたことを、強く感じている。

作 品 紹 介 —**11**～**20**位—

11位

KSGP 21006

古き民の家
―持家福祉制度を古民家に転用するまちづくり―

西尾 龍人　愛知工業大学 工学部 建築学科
林 凌大

　民家とは大家族を支え、生業やまちと繋がっていたものである。しかし老いて朽ちる「古」民家で暮らす高齢者は血縁では解決できない環境に悩んでいる。そこで持家　福祉制度を古民家に転用することで古民家をひらき、かつての大家族をなぞられえるような高齢者と他者、まちとの生活風景を想像する。

11位

KSGP 21008

高円寺再反転
―街の雑然性と規則性から創り出す高密度街再編計画―

山田 康太
東海大学大学院 工学研究科 建築土木工学専攻

　高円寺の歴史の蓄積による規則性「内外の反転」を手法とし、既存の内部空間を共用空間、路地や隙間を内部空間へ、既存機能と一転する高密度街区の再編計画を　提案する。反転し生まれた空間が既存建築の完結性を揺らぎ、街区全体が一体的に機能し、既存のスケールを継承しながら雑然的な魅力を増大する。

11位

KSGP 21160

赴くままに動くまち

糸岡 未来　信州大学大学院 総合理工学研究科 建築専攻
宮西 夏里武／田中 優衣

　福祉へ先進的な取り組みを行う一方で、その集約的な福祉によって伝統的居住区の過疎化、延いてはまち全体の衰退が予想される輪島市。小型モビリティを媒体として、　まちに巡らされたカートだけが入り込める小路での住民・観光客の『移動』によって生まれる生活の延長としての共助関係から、まちを再編する。

14位

KSGP 21079

平和への布石

福本 樹太
東京都市大学 理工学部 建築学科

　これは戦争遺構の保存プロジェクトであるが、明るい。「こどもの国」に埋まる弾薬庫を現代に示す様に掘り出す。これは地層の中に埋まる太古の遺跡を調査する手法に似て　いる。既存の建物をそのまま活用した内部空間と、それを観察する外観を全く別の方向からのアクセスとすることで、異なる時間軸と世界観を両立する。

14位

KSGP 21154

シン・メタボリズム

濱﨑 拳介
九州大学大学院 人間環境学府 空間システム専攻

　日本初の世界的な建築運動であるメタボリズム。しかし当時の建築は老朽化、解体され始めている。同様の問題を抱えている坂出人工土地において、建築を象り小さな　モジュールを作成する。その組み合せで多様な空間を生み出す新たなメタボリズムのあり方を提案し、未来へと継承する。

16位

KSGP 21078

高松城再構想
―海城跡における空間的可能性と再解釈―

喜多川 颯馬
神戸芸術工科大学大学院 芸術工学研究科 総合アート＆デザイン学科

　現在、日本の史跡の多くが死蔵化し、城跡の持つ特性上都市計画の中で隔絶された空地と化している。高松城もその一つであり、本来の港湾機能を有する海城として機能を失っている。本提案では、高松城を四国と瀬戸内海の境界を担う場所として、城という都市と建築の狭間にある特殊なビルディングタイプの再考を行う。

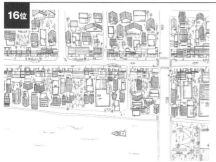

16位

KSGP 21138

ハレとケを紡ぐガイドライン
〜清水銀座通り商店街における、防火建築帯に倣う通りと建築の継承作法〜

谷本 優斗　神奈川大学大学院 工学研究科 建築学専攻
井口 翔太

　防火建築帯は、災害から人々を守り、暮らしを守ってきた。老朽化による建て替えが進む今日において、歴史的価値のある建築の特徴を読み解き、新たなガイドラインを挿入することで、歴史を継承するツールとして、これからの生活様式を内包する器として街を見守っていくことを期待する。

18位

KSGP 21055

佃のまちに浮かぶ島

西村 琢真
東京工業大学大学院 環境・社会理工学院 建築学系 建築学コース

　まちに潜む見えない構造こそが都市を動かすことができるのではないだろうか。かつて島だった痕跡を足がかりとしながら近代建築に街との接点を持たせることで、個々の建築を超えた繋がり＝島としての都市空間を佃につくりだす。島は近代都市という海に浮かび漂流者たちの拠り所となっていくだろう。

18位

KSGP 21070

現代における宿場町

高野 晃太
金沢工業大学大学院 工学研究科 建築学専攻

　江戸時代、職住一体の豊かなくらしが営まれた宿場町。その宿場町が持っていた「役割」と「生活の成り立ち方」を分析し、現代のモノ・コト・ヒトに置き換えて再編する。これにより、表面的な歴史・文化の保存とは別のアプローチで、継続的な町の活性化を促す仕組みを構築していく。

18位

KSGP 21114

砂丘の記憶

佐野 雄基
名古屋市立大学大学院 芸術工学研究科 建築都市デザイン領域

　静岡県の遠州灘海岸には災害から地域を守るため、日本で唯一の人工斜め砂丘が広がっていた。破壊された部分の砂丘を自然の力を借りて取り戻す。この土地の記憶を忘れさせないためにも過去を分断せず、過去と未来が現在の中で同時に進行する風景をつくる。

作品紹介 ―**30**選―

Symbiosis

KSGP 21012

浜島 涼平

千葉工業大学大学院
創造工学研究科
建築学専攻

―

酒井 洵拳／牛山 滉太

弱波堤
―日常に寄り添う小さな堤―

KSGP 21085

奥山 翔太

日本大学大学院
工学研究科
建築学専攻

千載古墳
―東京タワー延命計画―

KSGP 21016

黒田 尚幹

工学院大学大学院
工学研究科
建築学専攻

農知の波紋
―琵琶湖湖畔の農業振興と遊水・避難機能を兼ね備えた農地活用の提案―

KSGP 21109

傍島 靖葉

立命館大学大学院
理工学研究科
環境都市専攻

町ウツシ
―かつて醤油から生まれた町並み景観、その老化する伝建地区の再構築―

KSGP 21039

松野 泰己

立命館大学大学院
理工学研究科
環境都市専攻

外国人お遍路さんによる遍路文化再生計画
～四国八十八箇所霊場 52 番札所太山寺周辺を先駆けとして～

KSGP 21130

橋田 卓実

工学院大学大学院
工学研究科
建築学専攻

コと京都
―コの壁による京町屋保存モデル―

KSGP 21074

青山 剛士

立命館大学大学院
理工学研究科
環境都市専攻

遊歩道再編レシピ
～多摩ニュータウン 諏訪・永山地区編～

KSGP 21143

梅原 慎太郎

東京都立大学大学院
都市環境科学研究科
建築学域

―

高田 典子

雨を惹くインフラ
―長崎・佐世保市斜面市街地に寄り添う線的建築がまちを描く―

KSGP 21077

濵﨑 沙耶 熊本大学大学院 自然科学教育部 土木建築学専攻

綴く半透明の物語

KSGP 21150

内野 佳音

日本大学大学院
生産工学研究科
建築工学専攻

ＳＮＯＵ賞

SNOU賞
とは 最優秀SNOU賞・パース賞・模型賞・プレゼン賞の4部門において、SNOUが優秀作品を選出。
各賞の受賞者計4名に、北陸ゆかりの品を贈呈しました。

審査方法 30選決定後から歴コン当日までに、1次審査及び2次審査を行う。
[**1次審査**]
SNOUメンバー全員で30選のパネルデータから審査、投票し上位10作品を選出。
[**2次審査**]
1次審査を通過した10作品の中から、最優秀SNOU賞1作品を選出する。
SNOU審査員が、パネルデータ及び模型写真データを見て審査を行い、
点数の合計により決定(1次審査の点数は2次審査に反映されないこととする)。

審査基準 ◇ どこを「歴史的」とし、何を「再編」したかを的確に捉えられているか
◇ 対象地の歴史的背景や現状などの下調べが十分にできているか
◇ 問題提起が的確にできているか
◇ 提案は問題を解決するにあたってふさわしいものになっているか
◇ 提案に持続性・将来性はあるか
◇ パネルを通して、作品の魅力についてわかりやすく説明されているか

審査結果は
歴コンHPで
公開しています。

最優秀SNOU賞

受賞者:KSGP21193
藤田 大輝

———

浅野 恵理子「星集め」
夜空に煌々と輝く星を沢山集めるイメージで
制作しました。

パース賞

受賞者：KSGP21012
浜島 涼平／酒井 洵挙／牛山 滉太

———

木原 小夜「矢車菊」
細い糸が重なり合って面を作り、その
上に色糸を刺繍して模様をかがる。単
純な糸の配置でお花や幾何学的な模
様を表し、また色の組み合わせで印象
も変わる。昔から伝わる加賀手まりを見
ていただけたら幸いです。

模型賞

受賞者:KSGP21016
黒田 尚幹

———

中嶋 寿子「三角屋根と月」
三角屋根の家と月を描いた陶板です。
飾ることはもちろん、うつわとして使うこ
ともできます。

プレゼン賞

受賞者：KSGP21065
中野 慶仁

———

白井 渚「彩霧Cup」
白と黒の液体状の土を流し合わせて、
漂う霧や煙をイメージしました。ひとつと
して同じ模様はありません。

表彰楯

グランプリ、準グランプリ、
3位の方に贈る表彰楯
を、高木基栄さんに作製
していただきました。

高木 基栄「Rough」
本コンペティションが学生さんを対
象にしているということで、ガラスを
溶解炉で溶かす前の原料の塊(カ
レット)を用い、『光り輝く未来の原石
として、これからいろいろなことを学
び、自らの人生の形を溶けたガラス
の様に柔軟に変化させ、時代を担う
人間になってほしい』という思いを込
めて、制作しました。

歴 コ ン を 語 る

歴 コ ン
10周年
記念企画 ②

座 談 会

○日時
2021年11月20日（土）17:00〜19:00

○会場
金沢学生のまち市民交流館
交流ホール

［歴代審査員］

五十嵐 太郎
（東北大学大学院 教授／第1回二次審査員）

真野 洋介
（東京工業大学 准教授／第6回二次審査員）

倉方 俊輔
（大阪市立大学大学院 教授／第7回二次審査員）

平田 晃久
（京都大学 教授／第8回二次審査員）

腰原 幹雄
（東京大学 教授／第9回二次審査員）

松田 達
（静岡文化芸術大学 准教授／
第1〜10回二次審査員）

塚本 由晴
（アトリエ・ワン、東京工業大学大学院 教授／
第1〜10回二次審査員）

熊澤 栄二
（石川工業高等専門学校 教授／
第1〜10回一次審査員、副実行委員長）

小津 誠一
（E.N.N. 代表／第1〜10回一次審査員）

［歴代入賞者］

野原 麻由（第2回準グランプリ）

川口 祥茄（第3回グランプリ）

堀場 絵吏（第4回グランプリ）

松井 亮平（第5回3位）

久連松 文乃（第6回グランプリ）

松井 勇介（第7回準グランプリ）

山本 壮一郎（第8回グランプリ）

原田 秀太郎（第9回グランプリ）

［SNOU］

中田 匠（第3・4・5回大会代表）

笠井 翔平（第6・7回大会代表）

利根川 瞬（第8回大会副代表）

上野 想朔（第10回大会代表）

［司会進行］

宮下 智裕
（金沢工業大学 教授／
第1〜10回審査員、実行委員長）

～ 10 年 間 の 振 り 返 り と 今 後 の ビ ジ ョ ン ～

10周年を迎えた歴コンが10年間変わらず追求し続けてきた「歴史的空間再編」の意味とは何か。
歴コンが与えてきた社会への影響や10年の間に移り変わってきた価値など、
過去の審査員や歴代入賞者、主催者たちと振り返るとともに、今後の歴コンの可能性や目指す未来を語り合う。

思い出を重ねる座談会
入賞者たちはいま

宮下：以前より塚本先生や松田先生などと、みんなで集まって座談会ができたら楽しいねと話していました。歴コンが10周年ということで記念大会らしい特別なお祭りとして、今まで関わってくださった人たちが一堂に集まる機会ができればと声掛けしたところ、これほど多くの方々に全国から集まっていただいて感謝しています。建築関係で第一線で活躍されている方々が金沢にこれだけ集まって、こうして車座になることもそうないと思います。このような非常に素晴らしい機会を皆さまのご協力で実現できたことを、まずは心より御礼申し上げます。私はモデレーターではありますが、このメンバーをモデレートするのは到底荷が重いです。そこで、ざっくばらんに皆さんにマイクを取っていただいて、思ったことを話していただくような雰囲気でいいのではないかと思います。

今日は歴代の審査員、入賞者、そして歴コンの企画・運営に携わっているSNOUのOBにも来ていただいています。運営側、審査員側、出展する側の三者の想いの中で、これからの歴コンについて座談できると嬉しいです。まずは入賞者の方々から、どのような作品で参加したのか、今は何をされているのかをお話いただき、その回で審査をされた先生が思い出を重ねる形で進めていきたいと思います。ではよろしくお願いします。

野原：第2回で準グランプリをいただいた野原と申します。出展した作品は、岐阜の柳ケ瀬商店街に図書館をつくる提案でした。柳ケ瀬商店街の特徴として、広大な範囲で網目状にアーケードが架かっていて、私が選んだ敷地も三方にアーケードが架かっています。敷地の中のボリュームをアーケードの角度に沿って切り取った部分をオープンスペースにして、そこを商店街の「あふれだし」に対応させて本を読むスペースにするというのがポイントです。商店街の本屋さんやお肉屋さんなど、いろいろなお店に対応した本を図書館に置いて、まちと建築お互いのあふれだしで楽しむことを提案しました。

私は先月末に会社を退職して、今は子育てを楽しんでいます。学生の時から社会人まで建築をずっと一生懸命やってきて、妊娠、出産、育休という中で、助産師さんなど今まで関わることがなかった人たちとの出会いや、SNSのつながりなどがあり、今は建築の設計の一線にはいません。しかし、保健室

のようなカフェをつくりたいという助産師さんのクラウドファンディングを支援したり、古民家を再生して皆を受け入れる広い場所をつくるなど、歴史的空間の再編に関わるようなプロジェクトを応援したりしています。今は、まちづくりの活動や素晴らしい建築に救われる経験をしていると感じています。子育てが一段落したら、また建築設計にも関わっていきたいと考えています。

宮下：では続けて第3回の方お願いします。

川口：第3回のグランプリを受賞した川口と申します。私は広島県出身で、呉市の愛宕地区という急傾斜地を敷地に選びました。木造の住宅が密集しているエリアがあり、介護が必要な方や年齢層の高い方が住んでいます。私は呉に縁があり好きな地域なので何とかこの風景を残したい、住民たちの住環境を守りたいと思い、提案を考えました。案としては、木造の住宅地にトロッコを通していくというものです。通常トロッコは外部にあるものですが、それが木造の住宅を貫いて、横へとつないでいくことを考えました。住空間に皆が通れる道をつくることで、「あのおばあちゃんは元気かな」とお互いが見合える関係ができ、そこにパブリックな空間も入れて、おばあちゃんおじいちゃんの健康状態や安否確認もできます。今は孤独死といった問題もあるので、トロッコを通すことで地域としてそれを解決できないかと、線路を通していく提案をしました。審査員の坂本一成先生からも評価いただき、グランプリをいただくことができました。

私は戸田建設の意匠設計部に入社して6年くらい勤めました。80億円規模のホテルやロッテの会長室、またジャポニカ学習帳のデザインなど建築だけでなく、インテリアデザインやグラフィックデザインもさせていただくことがありました。今年の1月に独立して、今はインテリアデザインをやっています。最近は上場企業の社長室のインテリアデザインや、飲食店のグラフィックデザインもしており、自分ができることをクライアントさんの望むものにアウトプットしていく仕事をしています。今日は学生の時に憧れていた建築家の先生方や、今まさに頑張っている学生の方々と交流できるということで参加させていただきました。

宮下：ここで、第1回目に審査員を務めていただいた五十嵐先生にお話を伺いたいと思います。当時、学生コンペでは日本一を決める「せんだいデザインリーグ（SDL）」が全国的にかなり注目されていました。私たちも何か新しいコンペをつくるに当

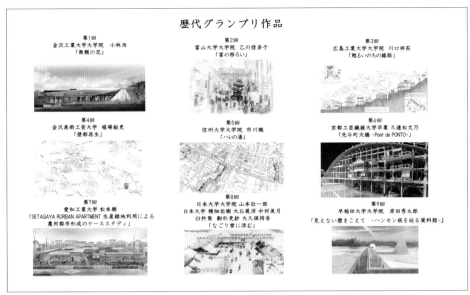

第1回〜第9回のグランプリ作品

たって、逆に言うと日本一とはまた違う価値を出したいというのはスタートからありました。そんなことも含め、SDLに立ち上げから関わっている五十嵐先生にぜひ来ていただきたいと審査員をお願いしたのを覚えています。コンペに参加された時の感想やその後も含めて、いかがでしょうか？

五十嵐：SDLという大掛かりな卒計イベントをやったことで、2000年代の後半から全国でいろいろな学生コンペが増えていったのですが、歴コンが「歴史」という切り口を明確に出したのは、金沢が重層的に近代以前からの建築が残っている場所なので、差別化も含めて非常に上手いと思いました。広義の意味でのリノベーションも入ると思いますが、僕の世代の卒業設計は90年頃なのでまさにバブルで、リノベーションはほとんどなくて新築や大きなプロジェクトをやる機会でした。日本の場合だと2000年頃に、リノベーションという言葉がようやく建築の業界でも関心を持たれ始めて、今は一般に使われるようになりましたね。2020年頃に京セラ美術館と弘前れんが倉庫美術館ができて、それなりの規模の公共建築でもリノベーションで目立つものが建ち始めて、いよいよ本格的に日本でも増えてきたと思ったので、20年の節目で見るとその間のちょうど10年で歴コンが誕生したのだなという感慨があります。

　第1回は僕と妹島和世さんが推していた作品は勝てなかったことを覚えています。それからよく覚えているのは、たまたまSNOUの代表がグランプリを取ってしまったことです。トロフィーを買ってきた人が自分でもらうということが起きて、内輪っぽく見えるから大丈夫かなと少し心配していたのですが、無事10年続いて本当に良かったと思います。おめでとうございます。

宮下：では続けてお願いします。

堀場：第4回のグランプリをいただいた堀場と申します。私は当時、金沢美術工芸大学の大学院に通っていまして、5年ほど金沢に住んでいたのですが、まちを歩いていると、自分がいいと思うまちの魅力が伝わってこない場所がたくさんあると感じました。たとえばこのトタン壁や土壁がいいと思っても、それらがバラバラに点在していて今一つ伝わらないと思い、それらを再編してつなげてまちを巡る仕組みがあれば、まだ気づかれていない魅力的なものを、皆さんに知ってもらえる構造ができると考え、いくつかの建築とそれを巡るあり方を提案しました。自分が元々いいと思っていたまちを素直にプレゼンして、塚本先生などに「いいね」と言っていただいて、先生方に逆に魅力を見つけてもらってグランプリをいただけたのかなと思います。

　卒業後は住宅メーカーで、主に東京の城南エリアの戸建て住宅の設計をして、そのあとは商品開発をしていました。歴コンをきっかけにいろいろなコンペでの入賞が続いて、そのあとのキャリアにつながる出来事が重なったのが一番大きいですね。そういう流れからかわかりませんが、今は玉川大学で空間系の教員をしています。自分では考えていなかったキャリアにトントンと進んだのは、審査員の先生方が私をグランプリにしてくださったからなのかなと、振り返ることがあります。

塚本：いやさっきからね、皆さんがコンペの時よりもさらに成長しているなというのが言葉の選び方や話し方からも伝わってきますのでとても嬉しいですね。このコンペでの受賞が皆さんの背中を押すような役割をしているのであるならば、それはもう最高の喜びですね。本当に皆さんありがとうございます。

SNOUの代表がグランプリを取った時は僕もまずい、これでは出来レースと思われないかと心配しました。SNOUの皆さんの頑張っている姿も見ていますし、最初の立ち上げなので、どちらかというと作品よりも運営のほうを見ているところがありました。一次審査の審査員としてとても嬉しく思うのは、1票で選ばれた作品が10選まで残った時で、とても良かったなと感じながらいつも見ていました。

宮下：では続きましてどうぞ。

松井（亮）：第5回3位入賞の、当時発表者の今川と共同しました松井と申します。発表内容としては、松本城のお堀の段階的な復元計画の提案を行いました。計画地である二の丸の南西埋立地は、現状住宅が建ち並び、歴史的なものとして復元するという松本市の都市計画が想定されていました。これに対して、解体予定の住宅地や空き地などまちの余白となる土地を徐々に掘り進め段階的にお堀を再現していき、水や生態系などのさまざまなレイヤーを重ね中長期的な時間軸の中でお堀の記憶を蘇らせていくという提案です。私どもはランドスケープデザイン研究室所属でしたので、ランドスケープの観点から歴史的空間の再編に関して提案しました。

現在は京都空間研究所という設計事務所に勤めており、京都を中心に保育園や医療福祉施設、文化施設等の基本設計から許認可申請、地域協議支援等の仕事をしています。

一気に絞り込む一次審査
歴コンでの話が自分のこととリンクする

宮下：第5回は乾先生、饗庭先生、加藤先生が審査員として来られた年ですが、残念ながら今回はご参加されていません。そこで、第1回から一次審査の審査委員長をされている熊澤先生に、記憶に残っている部分などをお話しいただければと思います。というのは、一次審査は毎回すごい作品数から一気に絞り込まなければいけないので、10年やられているともう千何百の作品を見てきたということになります。

熊澤：皆さんにお会いできたことが本当に嬉しく、また皆さん本当に成長したなと感じました。一番思い出すのはやはり第1回の手づくり感満載の歴コンです。

宮下：ではその流れで小津誠一先生も一言お願いします。

小津：エントリー総数が2,000を超えているので、2千数百の作品を見ていますよね。堀場さんの名前で思い出したのですが、コンペのあとに金沢美術工芸大学の坂本英之先生から、一次審査で1票を投じてくれてありがとうと連絡がありました。ギリギリで1票を入れた作品がグランプリになったという経緯を聞いて驚き、10年もやっているとそういうこともあるのだなと感慨深いです。一次審査は非常に大変で、作品の資料が全てこの会場の床に置かれます。僕らもだんだん目が遠くなり、文字を見るのは本当に大変で、「字が小さいのは絶対に票を入れない」と怒った先生もいらっしゃったなと思い出しました。

宮下：一次審査の先生方は毎年審査される時に、ファイナル審査なども含め、最後に化けるのではないかというものを選んでいたりしますよね？ これは実際に出展者に説明してもらうと全然評価が変わるのではないかというところも考えながら審査していただいて、結果それがファイナルで面白い議論に発展するということがあります。この辺はいろいろご苦労がありながら選出していただいているというところですね。そうしましたら、次の入賞者の方お願いします。

原田：第9回のグランプリをいただいた原田秀太郎です。皆さん懐かしい気分でここに来ていると思うのですが、昨年はオンラインでの審査だったため、僕は初めてここに来ました。僕の作品はハンセン病がテーマで、地元の熊本にある隔離施設だったところに、ハンセン病の歴史を追体験するように巡っていく資料館を提案しました。元々ここには大きな隔離壁が残っていて、それに合わせて年表を重ねるように隔離施設の入所者

数をグラフで掘っていく形で設計しています。他にも患者の数だけ窓を開ける、「追悼の1333の開口」と僕は呼んでいるのですが、そういうものでハンセン病の患者に対する歴史を巡る資料館を設計しています。

僕は修士2年で、ちょうど修士計画で悩んでいるところでもあるのですが、今日はリフレッシュで来させていただきました。

宮下：その回は腰原幹雄先生が審査員をされていました。ぜひコメントをお願いします。

腰原：隣に座っていて記憶に残っていないと思ったらオンラインでしたね。でも全然印象が違います。審査の時は頑固者の印象だったのに、随分従順になった感じです。皆がいろいろな解釈をしている中で、「そうではない」と進めていて、頑固に「この壁を残せます」と言ってくれたのがとても印象に残っています。ただ、そこでエンジニアリングがもう少しあって、「こうやれば残せる」とか、「こういう技術があります」とハッタリでも言えるようになれば本当は強いのですけれどね、という話も当時した気がします。

歴史的空間再編は今ある建物がどういう仕組みでできているかを理解して、それが壊れたり劣化しているのをどう手を入れてどれを残すのか、あるいは何を加えて安全にするのか、エンジニアリングの技術や思想がとても大事だと思います。最近こういうコンペに呼ばれることが増えてきたのですが、「構造的に持つよね」と見えるものはやはりつまらないです。「構造的にこんなの無理だよ」というのもつまらなくて、「これはもしかしたらできるかもしれない」という際どいところがあります。「このアイデアはもうひと頑張りしたらとても面白い」という視点はエンジニアリングを多少理解して、自分のエンジニアリングのレベルは低くてもいいので、それよりもう少し上に行けばいいわけです。10年の節目なので、歴史や意匠だけでなく、学生側にもエンジニアリングの視点が育って、構造系の学生が出展してくれるような世界になるとより面白くなると思いました。

宮下：また後半の「今後歴コンをどうしていくか」といったテーマにもつながる話をいただきました。続きまして、山本さんお願いします。

山本：第8回でグランプリをいただいた山本壮一郎と申します。僕たちの提案は、所属研究室に毎年秋田県に行く伝統があって、そこで見つけた雪室という伝統的な文化が非常に興味深いものだと感じたのが始まりです。雪室とは木でつくった櫓に藁を掛けて、それを天然の冷蔵庫のように使うもので、そ

れをもっと多くの人が入ってたくさん使える建築にできれば、より面白いのではないかと考えました。この地域では厄介者としてしか扱われていない雪を資源として利用して、その文化を継承しながらまちのハブになるような提案をしました。当時の所感としては、サステナビリティや文化の継承といったところが評価されたという印象があります。

現在は鹿島建設の建築設計部に所属し、新卒1年生として働いています。オフィスビルにも携わっているのですが、もっと平べったいものでもいいのになと思いつつ、さまざまな先輩方に揉まれながら日々精進しています。

宮下：第8回は平田先生が審査員でした。

平田：久しぶりです、覚えています。山本さんのプレゼンも淡々と、エリートっぽかったですよね。「そんなにエリートっぽく雪室とか言って、本当にきちんと考えているの」といった少し意地悪な質問もして、それに対してもエリートっぽく淡々と答えて、最後まで芯が強くビシッとした感じがやはり説得力がありました。

このコンペの審査員の話が来た時に、どういうコンペなのか全然わかりませんでした。僕自身はそれほど歴史的なことを考えてこなかったなと思いながら会場に来た覚えがあるのですが、それと前後して、お祭りの伝承館の設計をしました。あるいは伊勢遺跡という、直径220mに等間隔で拝殿が並んだ弥生時代のものが滋賀県の伊勢に出てきて、歴史ロマンに今燃えていたりします。今は新潟の小千谷という雪深いところで仕事をしているのですが、雪室とか言っていたなと思い出して、「雪室をつくりましょう」と提案しました。すると地元の人は「雪室は結構大変だ」と言って、つくるつくらないで今も揉めているのですが、今日また山本君に会ったのは何かの暗示かもしれません。自分で関係ないと思っていても、なぜかそういうものに関係づけられてしまうのが建築の面白いところです。これからもここでの話が自分のこととクロスすることがあるかもしれません。面白い経験ができたので、また来て話せるといいなと思って今日は参りました。

議論が集約されて出てくるキーワード
歴史的「事物連関」再編の側面が強くなってきた

宮下：実はこの第8回からアーカイブが書籍化して店頭で売られるようになったんですよ。それまでは残念ながら書店では買えなかったので、8回、9回の方々は非常にラッキーというと

ころがあるかもしれません。次に第7回の松井さんお願いします。

松井（勇）：第7回の準グランプリの松井と申します。倉方俊輔先生が審査員で、僕の案を推してくださり、準グランプリを取れたと思います。作品については、僕は金沢出身で、祖母の家がひがし茶屋街にあり、その近くの卯辰山山麓寺院群という重伝建を対象敷地としています。重伝建地区では木質都市が進められていますが、その保存のあり方を見直したいと思って提案しました。町家もかなり形骸化してきている中で、歴史的風致を残すために表面的に改修するという保存のあり方が多くあることに疑問を持ち、空き家が増えている中でも、住民たちが工夫を凝らして上手く住み継いだり、住んでいく知恵がまちに蓄積されて、それを主対象として扱ったほうがいいのではないかというモチベーションで設計しました。寺院群なので、お寺の境内やちょっとした坂道などを一つの群として捉えて、それをいかに集合させて建築をつくれるか、歴史的空間の再編というところでいろいろな情報を再編させて、3つの建築をつくりました。明日この敷地に行ってゆっくり見ようと思っています。

今は、横浜の西田司さんの設計事務所、オンデザインパートナーズで働いています。来年から3年目ですが、事務所の特色上、社会実験というものを多くやっていて歴史みたいなものからは遠いのですが、ちょうど今、美術館の設計を担当しているので、何か歴史的なキーワードを紐解いてできればと思っています。

宮下：倉方さんからコメントをお願いします。

倉方：すごくよく覚えていて、とても感動した覚えがあります。私も「歴コン」というからどういうコンペなんだろう、歴史家だから呼ばれたのかと思いました。私は評価をする時に歴史を楯に使わないと20年前から決めていて、評論などでも「歴史の

ことを知っているからこういうことが言えるんだぞ」といった姿勢が好きではないのです。「歴史をダシに使わない」が座右の銘なので、このコンペの審査はそれにぴたりと合うものであることが、実際に参加してよく理解できました。そして、「歴史的」・「空間」・「再編」の3つのワードが絶妙で、「歴史的とは何か」や「空間とはただのスケールではないかもしれない」とか、「再編は保存でもリノベーションでもないのではないか」といった問いを孕んでいて、松井さんの作品もそういう問いに応えている感じがしました。だから、過去から歴史とされてきたことだけが歴史ではないし、そういうものが空間の中にも埋もれていて、設計行為は常に再編かもしれないとか、いろいろなことを考えさせる共通の時間を過ごせたことを今ありありと思い出しました。

宮下：今朝もそのような話をしたのですが、皆さんに記念講演をしていただいて、その話を聞いていくと、その年に議論の中心にしていくキーワードのようなものが集約されていくことが毎年起こるんですよね。その年その年のキーワードに乗せて話すということもよく起きる。これまた歴コンの非常に面白いところなのかなと思って聞いていました。では久連松さん、お願いします。

久連松：第6回でグランプリをいただいた久連松です。作品を一言で言うと、鴨川の三条大橋と四条大橋の間に新しく橋を建てるという案です。2つの橋の間は700mくらい離れていて、先斗町がちょうどその間にあります。先斗町から川を渡ろうと思うと四条大橋か三条大橋を半分渡って、また戻ってとしなければいけないため、ここに橋があると便利なので設計したいというのが始まりです。鴨川は元々は川幅も広くて、護岸も今みたいに整備されていなかったので、川の中心に床がせり出したり、芝居小屋が周りに建っていたり賑わいがありました。今もとても賑わいはあるのですが、すごく整った景色に整備されているので、新しく橋を架けることで川の真ん中に佇む時間ができて、そこで能を見たり、飲み物を飲んだり、また納涼床を川の中心にせり出して、そこで食事ができたら楽しいのではないかといろいろ盛り込んでつくりました。グランプリをいただいたことが自信につながり、とてもありがたい機会でした。

出展したのが学部を卒業して就職1年目の秋で、今は働き出して5年目です。京都の住宅系のアトリエ事務所に勤めていて、

歴代 ゲスト審査員

第1〜10回 塚本由晴 宮下智裕 松田達

第1回	妹島 和世	第6回	山名 善之	
	五十嵐 太郎		貝島 桃代	
			真野 洋介	
第2回	陣内 秀信	第7回	鞍田 崇	
	小池 昌代		倉方 俊輔	
			岩瀬 諒子	
第3回	坂本 一成	第8回	中島 直人	
	中谷 礼仁		平田 晃久	
	柳澤 田実		樋渡 彩	
第4回	小野田 泰明	第9回	腰原 幹雄	
	青井 哲人		長谷川 豪	
	阪井 暖子		松田 法子	
第5回	乾 久美子	第10回	石上 純也	
	饗庭 伸		須崎 文代	
	加藤 耕一		竹本 吉輝	

第1回〜第10回のゲスト審査員

車座になり語り合う、歴コンの過去と未来

鴨川の横を自転車で通勤しており、毎日この景色の中で生活しています(当時)。

宮下: 第6回ですね。真野先生に審査員をしていただきました。ぜひお願いします。

真野: これがグランプリと最初から決まっていると言っていいくらい、ほとんど異論がなかったんですよね。まず絵を見るとシンプルだけれど何か楽しそうだし、非常にダイナミックな部分が破綻せずに入っています。私は初めてこのような審査に参加させていただいたのですが、この年は2位以下に大波乱があっていろいろひっくり返りました。倉方先生のお話とは逆で、「歴史的空間再編」の「空間」にとても悩まされました。出てきた作品が環境芸術的で、蔓で籠をつくるとか、湿地帯を巡る通路をつくるとか、空間だけれど環境や風景といった話に置き換えられるような作品が多くて、何で比較すればいいのかが難しかった。その中でこれだけは圧倒的で、突っ込みどころも少なくかつ面白いし、こういうものができたらいいなという提案をしていました。

もう一つは、私の専門は都市なので、「都市」という言葉がなぜないのかで塚本先生などとバトルになりました。学生は建築を構築する力を強く見せてくれるけれど、対象が漁村集落や瀬戸内の海沿いの水辺などで、そこまで大きな構築力は少し違うのではないかと感じました。東京の皇居の周りといった場所だと、そういう構築力でもしっくりくるのですが、自然的な環境や集落みたいな環境のシステムとビルト・エンバイロメント寄りの環境構築の手法があまりしっくりこないので、少しパワーを出しすぎているのではないかと指摘した気がします。そういう意味では、久連松さんの提案は都市の川に架ける橋で、

かつその機能も周辺の文脈とマッチしていて、素直に良かったのではないかと思います。

塚本: 午前中に今回の第10回の審査員の皆さんで、記念講演を行いました。竹本吉輝さんに、木の流通のリ・デザインのいろいろな地域での実践の話を伺い、須崎文代先生に、トイレやキッチンなど、家の中でも近代化が最も顕著に現れた場所では、最終的な汚物や排水の処理や調理のための熱源の確保が、家の外に預けられるようになり、元々は生と俗、生きると死ぬが切り結ぶ場所の意味が失われたという話を伺いました。そして石上純也さんは、その場所にある物を使って新しい風景をつくる話をしてくれました。建設産業のパースペクティブでは、見えなくなっているものを引っ張り上げる話でもあって、結局、事物連関の外部化が共通の問題になりました。そして事物連関を外部化してきたのが、空間というパースペクティブが切り結ぶ全体ではないかと、私はコメントしました。空間による全体という概念では都市と農村を切り離したり、一つの住宅をまちから取り出すことができるのですが、事物連関で考えていくと、都市を構成する建物の資材や、都市の暮らしを支える食物やエネルギーはどこから来るのか追いかけていくと、連関の全体は建物や都市の輪郭を遥かに超えて広がります。空間という概念自体はもう否定できないほど浸透していて、それ抜きで建築を議論するのは容易ではないですが、同時にそのことによって、事物連関の多くを外部化していることに関しては意識的でないといけないと思っています。空間は過去の事物連関から私たちを解放してくれる概念ですが、結局は別の事物連関に組み込まれるところを説明できない。だから無限の成長や拡大が資本主義と結びついて追求され、地球

の再生能力を超えて資源を蕩尽するまでになったのです。そういう今の我々が直面している暮らしや地球の問題には、空間パースペクティブで建築を議論している限り応答できないのです。

　歴コンを10年前に始めた時には、私も空間のそうした隠れた意味をそこまで見出せていなかったので、何となく受け入れていました。しかし回を重ねるごとに、むしろ歴史的空間を再編するには、そこにある事物連関を理解しないとできないことに気付きました。古い街並みや建築の形式、あるいは地域性豊かな人々のふるまいというのは、ある時代の事物連関の中で確立されたものであっ

久連松 文乃

て、現代はそうした事物連関が綻びたり弱められたりすることで、活力を失っている場合が多い。その再生には事物連関の再縫合や組み替えが有効だということもわかってきました。つまり歴史的「事物連関」再編の側面が強くなってきました。だから建築物としての提案と、ランドスケープとしての提案のどちらもありなんですよね。じゃあ来年からタイトルを変える必要はないと思いますが、こういう議論が常に必要だと思います。

宮下：実は回を重ねるごとに、学生たちがあまりものをつくらなくなってきているのを感じていました。歴史的空間に負けてしまって、そこに触れるのが悪だという雰囲気も学生の中に少なからずあります。その中で久連松さんの作品はある意味衝撃的で、一見暴力的とも言えてしまうような提案だけれど、山名善之先生が歴史的な講釈をしてくれて、しっかりと歴史を捉えてつくられていることがわかりました。

SNOU歴代メンバーの想い
歴コン誕生の背景

宮下：今日は運営に携わっているSNOUの歴代のメンバーも来ているので、話を伺っていきたいと思います。

中田：僕は第1回から関わり、3・4・5回の3年間代表を務めました。今は富山の設計事務所に勤めていて、協賛企業の総合資格さんに通って1級建築士を取得したので、代表としての使命は果たせたかなと思っています（笑）。第1回開催の前に、宮下先生から「まずは学生団体を立ち上げて、学生たちで歴コンを運営していく」と説明を受けました。

僕はよく理解しないまま当日を迎えて、妹島先生のアテンドを担当したのですが、がむしゃらに取り組んだ結果、最終的に代表になれたのだと思います。歴代の審査員と入賞者の方々がここに集っているのはすごいことだと実感しています。関わってきた方々が金沢でその歴史を語るというのが、このコンペらしいなと思います。

笠井：第6回と第7回の代表を務めた笠井と申します。私は学部1年からSNOUに参加し、修士まで6年間運営に携わりました。歴コンの素晴らしいところは、この交流館で議論する熱量が凄まじいことです。当初は21世紀美術館でファイナルプレゼンテーションを行っていましたが、第3回の企画会議の時に、塚本先生から「交流館で皆で集まって熱量のある議論ができるのではないか」とご提案いただいて、まさしくその通りになりました。私も運営側として、審査員と出展者が議論し、その熱量の中から歴史的空間再編とは何かが、毎回違う形で明確に出てくるのが見ていてとても楽しかったです。修士まで在籍しても6年なので、イベントを長く続けていくには後輩に伝えていくことが大切で、SNOUの代表としてそれを意識してやってきました。こうして10回まで続いていることを嬉しく思いますし、これからも歴コンが金沢で、学生たちの間で受け継がれてさらに続いていって欲しいです。

　私は都市計画を学んでいたので、今はコンサルタントで働いています。行政への都市計画系のシステム導入や国交省の3D都市モデルを活用したプロジェクトなどに関わっています。

利根川：第8回の副代表の利根川と申します。私の代は笠井さんが卒業し、第1回から関わっていた方々など主要なメンバーが一気に抜けてしまって、「自分たちだけで大丈夫かな」という想いもありました。舞台に上がる人たちがいて、運営はそれを支える目立ってはいけない存在というイメージでしたが、実際は当日はバタバタと走り回って邪魔だったかもしれません。その中でも、これから先へどうつないでいくかをとても意識して取り組みました。

　私は環境工学などを学び、今は社会人1年目で、千代田テクノエースという医薬品関連の研究所や工場の設計・施工をしている会社に務めています。薬機法など建築以外の法律にも縛られ、少し視野が狭まっていたところなので、いろいろな建築に触れたいということもあり今日参加しました。SNOUの歴史を知るという意味でも楽しみです。

宮下：次は今年の代表ですが、SNOU賞を今は設けていますので、それについても説明してもらえればと思います。

上野：今回の第10回代表を務めています上野と申します。皆様のお話から、今後の歴コンをどう続けていけばいいのかヒントをいただければと思います。昨年はコロナ禍のため例年のような対面の審査ではなくオンラインとなり、いろいろ悩んでいたのですが、塚本先生や宮下先生、松田先生、金沢市の方々からアドバイスをいただき、最後まで頑張ることができました。

　SNOU賞は、笠井さんが代表だった第6回から始まりまして、最優秀SNOU賞、パース賞、模型賞、プレゼン賞の4つの部門があります。SNOUのメンバー全員で審査し、投票によって賞を決めていて、最優秀SNOU賞は模型やパースなど総合的に評価して選びます。一昨年からは一次審査を通過した作品を対象に、SNOUメンバー10名ほどで議論して決定しています。パース賞はパネルを見て、模型賞は模型を見て、印象的なものに投票して決めています。プレゼン賞は、私たちはファイナルプレゼンテーションしか見ることができないため、その中から印象的な出展者の方を投票で選んでいます。

宮下：ありがとうございました。SNOUの皆さんがこれまで、各回でどのような作品が出展されてきたのかデータをまとめていますので説明をお願いします。

上野：過去の二次審査進出作品がどのようなものを再編したのかをまとめました。たとえば2013年は、前年に富岡製糸場が世界遺産に推薦されたため、「産業遺産」が多かったというように、社会の影響からどのような作品が多く出展されたの

かがわかります。2014年では「コミュニティ形成」が多く、前年に富士山が世界文化遺産に登録されており、富士山を対象とした作品も見られました。2015年も「コミュニティ形成」が多くなっています。2016年は「土木構造物」、「工法・システム」、「暮らし・生活習慣」などを対象とした作品が多かったです。2017年は一番多かったのが「産業遺産」で、2018年も「産業遺産」が多かったです。2019年は「自然」や「生態系」などが多く、それとは別に「団地」などに注目した作品も多くなっています。2019年と2020年に「自然」、「生態系」が多いというのはSDGsなどの影響かと考えています。2021年は「工法・システム」が多くなっています。

宮下：松田先生も10回、全てやられている中で、今のこのような毎年の傾向というと大袈裟ですが、毎年の移り変わりなど、何か意識されているものはありますか？

松田：分類を見ても傾向を見出すのは非常に難しいです。たとえば2019年は「ビル・団地」が突然増えています。学生が張っていたアンテナと当時の出来事のつながりは、いま上野さんが挙げたように、推測としてはいくつかは挙げられると思います。とはいえ、大きくは「歴史的空間」の解釈が、特に前半の数年は次第に拡大していき、より自由になっていったということは言えると思います。一方、ここ数年では「歴史的空間」そのものの評価がしっかり定着し、自信を持って地域の歴史的空間を再編する提案が多くなってきたということも言えるかと思います。

　さて、僕は第1回から携わらせていただいていますが、そもそも歴コンがどうやってできたか、ざっと振り返っておきたいと思います。歴コン誕生には、3つほど背景があると思います。一つめは金沢21世紀美術館の影響です。この場の審査員の中では僕と五十嵐さんが金沢に住んでいましたが、金沢は2000年代後半にガラッと変わったと思います。一番影響があったのは2004年に21世紀美術館ができたことだと思います。それ以前は、現代建築はほとんどなく金沢は閉じた空間のような感じがしていました。今は金沢自体が新しいものを発信する場所に変わってきていて、2015年に北陸新幹線が通ったこともあり、外から多くの人が来るようになったことを感じます。

　2つめは、塚本さんと金沢のつながりですね。2007年にアトリエ・ワンが「いきいきプロジェクトin金沢」で町家のリサーチを行いました。プロジェクト終了後、リサーチで借りていた

町家を活用しようということで、林野紀子さん、吉村寿博さん、鷲田めるろさん、僕の4人で「CAAK（Center for Art & Architecture Kanazawa）」というグループを立ち上げ、そこで何度かゲリラレクチャーを行ったのですが、さらにその場所が寺町に移ってCAAKの活動も発展し、アトリエ・ワンの横山町の町家の改修等もあり、建築や都市、アートに関わる人たちが金沢に継続的に訪れる機会が多くなった。それまでの閉じた金沢の雰囲気から考えると、こうした変化はとても大きかった。

3つめは、水野一郎先生の存在です。金沢にさまざまな方が集まって会議をする「金沢創造都市会議」と「金沢学会」が、2001年から交互に開かれていて、水野先生は中心的に動かれていた一人です。僕も2010年に参加して、水野先生のコーディネートする「学生よ集まれ」というセッションで、仙台の日本一決定戦、関西の建築新人戦、建築系ラジオによる地方からの発信などを紹介しました。きっかけの一つですが、金沢で学生のイベントを起こそうという水野先生の構想ともつながり、こうしたさまざまな出来事が連鎖的に反応した結果、2012年には第1回開催となった。こう考えると、歴コンは生まれるべくして金沢に生まれた、という気がします。

そしてこのコンペではSNOUの存在が大きいですね。記念講演では毎年重要なキーワードが出てきますが、それを全部記録に残していて、これだけでもとても貴重なストックだと思います。審査員が6名というところも、歴コンの面白いところで、大抵5名や7名など奇数にすることが多いのですが、あえてか偶然か6名で、最後に3対3で意見が分かれて2つの案が拮抗して議論が盛り上がることが多いのも、歴コンの醍醐味ですね。

塚本：金沢は旧陸軍の兵器庫だった赤レンガ倉庫を改修した石川県立歴史博物館や、旧専売公社の赤レンガ工場を改修した金沢市立玉川図書館本館（新館は息子の谷口吉生氏による設計）など、歴史的なものの保存再生を谷口吉郎さんの設計でいち早く実現したまちです。1967年には金沢診断という谷口吉郎さんを中心に、画家や文学者とともにまちを歩き、歴史的建造物や街並みの現状に対する提言をしており、これがその後の「まちなみ保存」につながっていきます。ちょっとおこがましいかもしれませんが、このコンペもその流れの中にあると考えていいのではないでしょうか。

第1回 二次審査員
倉方 俊輔

今後、歴コンをどう育てていくか
「歴史的空間再編」という言葉

宮下：歴コンはこれからさらに次の10年に向かって行きたいと思っています。ざっくばらんに、皆さんがこれからの歴コンに望むものを伺いたいと思います。スタートでは、審査員の方々の分野によって作品の領域も広がってきているというお話もありました。我々は今後また10年、この歴コンをどう育てていけばいいのかという辺りをお話ししていきたいと思います。お願いします。

平田：素晴らしいコンペだと思います。日本のように長い歴史のある国はそれほどたくさんないので、日本はかなり歴史的蓄積が大きいほうだと思います。その中で学生のコンペで「歴史」をきちんと打ち出しているものがあまりないとすると、これが10年も続いているのは、一定の社会的な使命を果たしているからだと思います。真野さんと塚本さんの話に接続する形で言うならば、歴史といった話をする時に私が違和感を覚えるのは、何かが立ち上がってくることが悪いことであるかのように、建築をネガティブに捉えることで、そうならないようにしたいです。

それからユネスコの話などで「オーセンティシティ」もよく出てきますが、そういうのも含めて何か不自由な状態になっていて、結局それが生きているまちとはつながらなくなるのが問題だと思っています。その意味で先ほど塚本さんが「空間」という言葉を批判していましたが、それはかなり本質だと思います。塚本さんが使われている「空間」は、近代の空間というか、原広司さんが言っている均質空間論で捉えるような、ニュートンの絶対空間に遡る空間の概念だと思います。ただ、原さんが

依拠しているマックス・ヤンマーの「空間の概念」という著書の中に、ギリシャ時代まで遡るさまざまな空間の概念があって、ニュートンの絶対空間はそのうちの一つだけれども実はそうではないという話があります。そこでニュートンの同時代人のライプニッツは、「空間とは共存の秩序である」と言っています。ニュートンは絶対空間とは、空間をそのまま空間という純粋なものとして取り出せると考えた。操作できる空間とか、その

中でものが動いている空間など、空間が自立すると考えると塚本さんが批判したような話になる。しかしライプニッツは「空間は関係性である」と言っていて、そうすると連関にかなり近いと思います。でも連関はどちらかというと、立体的といった空間としての広がりみたいなものがどちらかで弱くなるような、意図的に空間を貶めるために連関と言っているのだからそうかもしれないけれども、そういうところがある。ただ、僕は空間という概念そのものは、近代の概念にそこまで限定されていないと考えたほうが、建築ではとてもポジティブに捉えられると思っていて、そういう意味で「歴史的空間再編」という言い方は良かったのだと思います。むしろ歴史という視座から空間という考え方を再現しているとも読める感じがして、そこがとても大事だと思っています。

それから大きな問題だと思うのは、若い人が「空間を再編する」という少し強い仕事になかなか就きにくいことです。グランプリを取った方々も、10年経って、直接的に歴史的空間を再編する仕事はまだしていないかもしれない。それは社会全体の中で、建築的な仕事と歴史がまだ結びついて認知されていないからだという気がします。このコンペはそういうことに向けてもかなり重要な役割を果たしつつあると思います。

真野： 私も平田さんと同じことを思っていて、このコンペでは歴史や空間の再編を考えるのだけれど、実際の建築はそういう思考ではあまりやらないのではないでしょうか。そのギャップをもう少しリンクできないかなと思います。でも、京セラ美術館や弘前れんが倉庫美術館など、歴史的な建物をリノベーションしながら、建築としても成立させられているものもあります。金沢は旧県庁を迎賓館にしたり、第四高等学校の建物を交流館や文学館にするなど、時代とできているものは違うけれど、都心を文化の中心にするという決定は連続していると思います。1963年の伝統環境保存条例然り、美術館をつくるのも1990年代に、都心の学校跡地をどう使うかというビジョンの

中で出てきたので、そういう大きなパブリックの流れは継続していて、そこでできるものはその時代時代のものです。

そういう意味では、金沢は少し恵まれている都市で、SNOUの方々もそうですが、このコンペを運営することだけが目的になってはいけません。自分の運動として設計を実務でやる人もいれば、まちで起こす人がいてもいいのですが、やはりそこに戻っていかないともったいない気はします。特に金沢で羨ましいのは、良いスケールで都市のビジョンが連続していて、学生やコミュニティーがあって、建築家の方々のネットワークと大学間のネットワークが上手く重なっているところです。その中で、連続している大きな決定の流れは大きくは変えられないけれど、松田さんがCAAKを立ち上げたように、そういうものがもっとたくさん起きてもいい気がします。

倉方： その点で、歴コンは学生コンペとしてとても意味があります。今日の話でもいろいろな方々の人生のターニングポイントになっていて、それぞれの場で社会を良くしていくことをされています。一方で、「学生コンペに留めておくべきではないのではないか？」というところが、平田さんのお話や一連の議論で出てきましたが、確かにその通りです。むしろ再編をするような人が、建築家と呼んでいいかわからないけれど、建築の仕事をもう少し社会にアピールできるのではないか。あるいは、このコンペの名前から取って、「歴史的空間再編学」というのを打ち出してもいいのではないかとも考えます。そう捉えた時に、過去のいろいろな仕事が「こちらは都市計画、こちらは個人の作家趣味」とバラバラに認識されていたのが、実は一つの大きなものの中で捉えられるのではないでしょうか。塚本さんのおっしゃるように、今までの都市学や建築学という枠組みをもっと超えているとすると、「歴史的空間再編」はいい言葉だと思います。「歴史的空間再編」と言った時に何が見えてくるかを考えるだけの蓄積が、先ほどのキーワードも含めて10年分あるとしたら、次の11年目からは、学生コンペだけに留まらな

いものを並行して打ち出してもいいと思います。

長い時間を獲得し得るのが建築
20年目に向けてさらなる飛躍を

塚本：コロナでインバウンドが急激に下火になりましたが、その前は各地域で売りをつくろうと、建築の仕事もツーリズムに寄りましたよね。建築史家も「うちの地域の宝を探してください」みたいに依頼が増えたのではないかと思います。インバウンドと歴史的空間再編は、言葉としても、分野も違うけれど、意外に近い印象を私は持っています。五十嵐さん、どうですか？

五十嵐：インバウンドで目に見える形で人が来るのは、建築が力を持っていると一般の人に認識してもらう大きなきっかけにはなると思います。先ほど21世紀美術館に立ち寄ったのですが、コロナ前の状態に戻っていてすごい行列をつくっていました。どう見ても展覧会のテーマに関心があるのではなく、建築空間が楽しいから、アート作品との絡みが楽しいから来ていて、目に見える形で建築がすごい力を持っているということです。とても驚いたのは、元々あの敷地には僕が通っていた中学校があって、敷地がいかに変わったかをよく知っていますが、3年間通った当時の風景の記憶がないんですよ。

日本人はパリやニューヨークに行くと、普段美術館に行かない人もルーブル美術館やMoMAに行くのだけれど、国内旅行では絶対に行かないですよね？　だけど、そのセオリーを覆したのが21世紀美術館です。もちろんそれだけではなくて、金沢は古いものもあって、とてもエッジの効いた現代的な建築もあり、それほど大きくないヨーロッパの地方都市みたいだなと思います。一方で、元々西洋建築をやろうと思っていた身からすると、本当に皆は歴史に関心があるのか疑いがあります。西洋建築史の分野は学会の大会発表がどんどん減っているのを知っていますよね？　研究者が減って、西洋建築史に関心のある人がものすごく減っている。だから、歴史とは言うけれど、仕事にならないので、日本で西洋建築史は直接は役に立たないとも言えます。でも、歴史とは全然保守的ではなく、むしろ思いっきり自由でラディカルなことが行われていたことも知ることができるのです。たとえば、パリのノートルダム大聖堂の屋根が焼けたあとに感心したのは、皆が好き勝手に復元案を考えたことで、日本だと炎上しますよね。でもノートルダム大聖堂は、皆が好き勝手にやって、それでまた注目されて寄付金が集まり、とて

もしたたか。日本だとあのような議論は出ないですし、建築家が何か提案すると、おそらく袋叩きに遭うのではないかと思います。でも、ノートルダム大聖堂の歴史を知っていれば、あれも19世紀に修復された姿で、それ以前に何度も姿が変わっていて、また変わるとしても別に発想としてないわけではないので、おそらくあのようなことが受け入れられたとは思います。

このコンペでは、歴史を絶対変えてはいけないという恐る恐るの案はおそらく上位には残っていないと思うのですが、気になるのは、歴史の対象を選ぶとそのものには触れてはいけないのではないかという案が結構あることです。最近の傾向はわかりませんがそうならないで欲しい。さらに言うと、10年や20年の射程ではなくて、自分がつくったものを100年残していくつもりで再編する提案を見たいです。本来建築はとても長い時間を獲得し得るもので、国家より寿命が長いはずです。でもその意識が我々にはなくて、短いスパンでの提案がまだ多いと思うので、それくらいの気持ちで案を出していって欲しいと思っています。

宮下：腰原先生いかがですか？

腰原：似たような話ですが、最近、国の文化財の修復を手伝っていますが凍結保存なのです。ある時代のある姿に戻すのを目指すもので、そのあとに加え続けた技術や知恵は記録としては取っておくけれど、オリジナルが一番価値があるということです。僕らエンジニアからすると、数百年保たせた技術は手を加え続けているから保てているのであって、用途を変えようと思うと元とは違うものでなくてはならないし、用途が変わったから残っていて、元の用途のままでは壊されていたかもしれないなど、いろいろなことを考えてしまいます。ところが、今の国の文化財の方針はそこに向かっている。おそらく五十嵐さんの話とは逆ですが、日本人の間違ったヨーロッパ型の残し方の認識が「オリジナルを残す」というもので、海外のほうがよほど変なことをやっています。向こうは材料が石やレンガなので一見残っているように見えるけれど、そうとは限らない。日本は木材なので変わると明らかにわかるし、材料自体が変わっています。だから最近思うのは、東洋の美学と西洋の美学は違うということ。

ミャンマーに行った時にパガンで地震があって、壊れて修理する際に、当時は世界遺産を目指していたので元の姿に厳密に戻さなければいけないのですが、地元の人は祈る場が欲しいのであって、あの建物でなくてもいいと言うのです。建物は壊れるものだから壊れてもいい。さらに「いい壊れ方だろ」と言

う人までいました。レンガなので目地
が弱くてバラバラになるのですが、目
地だけ洗うとまた使えるのです。「これ
はきちんとつくるとレンガが割れるか
らもう使えない」と説明をされて、日
本の木と同じで、壊れるのを前提にど
う再利用なりつくっていけるかという
ものです。そうするとヨーロッパの価
値観とは少し違うのではないでしょう
か。それこそ「空間」は僕は違う意味
で捉えていて、建物ではない、「もの
ではないもの」が空間というイメージ
を持っています。そうすると、「空間さえあれば建物は何でもい
いのか」といったことになって、そういう意味ではこういうことを
経験して、日本的なものの残し方を理解してもらいたい。今は
「日本流」は悪い意味で捉えられていて、部材を平気で交換
する奴らと言われるのですが、いい意味での文化財的価値観
の残し方を発信できるようになると、世界の中でも違う位置づ
けができるのではないかということです。正しい残し方を勉強
してもらって、こういう経験の中から「このような残し方もある
のではないか？ このようなものを挿入すると空間として良いも
のになるのではないか？」といったことを学んで欲しい。だけど
教育する場がないので、このような場でそういう議論をしてく
れるといいなと思いました。

塚本：ちょうど上野の国立西洋美術館を含めたル・コルビュ
ジエの一連の作品が世界遺産になった直後の第6回に、山名
善之さんが参加してくれました。彼はその実現に寄与した過
程で、文化遺産で重要視される「オーセンティシティ」ではなく
て、農業遺産でよく使われる「インテグリティ」で、その価値を
説明し、世界遺産として認めてもらった
ことを話してくれました。このコンペでも
その頃から農的なものや、染色や焼き
物などのものづくりなど、生業のための
場所がテーマとして増えた印象がありま
す。自然由来の材料を相手にしているも
のづくりには、人間が勝手に変えられな
い不変の工程がありますが、工程の部
分部分は、時代に合わせて変わります。
それは冷凍保存ではなく、インテグリ
ティに注目した歴史的空間再編になりま
すね。

宮下：私もお話を聞いていて過去の
歴コンでも「線の建築史」という議論が
あったことを思い出しました。歴史を過

去にあった点の集まりとして見るのではなくて、現在はそれら
時代時代の変化が積み重なってきたものでそれらを線として
歴史を見るとその見方も変わっていくというものでした。現在
の問題を歴史の系譜とともに考えることが非常に重要なのだ
と思います。先ほどの凍結保存みたいなものに対する答えもそ
の辺りにつながっているところもあるのかなと思いました。

今日お話の中からも、さまざまなテーマが出てきました。歴
史的空間再編というテーマの意味づけや、このコンペの意義
など非常に素晴らしいご意見を皆さまにいただけたと思って
います。この回をまとめるのは非常に難しいのですがそろそろ
時間ですね。これだけの人数が集まっているので、本当は3時
間でも4時間でも足りない会になるのだと思います。出展者の
方々、審査員の先生方と一緒にお話できたのはとても有意義
だったと思います。歴史的空間再編というこのコンペの名称自
体もある意味でさらに広がりを見せていき、今後一層このコン
ペが重要な役割を持つのではないかとも思いました。循環、
連関、オーセンティシティ、インテグリティなどというキーワー
ドの中での歴史空間のあり方を、多様
な観点から考えていくことが求められる
時代になってきているのは間違いないと
思います。そんな意味でもこれからさら
に飛躍ができるコンペになるといいなと
私も祈っています。あまりまとまりがなく
て申し訳ございませんが、この座談会に
皆さんが集まって歴史的空間について
語り合えたこと自体が素晴らしいもので
した。できれば20回の時にもう一度皆
さんで集まり、さらに大きな車座で語れ
るように、またこれから頑張りたいなと
思っていますのでどうぞよろしくお願い
いたします。今日は本当にありがとうござい
ました。

「歴コン」map'21

1. 出展データ

都道府県別応募件数

都道府県	エントリー作品数	本審査進出作品数
北海道	5	
山形	1	
宮城	1	
福島	5	
茨城	4	
栃木	3	1
群馬	3	
埼玉	7	
千葉	23	3
東京	27	9
神奈川	25	3
石川	9	2
長野	5	2
静岡	1	
愛知	18	2
三重	1	
滋賀	16	
京都	7	3
大阪	17	1
兵庫	10	1
奈良	1	
和歌山	1	
広島	9	
福岡	2	2
佐賀	1	
熊本	7	1
大分	1	
鹿児島	2	

エントリー212作品／本審査進出30作品

応募者の所属高等教育機関

エリア	都道府県	大学院・大学・専門学校
北海道	北海道	北海道大学
東北	山形県	山形大学
	宮城県	東北工業大学
関東	茨城県	茨城大学
		筑波大学
	栃木県	宇都宮大学
	群馬県	前橋工科大学
	東京都	日本大学
		芝浦工業大学
		東京大学
		東京工業大学
		東京理科大学
		東京農業大学
		法政大学
		東京電機大学
		武蔵野美術大学
		東京都市大学
		明星大学
		明治大学
		東京都立大学
		工学院大学
		早稲田大学
	千葉県	千葉工業大学
	神奈川県	神奈川大学
		東海大学
		横浜国立大学
中部	長野県	信州大学
	愛知県	名古屋市立大学
		愛知県立大学
		愛知工業大学
		日本福祉大学
		名古屋大学
		名古屋工業大学
		名城大学
	石川県	石川工業高等専門学校
		金沢大学
		金沢工業大学
関西	大阪府	摂南大学
		大阪市立大学
		近畿大学
		大阪工業大学
		関西大学
	京都府	立命館大学
		京都工芸繊維大学
		京都大学
		京都芸術大学
		京都建築専門学校
	兵庫県	関西学院大学
		明石工業高等専門学校
		神戸芸術工科大学
		神戸大学
		武庫川女子大学
中国	広島県	広島工業大学
九州	福岡県	九州大学
	佐賀県	佐賀大学
	熊本県	熊本大学
		崇城大学
	大分県	大分大学
	鹿児島県	鹿児島大学
		第一工科大学
海外	アメリカ	カリフォルニア大学ロサンゼルス校

2. 30選作品 対象敷地マップ

[中部]

新潟県
● 糸魚川市

長野県
● 長野市有旅地区
● 飯綱町牟礼宿

石川県
● 金沢市
● 輪島市

[四国]

香川県
● 高松市
● 坂出市

愛媛県
● 松山市太山寺町

[関西]

滋賀県
● 長浜市田村町

京都府
● 京都市

大阪府
● 堺市美原区

和歌山県
● 湯浅町

[九州]

福岡県
● 糸島市 可也山

長崎県
● 佐世保市白南風町

[東北]

岩手県
● 普代村太田名部地区

宮城県
● 南三陸町 志津川

[関東]

栃木県
● 宇都宮市益子町

東京都
● 品川区 品川浦
● 杉並区高円寺
● 港区 芝公園
● 中央区佃
● 多摩市
　多摩ニュータウン諏訪・
　永山地区

千葉県
● 千葉市中央区

神奈川県
● 横浜市青葉区
● 茅ヶ崎市

[中部]

静岡県
● 静岡市清水区
● 浜松市 遠州灘海岸

愛知県
● 知多市

[海外]

フランス
● プロヴァンス地方
　トゥルトゥル

3. 歴史的空間ガイド

さまざまな敷地、歴史的空間が提案の対象となる「歴コン」。
これまでも建築や都市だけでなく、その土地の行事や文化、特産物が対象となってきた。
ここでは学生団体SNOUのメンバーが調査した、今年度の30選作品の歴史的空間をエリアごとに紹介する。

北海道／東北

01「普代村の漁村集落」
岩手県普代村太田名部地区

岩手県普代村は三陸海岸を有し、太平洋に臨む沿岸地区は標高150mの海岸段丘が連なり、陸中海岸国立公園の黒崎・北山崎などの公園には雄大な断崖絶壁が連続している。また、産業は漁業・水産養殖業が大部分を占めているが、一方で山間部一帯の地下資源、大理石、石灰岩、マンガンの埋蔵量も豊富である。昭和59年の三陸鉄道北リアス線の開通とともに総合的な開発が進められ、観光産業にも力を入れている。

KSGP 21085 『弱波堤』

02「南三陸町の漁村集落」
宮城県南三陸町 志津川

宮城県北東部に位置する南三陸町は養殖業が盛んな漁村集落で、志津川は地域の人の生活に密接に関わっている。その一方で、約30年ごとのスパンでまちに津波による被害が生じ、東日本大震災では、志津川地区は甚大な津波被害を受けた。津波被害の原因ともなるリアス海岸には、田束山や神割崎など特徴的な観光地が多い。

KSGP 21001 『三陸の方舟』

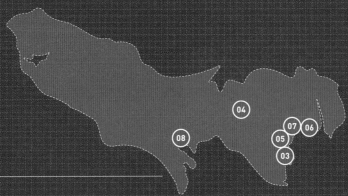

東京都

03 「品川浦船溜り」
東京都品川区 品川浦

東京都品川区の品川浦船溜りは、伝馬役を拒否した南品川宿の住民たちの強制移住により始まり、漁業で栄え江戸時代には江戸城に鮮魚を納める「御菜肴八ヶ浦」の一つになった。時代は流れ、昭和38年に東京港建設のため漁場権利を東京都に譲り渡し、養殖産業は幕を閉じた。周辺には時代の発展により建てられた高層ビルや高層マンションなどの高層建築物が並ぶものの、品川浦船溜りは現在も変わらず存在し続けている。

KSGP 21092 『生残る痕跡群』

04 「高円寺の高密度街区」
東京都杉並区高円寺

高円寺は中央線沿いにあり、都心への利便性が高いことから人が集まりやすい。音楽や古着、ジャズ喫茶など昔からまちに溶け込んでいるものが今も変わらず存在することから、若者への魅力を多く備えたまちとなり「サブカルチャーの聖地」と呼ばれるようになった。また、商店街を軸に高円寺阿波おどりなどのイベントも多数行われ、庶民的で居心地の良い、人々のパワーを感じることのできるローカルなまちが形成されている。

KSGP 21008 『高円寺再反転』

05 「東京タワー」
東京都港区 芝公園

東京都港区には時代を象徴する建築が多く存在し、東京タワーもその一つに挙げられる。東京タワーは電波塔として電波の安定した発信を保つため、半径100kmのサービスエリアを持つことが可能な高さである333mとなった。およそ4tもの重さを支えるため、地下20mでより浅い丈夫な地盤である港区公園地区に建設された。現在もなお、電波塔としての機能を持ちながら、ランドマークとしての役割を担っている。

KSGP 21016 『千載古墳』

06 「佃島」
東京都中央区佃

東京都中央区は、比較的新しいまちである東京都の中心に位置しているが、江戸時代初期からの歴史を持つ日本橋があり、当時は五街道の起点であった。埋め立てられた人口島であることなどが地名に残っており、高級マンションやオフィスビルなどが多く建ち並んでいる。これによりドーナツ化現象が起きていたが、現在はマンションが増え、人口は増加している。東京都では珍しい、歴史的な場所と現代的な場所が融合しているのが中央区である。

KSGP 21055 『佃のまちに浮かぶ島』

07 「埋立地 佃」
東京都中央区佃

佃島は1644年、隅田川河口を埋め立てて築造された。現在も残る江戸浄書の面影と近代的なビル群を一度に眺められる魅力的なまちで観光名所とされている。佃エリアは石川島と佃島が統合してできたまちである。江戸時代の頃、漁業が盛んだったこともあり、佃煮の発祥地としても有名である。漁業の中心となっていた佃島の町家は、土間の内井戸や取り外しできる敷居などを備えた漁家建築であった。

KSGP 21193 『蘇る器』

08 「多摩ニュータウン」
東京都多摩市
多摩ニュータウン諏訪・永山地区

多摩丘陵を開発して生まれた、国内最大級の多摩ニュータウンが1966年に誕生してから半世紀以上が経った。全国から移り住んだ人々が築いた都市も時代の移り変わりとともにその姿を変え、新たな課題が浮き彫りになってきている。現在、再生に向けた将来のまちのあり方を検討し、地区別のまちづくり計画が進められている。

KSGP 21143 『遊歩道再編レシピ』

関 東

09 「益子焼」
栃木県宇都宮市益子町

益子町は地名を冠とする益子氏が長く支配したまちである。平安時代後期、宇都宮氏が台頭した頃には尾羽寺や綱神社など複数の寺院や神社が集中して建立され、数多くの歴史的建造物が建ち並ぶ。益子町は益子焼の産地であり、益子焼は厚手の素材に茶・黒などの釉薬で大胆な構成の絵付けをするのが特徴である。茶器や花器、酒器や皿が基本となるが、現在ではさまざまな釉薬、技法が用いられ、多種多様な陶器がつくられている。昭和54年には国の伝産品に指定され、日本を代表する焼き物の産地として定着した。

KSGP 21163 『益子の窯元再編計画』

10 「千葉県立図書館」
千葉県千葉市中央区

千葉県立図書館は大高正人と木村俊彦が手掛けた建築であり、プレキャストコンクリートによるプレグリッドシステムを用いた建築である。エスプラナード（遊歩道）が建築内外に広がり、千葉県文化会館への有機的な環境を築く群造形が、文化的象徴として都市風景となり、「千葉文化の森」を構成している。しかし近年、老朽化や新設などの設備により取り壊しの危機にさらされている。

KSGP 21012 『Symbiosis』

11 「こどもの国」
神奈川県横浜市青葉区

こどもの国の敷地は戦時中、基地として利用されていた。主に砲弾を製造・貯蔵・運搬する目的で使用され、戦後は米軍により朝鮮戦争の頃まで利用された。元々は民家が13軒ある細かい山と谷に覆われた谷戸の農村であった。1958年に当時の皇太子殿下の婚約が発表されたことで多額の御祝金が集まり、こども向け施設をつくることが決定し、1965年にこどもの国が開園した。約100haの広大な敷地内には遊具や広場、乗り物、牧場などがある。バーベキュー場やプールも設置され、四季によって花見や水遊び、紅葉狩り、スケートなども可能であり、その楽しみ方は多種多様である。

KSGP 21079 『平和への布石』

12 「茅ヶ崎の砂丘」
神奈川県茅ヶ崎市

神奈川県茅ヶ崎市は砂丘に栄えた観光都市であり、立地や温暖な気候、またマリンスポーツが盛んな地域であることから、多くの人々が住む人気の都市でもある。しかし近年は、交通機関の発展や激しい砂浜の侵食への対策によって、自然堤防としてまちと海をつないできた砂丘が消滅しつつある。

KSGP 21065 『砂象風景』

中 部

⑬ 「りんご栽培」
長野県長野市有旅地区

長野県長野市有旅地区は、傾斜地でりんご栽培と棚田稲作が営まれる中山間地域の農村地帯の一つであり、りんご栽培が行われている。茶臼山一帯に位置し、長野盆地と犀川に挟まれたなだらかな地形と自然を活かした果樹園や稲作が大変盛んな場所である。

KSGP 21179 『りんご栽培と建築』

⑭ 「宿場町 牟礼宿」
長野県飯綱町牟礼宿

長野県飯塚町は元々、北国街道の宿場町として栄えた場所である。特に、牟礼宿は約280年にわたって周辺地域の経済の中心地として、また参勤交代の重要な中継地点として栄えていた。現在でも本陣や問屋などの跡地が残っている。しかし、明治時代の近代化によって牟礼宿の宿場機能は縮小し、迂回路整備などの影響を受けて交通の要衝としての機能も失っていった。その後、農業を中心とする中山間地域に次第に移り変わっていった。

KSGP 21070 『現代における宿場町』

⑮ 「木造密集地域」
新潟県糸魚川市

新潟県糸魚川市は、ユネスコ世界ジオパークに指定されており、地域の特産物であるヒスイの保護・保全活動や、地域復興の取り組みが行われている。また、糸魚川静岡構造線が通り、これにより「蓮華おろし」と呼ばれる強い南風がよく吹く。昔から火災の起こりやすい地形であるが、大規模火災の経験をもとに防火対策や地域で火災に備える取り組みも行われている。

KSGP 21104 『つながりを育む』

⑯ 「金沢市の旧町名」
石川県金沢市

金沢は、戦国時代に加賀一向一揆の拠点として金沢御堂が構築され、その周辺にまちがつくられたのが始まりとされている。1583年に前田利家が入城して以降、大規模な城づくりが行われ、加賀百万石の城下町として繁栄した。幸いにも戦災を免れた金沢には、金沢城や兼六園、寺院群や茶屋街、用水網など歴史的な建造物や街並みが今なお残っている。昭和38年以降の住居表示の実施に伴い、多くの町名が変更されたが、旧町名の復活を推進する「旧町名復活運動」により、住民相互の連帯意識の醸成と住民によるまちづくりの活性化が図られている。平成11年の主計町を皮切りに、現在までに25箇所の旧町名が復活した。

KSGP 21003 『金沢町物語』

⑰ 「輪島の伝統的街並み」
石川県輪島市

輪島市は古くから日本を代表する港町として発展し、漆器製造で輪島塗を確立していった。豊かな自然にも恵まれ、新鮮な魚介類や農作物、また「能登の里山里海」が日本で初めて世界農業遺産に認定され、県内県外問わず多くの観光客を呼び寄せている。

KSGP 21160 『赴くままに動くまち』

(18)「清水銀座通り商店街」

静岡県静岡市清水区

静岡市清水区は、駿河湾奥・折戸湾に臨む天然の良港である清水港を中心に、古くから海運の中継地や水軍の基地として発展した港町で、近代以降に茶の輸出が始まって国際的な貿易港となった。特定重要港湾の指定を受け、清水港臨海地区には多くの企業や工場が立地し、高度経済成長期に産業都市として大きく成長した。また、江尻や興津などは宿場町として栄えた歴史も持つ。漫画「ちびまる子ちゃん」の舞台や、サッカークラブの清水エスパルスのホームタウンとしても知られる。

KSGP 21138 『ハレとケを紡ぐガイドライン』

(19)「遠州灘海岸の砂丘」

静岡県浜松市 遠州灘海岸

静岡県の遠州灘海岸は日本有数の長大な砂浜海岸であり、災害から地域を守るための日本で唯一の人工斜め砂丘が文化遺産に指定されている。ダムの築造や砂利採取による砂丘の侵食が問題視され、破堤や浸水被害が顕著であったことから、海岸保全事業が実施されている。また、波が荒く潮の流れが速いため遊泳は禁止されているが、その特徴を活かしてマリンスポーツなどのイベント行事が盛んに行われている。

KSGP 21114 『砂丘の記憶』

(20)「岡田地区の古民家」

愛知県知多市

愛知県知多市は新舞子、佐布里、岡田の3つのエリアに分かれて地域ごとの多様な特性を持ち、新舞子マリンパークや佐布里池などの観光名所を擁する。また、古くから製塩業や繊維産業で栄えてきた歴史がある。岡田地区は江戸時代から昭和30年代まで、知多木綿の中心地として繁栄し、現在でも往時の栄華の名残りを感じさせる古い街並みが残っている。

KSGP 21006 『古き民の家』

関西／中国／四国

21 「舟渡池」
大阪府堺市美原区

堺市美原区は堺市の東に位置し、南東部は標高が高く北西部は平坦な平野である。5世紀中頃に軍事や外交に携わっていた丹比氏の首長の墓とされる黒姫山古墳がある。また、飛鳥時代の難波宮と飛鳥京を結ぶ日本最古の官道「飛鳥道」(後の竹内街道)に北端を接し、大和朝廷の時代から、和泉(堺)と大和を結ぶ交通の要衝として繁栄してきた。舟渡池はかつて付近一体が湿地帯で、舟を交通手段としていた名残りが由来とされており、そのほとりに舟渡池公園が開設され、大阪みどりの百選にも選ばれた。

`KSGP 21097` 『泥みとうつろい』

22 「京町家」
京都府京都市

京都府京都市は平安時代から江戸時代前期まで日本最大の都市であったため「古都」と呼ばれ、数多くの歴史ある木造建築などが残っている。また、第二次世界大戦の戦災から免れた神社仏閣、古い史跡、街並みが数多く存在し、宗教・貴族・武家・庶民などのさまざまな歴史的文化や祭りが国内外の観光客を惹き寄せる観光都市である。1950年以前の古い木造住宅を「京町家」と呼び、「うなぎの寝床」「職住一体」の特徴を持つ。

`KSGP 21074` 『コと京都』

23 「琵琶湖湖畔の農地」
滋賀県長浜市田村町

長浜市田村町はかつて葦原の湿地であった。現在は農業を中心に自然と共生しており、貴重な生態系が今も残る場所である。さらに敷地南ではバイオ産業の拠点として開発が進んでいる。後継者不足による農業離れがあり、また大雨時、浸水が予想される地域であることから、浸水区域である農地の一部を宅地化する計画が検討されており、水災害のリスクは今以上に増加することが予想されている。

`KSGP 21109` 『農知の波紋』

24 「湯浅の伝統的街並み」
和歌山県湯浅町

和歌山県湯浅町は明治維新後、湯浅村になり、さらに1896年(明治29年)に湯浅町となった。紀州藩の保護を受けて醸造業が発達した醤油は、発祥の地として有名である。その他、金山寺味噌の醸造などさまざまな産業が発達した。湯浅町の市街地である湯浅は、国の重要伝統的建造物群保存地区に選定されており、近代的な工場は存在せず、また商業的に観光地化されていないため、まち全体が前時代の雰囲気を色濃く残している。

`KSGP 21039` 『町ウツシ』

25 「高松城」
香川県高松市

四国の中心地である高松市は、古くから四国の玄関口として栄え、現在も中心部には中央官庁や、東京や大阪に本社を置く全国的な大企業の四国を統轄する出先機関が集中する。江戸時代には城下町として栄えた歴史を持ち、高松城はその象徴的存在であり、近世城郭の海城としては最初で最大の例だった。現在天守は現存せず、高松市立玉藻公園として有料で開放されている。

KSGP 21078 『高松城再構想』

26 「四国遍路」
愛媛県松山市太山寺町

松山市太山寺町は四国八十八箇所霊場の第52番礼所である太山寺と、それを巡るお遍路さんとともに歩んできた歴史あるまちである。近年では外国人観光客らによるお遍路巡りが急増しており、高齢化に伴う遍路文化衰退にも復調の兆しが見え始めている。

KSGP 21130 『外国人お遍路さんによる遍路文化再生計画』

27 「坂出人工土地（坂出市営京町団地）」
香川県坂出市

坂出人工土地（坂出市営京町団地）は清浜亀島住宅地区改良事業により、メタボリズムグループの建築家・大高正人によって設計された。分厚いコンクリートの地盤を築き、その下に市民ホールと商店街、駐車場、地盤上には集合住宅や公園などが整備されている。現在は十分なメンテナンスがなされず、スケルトンである地盤すら老朽化し、ホールも閉館、新規入居者の受け入れも行っておらず、新陳代謝可能な状況ではない。

KSGP 21154 『シン・メタボリズム』

九州

(28) 「可也山」

福岡県糸島市 可也山

福岡県糸島市にある可也山は標高が低い山ではあるものの形は整っており、その風貌から「筑紫富士」、「糸島富士」、「小富士」と呼ばれている。山頂からは糸島半島の平野を望めることができ、神武天皇が国見のために山頂に立ち寄ったという言い伝えもある。このエリアではかつて林業が生業とされてきたが、木材の価格低迷により衰退し山は放置状態となってしまい、現在は生命力が高い竹が繁殖しており放置竹林が問題となっている。

KSGP 21121 『神秘なる邪魔者』

(29) 「佐世保市の斜面市街地」

長崎県佐世保市白南風町

長崎県佐世保市は中心部からすり鉢状に高台が広がる地形が特徴的な斜面都市であり、斜面に居住地が形成されている。その背景として、軍港を中心とした産業の発展に伴い人口が増加したことによる、居住地の無計画な造成が深く関わっている。

KSGP 21077 『雨を惹くインフラ』

海 外

30 「フロリエル修道院」
フランス プロヴァンス地方 トゥルトゥル

プロヴァンス地方はフランス南東に位置し、地中海性気候により年間を通して強い日ざしと雨が少ない気候が特徴である。フランスでも最も古い歴史を持つとされ、植民地や領地として独自の歴史を歩みながら文化を培ってきた。プロヴァンス地方には高地居住様式という高所に集まり村落を形成する様式があり、トゥルトゥルは高台にあることから「空に浮かぶ村」とも呼ばれる。

KSGP 21150 『綴く半透明の物語』

歴史的空間再編学生コンペ実行委員会

委員長	宮下 智裕	（金沢工業大学 教授）
副委員長	熊澤 栄二	（石川工業高等専門学校 教授）
委員	山越 衛	（金沢科学技術大学校 建築学科長）
	馬場先 恵子	（金沢学院大学 教授）
	西野 辰哉	（金沢大学 准教授）
	上野 想朔	（学生団体SNOU 代表／金沢工業大学）
監事	松田 俊司	（金沢市 市民局長va）
名誉顧問	水野 一郎	（金沢工業大学 教育支援機構 顧問）
アドバイザー	坂本 英之	（金沢美術工芸大学 名誉教授）
	塚本 由晴	（東京工業大学大学院 教授）
	松田 達	（静岡文化芸術大学 准教授／松田達建築設計事務所）

事務局：金沢市 市民局 市民協働推進課　**企画・運営**：学生団体SNOU

学生団体SNOU　— Student Network Originated at hokuriku Union —　略称：SNOU（スノウ）

北陸から発信する、"繋がりを深化させる学生団体"という理念のもと、2012年に金沢で開催された歴史的空間再編コンペティションとともに生まれ、今年で10年目を迎えます。北陸地方で建築・デザインを学ぶ学生が集い48名により結成されており、コンペティションを通して北陸の魅力、そしてそのつながりを全国に発信しています。

SNOUは、しんしんと降り積もる雪のように着実に経験を積み重ねることや、あらゆる人々が集まることで大きな力を生み出そう、という意味も込められています。

このようにさまざまな想いが込められ生まれたSNOUにより、学生たちの重なり合う想いが多くの人々に伝わっていくことを期待しています。

代　表	上野 想朔	（金沢工業大学）
運営代表	市川 慧	（金沢工業大学）
manager リーダー	大窪 竜樹	（金沢工業大学）
planner リーダー	武田 真洋	（金沢工業大学）
designer リーダー	狭場 悠	（金沢工業大学）

アーカイブ編集委員

リーダー

狭場 悠（金沢工業大学）	近藤 慧一（金沢工業大学）
堤 隆太郎（金沢工業大学）	岡部 光希（金沢科学技術専門大学）
原 朋生（金沢科学技術大学校）	金田 悠花（石川工業高等専門学校）
沖津 里紗（金沢工業大学）	寺尾 唯（石川工業高等専門学校）
金田 純怜（金沢工業大学）	

「学生のまち・金沢」の推進と金沢まちづくり学生会議

金沢市では、学生の創造的で自主的な活動を支援することにより、金沢のまちに、にぎわいと活力が創出されるように、平成22年に「学生のまち推進条例（略称）」を制定しました。

　この条例により組織された「金沢まちづくり学生会議」は、金沢市内及び近郊の学生で構成され、学生ならではのアイデアとエネルギーを活かして金沢市と協働で創造的なまちづくり活動に取り組んでいます。

　毎年4月には新入生に金沢のまちの魅力を知ってもらうことを目的とした「OPEN CITY in KANAZAWA」を、9月には金沢学生のまち市民交流館の近隣商店街と連携した「まちなか学生まつり」を開催するなど、学生と地域をつなげるプラットフォームの役割を果たしています。「まちづくりがしたい」「あたらしいことがしたい」「つながりをひろげたい」と思っている学生はぜひ、ご参加ください。

問い合わせ

〒920-8577　石川県金沢市広坂1-1-1
金沢市役所 市民協働推進課
TEL： (076) 220-2026
FAX： (076) 260-1178
e-mail： kyoudou@city.kanazawa.lg.jp

金沢学生のまち市民交流館

金沢学生のまち市民交流館は、まちなかにおける学生と市民との交流の場、まちづくり活動に関する情報交換の場などとしてご利用いただくことを目的に、平成24年9月に金沢市片町に開館しました。

　この施設は、金沢市指定保存建造物である大正時代の金澤町家を改修した「学生の家」と旧料亭大広間の部材を用いて新築した「交流ホール」からなります。

> ［ 学生が自らアイデアを生み出し、
> 　　発信・実現するためのプロジェクト基地！ ］

○コーディネーターがさまざまな活動の相談に乗ってくれます。
○多くの交流が生まれる開放的なサロンスペースがあります。
○会議、イベントなど幅広い活動の場として利用できます。
○学生団体の利用は無料です。

問い合わせ

〒920-0981 石川県金沢市片町2-5-17
金沢学生のまち市民交流館
TEL： (076) 255-0162
FAX： (076) 255-0164
e-mail： shiminkouryukan@city.kanazawa.lg.jp

協 賛 企 業

「歴史的空間再編コンペティション2021」にご協賛いただいた企業・団体をご紹介します。

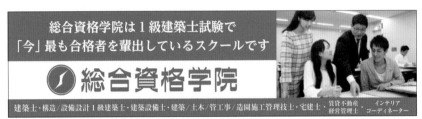
［協　賛］

   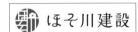

(一社)石川県建築士会／(一社)石川県建築士事務所協会／(株)五井建築研究所／

(公社)日本建築家協会北陸支部／松井建設(株)／ヨシダ宣伝(株)

未来の自然を考える

http://www.kokudonet.co.jp

株式会社 国土開発センター

本社 / 金沢市寺町三丁目9番41号

代表取締役社長　新家　久司

TEL:076-247-5080/FAX:076-247-5090

たいせつな風景を未来へ

良く、廉く、迅く、安全に

 株式会社 本田工務店

〒921-8063　金沢市八日市出町７５番地
TEL 076-249-6213　FAX 076-240-1510
Email honda1@po.incl.ne.jp　http://honda.ash.jp

新しい建設サービス業の展開

ISO 9001 認証取得
ISO 14001 認証取得
OHSAS 18001 認証取得

MIZUHO みづほ工業株式会社

マンション
事業部
夢のマンション経営をサポート
https://www.mizuho-co.com/condominium

みづほ工房
自然と暮らす自然に暮らす
https://www.mizuho-ie.com

メディカル
事業部
医療経営コンサルタントによる医療福祉施設開業支援
https://www.mizuho-co.com/medical

〒921-8064　金沢市八日市5丁目562番地
TEL (076) 240-7010　FAX (076) 240-6620
https://www.mizuho-co.com　みづほ工業

一般社団法人 石川県建築士会

〒921-8036 石川県金沢市弥生2丁目1番23号（石川県建設総合センター5階）

電話 076-244-2241　　FAX 076-243-4821

 信　頼　の　証

— 住み良い街づくりを皆様と共に —

◇建築士事務所は、建築や環境が文化の形成に占める重要な意味を認識し、
　社会の健全な進歩と発展に寄与します。

一般社団法人　石川県建築士事務所協会

〒921-8036　金沢市弥生泉2丁目1-23
（石川県建設総合センター5階）
　　　TEL　076-244-5152
　　　FAX　076-244-8472
　　　HP　http://www.ishi-kjk.com/

GOI
Creation & Technology

株式会社 五井建築研究所
〒920-0061 石川県金沢市問屋町2丁目1番地　Tel (076)237-8441 FAX (076)238-9094
E-mail:office@goi.co.jp http://www.goi.co.jp https://www.facebook.com/goi51

公益社団法人　日本建築家協会
北陸支部　石川地域会
Japan Institute of Architects

J　I　A

〒920-0805
石川県金沢市小金町3-31
TEL 076-229-7207 FAX 076-229-7208
E-mail : jia-hk@po6.nsk.ne.jp
開局日：月、火、木、金　10：00〜16：00

松井建設株式会社

取締役社長　松井隆弘
常務執行役員北陸支店長　山田　彰

本　　　社 ／ 〒104-8281 東京都中央区新川 1-17-22　　Tel (03) 3553-1151
北 陸 支 店 ／ 〒920-0801 石川県金沢市神谷内町ニ 110　　Tel (076) 251-4131
富 山 営 業 所 ／ 〒930-0093 富山県富山市内幸町 7-9　　　　Tel (076) 433-0888
北信越出張所 ／ 〒950-0077 新潟県新潟市中央区天明町 2-17　Tel (025) 240-0111
南 砺 出 張 所 ／ 〒939-1724 富山県南砺市梅野 136　　　　　Tel (0763) 52-2161

創業
1586

伝統が支える
信用と技術。

YOSHIDA SENDEN

ヨシダ宣伝株式会社

金沢・富山・新潟・福井・長野・東京